プロのデザートコレクション

76店のスペシャルな172品

柴田書店

デザートは食事の終わりを締めくくるという重要な役割をもつ。考えるべきは、最後の時間をどのように楽しんでもらうかだ。

　食後の満足感を重視して食べごたえのある仕立てにするのか、軽やかにまとめることで食べ疲れた体と気持ちをリフレッシュしてもらうのか、料理の印象を強めるような先進的な手法でさらなる驚きを演出するのか。たくさんの選択肢からどれを選ぶのかは、それまでに組み立ててきた料理の流れと深く関わってくる。加えて、気候への気配りや季節感を取り入れてお客を喜ばせる心づかいも欠かせない。

　余韻の続くデザートを供することは、料理自体の印象をも長く記憶にとどめることとなり、ひいては店への評価や次回の来店にもつながるといえよう。

　本書では、フランス料理店、イタリア料理店、パティスリー、日本料理店、中国料理店のシェフやパティシエなど76人による印象的なデザートレシピを172品ご紹介する。それらの多様なアプローチとアイデアを、デザートのさらなる可能性をさぐるためにぜひともお役立ていただきたい。

3 はじめに

ムース、ジュレ、ババロア、プリン

12 イチゴのムース
小滝 晃 ❖ レストラン オーベルジーヌ

13 和歌山産グレープフルーツと清見オレンジのテリーヌ
アーモンドのスープ仕立て
バニラアイスクリーム添え バイマックルの香り
松本一平 ❖ ラペ

16 パッションフルーツのジュレとヨーグルトのソルベ
伊藤延吉 ❖ リストランテ ラ・バリック トウキョウ

17 月桃のジュレ 茂木ビワのコンポートと
トンカ豆のムース
今帰仁 実 ❖ ロドラント ミノルナキジン

ココナッツムースのテリーヌと
ハーブの香るゴールデンパイナップルのジュレ
7種類を融合させたトロピカルフルーツソルベ
小玉弘道 ❖ レストラン ヒロミチ

20 梅干しの砂糖漬けゼリー寄せ
小滝 晃 ❖ レストラン オーベルジーヌ

21 "ヴィチェリン"
伊藤延吉 ❖ リストランテ ラ・バリック トウキョウ

24 卵黄プリン エスプレッソ風味
酒井 涼 ❖ アルドアック

25 ポ・ドゥ・クレーム レグリース(甘草)の香り
サフランのマドレーヌ
クリストフ・ポコ ❖ ルグドゥノム ブション リヨネ

ラム酒風味のクレームキャラメル
須藤亮祐 ❖ ビストロ コティディアン

28 パッションフルーツのミルクシェイクと
エキゾチックフルーツ
スペイン産青りんごリキュール"マンザナ"のジュレ
長谷川幸太郎 ❖ サンス・エ・サヴール

29 瀬戸香とマンゴーのゼリー ハーブティー風味
渋谷圭紀 ❖ ラ・ベカス

ルバーブとフロマージュ・ブラン カンパリミルク
永野良太 ❖ エテルニテ

32 ホワイトチョコレート コーヒー パイナップル
ローズマリー
山本健一 ❖ アルシミスト

33 カカオ生豆のディム・サムと桜のブランマンジェ、
ズブロッカのジュレとフレーズ・デ・ボア
今帰仁 実 ❖ ロドラント ミノルナキジン

韃靼そばのブランマンジェ ゲランドの塩アイスと
プロヴァンスのオリーブオイル
松本一平 ❖ ラペ

プロの デザートコレクション
76店のスペシャルな172品

本書は『専門料理』2009年5月号、2010年7月号、2011年2月号、2012年6月号、2014年9月号、『cafe-sweets』vol.94の特集より抜粋し、再編集したものです。内容は当時のもので、現在は提供されていない品もあります。

36 アーモンド風味のブランマンジェ
ルバーブのコンポート
クリストフ・ポコ ❖ ルグドゥノム ブション リヨネ

37 秦野市産生落花生のブランマンジェ
小原 敬 ❖ おはらス レストラン

胡麻のブランマンジェ
宇野勇蔵 ❖ ル・ビストロ

40 ココナッツの軽いメレンゲ
ムースと数種のベリーのキャラメリゼ、
木イチゴのソルベ添え
田辺 猛 ❖ ラトラス

苺とマスカルポーネのムース
ザバイオーネクリーム添え
八木康介 ❖ リストランテ ヤギ

41 イチゴのバヴァロア フロマージュ・ブラン添え
宇野勇蔵 ❖ ル・ビストロ

44 水晶西柿盅
胖大海のジェリー、フルーツトマトの器で
皆川幸次 ❖ 銀座アスター本店

45 黒糖葛切り 抹茶ソース
末友久史 ❖ 祇園 末友

柚子ようかん
岩梨 青柚子
末友久史 ❖ 祇園 末友

チョコレート

58 焼きたてチョコレート
ココナッツのシャーベット添え
小原 敬 ❖ おはらス レストラン

59 チョコレートのトルタ ジャンドゥーヤ風
小阪歩武 ❖ ラッフィナート

62 チョコレートの温かいタルト
ピスタチオのアイスクリーム添え
古屋壮一 ❖ ルカンケ

63 プラ ド ショコラ ショコラ盛合せ
萬谷浩一 ❖ ラ・トォルトゥーガ

66 抹茶とショコラのフォンダン
白ゴマのキャラメル クリームソース
長谷川幸太郎 ❖ サンス・エ・サヴール

温かいショコラのベニエ
アナナスと甘夏のコンフィー
グラス・ヴァニーユとともに
長谷川幸太郎 ❖ サンス・エ・サヴール

67 ショコラブランのムースと
ココナッツのダッコワーズ
クリーミーなミントのソルベとともに
長谷川幸太郎 ❖ サンス・エ・サヴール

70 温かい濃厚チョコレートスフレ
石川資弘 ❖ クーリ・ルージュ

71 タルトショコラ
松本浩之 ❖ レストランFEU

ショコラのヴァリエ
中多健二 ❖ ポワン

74 洋梨の香るフォンダンプラリネショコラ
クレーム・ブリュレのアイスクリーム
高井 実 ❖ レストラン ヴァリエ

75 ヘーゼルナッツ入りサブレ・クルスティヤン、
チョコレートとゆずのクレムー、ヘーゼルナッツの
キャラメリゼ入りチョコレートのアイスクリーム
ブルーノ・ルデルフ ❖ ル・コルドン・ブルー・ジャパン

クープ・ド・ショコラ
永野良太 ❖ エテルニテ

78 フォンダン・ショコラとライムのクレムー、
チョコレートとライムの温製ソース
ブルーノ・ルデルフ ❖ ル・コルドン・ブルー・ジャパン

フォンダン・ショコラ
武田健志 ❖ リベルテ・ア・ターブル・ド・タケダ

79 フォンダン・ショコラと丸中醤油のキャラメルサレ
クレームドココとパッション
今帰仁 実 ❖ ロドラント ミノルナキジン

82 フォワグラとショコラのマリアージュ
森田一頼 ❖ リベルターブル

83 伝統菓子"オペラ"のように…《現代形》
森田一頼 ❖ リベルターブル

86 トリュフショコラ
川手寛康 ❖ フロリレージュ

オムレット オ ショコラ
川手寛康 ❖ フロリレージュ

87 キャラメルとショコラ
ミルクのエスプーマの淡雪仕立て
生井祐介 ❖ シック プッテートル

90 チョコレート風味のババ ラム酒のアイスクリーム
古屋壮一 ❖ ルカンケ

果物

91 チョコレートのパルフェ
田辺 猛 ❖ ラトラス

チョコレートのアッフォガート仕立て
小阪歩武 ❖ ラッフィナート

94 ブラックチョコレートのベリーヌ、アーモンドの
キャラメリゼ、フランボワーズキャラメルと
ミルクチョコレートのジュレ
ブルーノ・ルデルフ ❖ ル・コルドン・ブルー・ジャパン

チョコレートのラビオリ、ホワイトチョコと
グラッパのジェラート、フルーツのズッパ
今村裕一 ❖ リゴレッティーノ

95 ショコラブラン《シエラ45％》、生姜、
フレーズ・デ・ボワのフォンダン
森田一頼 ❖ リベルターブル

98 ガトーショコラロワイヤル
都志見セイジ ❖ ミラヴィル インパクト

99 滑らかなタルトショコラにエピスの香りを添えて
ミルクのアイスとともに
奥村充也 ❖ レストラン タテル ヨシノ 銀座

トリュフィース
都志見セイジ ❖ ミラヴィル インパクト

102 パンフォルテ
辻 大輔 ❖ コンヴィヴィオ

ム・パナティッギ
星山英治 ❖ ヴィルゴラ

103 サラーメ・ディ・チョッコラート
辻 大輔 ❖ コンヴィヴィオ

106 ビスキュイ・クーラン・ショコラ
鎧塚俊彦 ❖ トシ ヨロイヅカ ミッドタウン

マール酒の香るクリームムースチョコレート
オレンジ グリオットチェリー風味
高井 実 ❖ レストラン ヴァリエ

107 Fujiyaのボンボンチョコレート
藤原哲也 ❖ Fujiya 1935

オペラオランジュ
田中督士 ❖ サンパ

121 イチゴのミルフィーユ
鎧塚俊彦 ❖ トシ ヨロイヅカ ミッドタウン

124 ヨモギと春苺
藤原哲也 ❖ Fujiya 1935

温かいフランボワーズのクーリが流れ出す
ココナッツ風味のスノーボール
山本聖司 ❖ ラ・トゥーエル

125 苺と赤ワインのほんのり温かいスープ
イル・フロタント仕立て 苺のグラニテとともに
サンス・エ・サヴール ❖ 長谷川幸太郎

128 イチゴ入りフォンダンショコラ
渋谷圭紀 ❖ ラ・ベカス

129 ベリー類のデザート
渋谷圭紀 ❖ ラ・ベカス

132 ハスカップのスープ
田中督士 ❖ サンパ

ズッケロフィラートを載せたパネトーネ、
ピスタチオクレーマ、ミルキージェラート、
女峰のクァルテット
筒井光彦 ❖ リストランテ キメラ

133 赤い果実のミニドーナツ
藤原哲也 ❖ Fujiya 1935

136 苦枝とビワ
高田裕介 ❖ ラ・シーム

137 黄金桃すり流し 巨峰 じゅんさい 針レモン
末友久史 ❖ 祇園 末友

イチゴのクロッカン
永野良太 ❖ エテルニテ

140 パール柑のカラメリゼ
ミルフィーユ仕立て
小滝 晃 ❖ レストラン オーベルジーヌ

堀田の金柑 タルトレット
小笠原圭介 ❖ エクイリブリオ

141 ブラッドオレンジのタルト
渋谷圭紀 ❖ ラ・ベカス

144 日向夏のシブストとシャルトリューズの
クレームグラッセ 蕗の薹の香り
今帰仁 実 ❖ ロドラント ミノルナキジン

柚子のシブスト
小滝 晃 ❖ レストラン オーベルジーヌ

145 タルトシトロン
石井真介 ❖ シンシア

148 ラビオリジラソーレ 季節の柑橘のマチェドニア
井上裕一 ❖ アンティカ ブラチェリア ベッリターリア

149	ポレンタ入り日向夏のクレープ 8か月熟成したカステルマーニョのジェラート 佐藤真一・米良知余子 ● イル デジデリオ
	ハッサクの粒々とその皮のクリーム ココナッツ 藤原哲也 ● Fujiya 1935
152	温かいグリオットのクラフティ 吉田牧場リコッタ グラス 萬谷浩一 ● ラ・トォルトゥーガ
	スリーズ 古賀純二・池田 舞 ● シェ・イノ
153	サクランボのシブースト 鈴木謙太郎・田中二朗 ● シェ・ケンタロウ
156	ライチのヌーボラ（雲） 芝先康一 ● リストランテ シーヴァ
157	フレッシュマンゴーと ヴァローナ・アラグアニ72%チョコレートの ミルフィーユ、マンゴーソルベ、 マーマレード、果肉添え 小玉弘道 ● レストラン ヒロミチ
160	パイナップルのロースト 金柑ソース 渋谷圭紀 ● ラ・ベカス
	マンゴーのロースト ココナッツムース添え 小滝 晃 ● レストラン オーベルジーヌ
161	アロマ香る季節のフルーツのミネストローネ 佐藤真一・米良知余子 ● イルデジデリオ
	清涼風景湯円 中国風フルーツ 白玉あんみつ仕立て 皆川幸次 ● 銀座アスター本店
164	リンゴとアマレッティのピエモンテ風トルタ チョコレートのスープと ヘーゼルナッツのジェラートとともに 堀川 亮 ● フィオッキ
	タルト・タタン 鎧塚俊彦 ● トシ ヨロイヅカ ミッドタウン
165	りんごのオーブン焼 ローズマリーのテュイル バニラアイスクリーム クリストフ・ポコ ● ルグドゥノム ブション リヨネ
168	洋梨の赤ワイン煮とパンナコッタ・クラッシカ 堀川 亮 ● フィオッキ
169	イチジクのタルト 鈴木謙太郎・田中二朗 ● シェ・ケンタロウ
	ショコラのチューブに詰めた ポワール オ キャラメルとビスキュイ 柿のクーリと和梨をアクセントに 飯塚隆太 ● レストラン リューズ
172	トリハと洋ナシのエラード 本多誠一 ● スリオラ
173	洋梨のコンポート ライム風味の ウッフ・ア・ラ・ネージュ 中多健二 ● ポワン

アイスクリーム、ソルベ、ジェラート、グラニテ

177	もものマリネ、ソルベ、グラニタ、 アーモンドソース 伊藤延吉 ● リストランテ ラ・バリック トウキョウ
180	ビーツのグラニテ、青りんごのジュレ 金山康弘 ● ハイアット リージェンシー 箱根 リゾート＆スパ レストラン ベルス
	リコッタチーズのセミフレッド アメリカンチェリーの温かいソース 濱本直希 ● フェリチェリーナ
181	八宝飯雪糕 八宝飯、アイスクリーム添え 皆川幸次 ● 銀座アスター本店
	イチゴとヴェルヴェースのジュレ、 ホワイトチョコレートのグラスと ハチミツとタイムのグラニテ 中田雄介 ● シャントレル
184	マスクメロンクリームソーダ 浅井 努 ● トム クリオーザ
	シンガポールスリング…？ 山根 大助 ● ポンテベッキオ
185	テッレモート 萬谷浩一 ● ラ・トォルトゥーガ
188	モカのパルフェ 赤いベリーのコンポート 大川 隆 ● コム シェ ミッシェル
189	イル・フロタント 石川資弘 ● クーリ・ルージュ
	プロフィットロール 大川 隆 ● コム シェ ミッシェル

野菜と花

193　桜クリームのズッパ・イングレーゼ
　　香ばしく焼き上げたパイを添えて
　　佐藤真一・米良知余子 ❖ イルデジデリオ

196　春の花
　　ギョーム・ブラカヴァル、ミケーレ・アッバテマルコ ❖
　　キュイジーヌ[s] ミッシェル・トロワグロ

197　クレープスフレ
　　古賀純二・池田 舞 ❖ シェ・イノ

　　桜のモンブラン
　　蕗の薹のアイスクリーム添え
　　松本一平 ❖ ラペ

200　蕗の薹のパンケーキ
　　楠本則幸 ❖ kamoshiya Kusumoto

　　ふきのとうのシューロース
　　ロッソ・インペリアーレのソースと
　　シャルトリューズのソルベ
　　森田一頼 ❖ リベルターブル

201　小さなトルタディマンドルレと
　　ホワイトアスパラガスのザバイオーネグラタン、
　　ちょっと発酵の香りのジェラート添え
　　山根大助 ❖ ポンテベッキオ

204　枝豆のエクラゼと柑橘の香る
　　ホワイトチョコレートムースのカネロニ、
　　バラのジェラートと花をちりばめて
　　小玉弘道 ❖ レストランヒロミチ

205　黒の創造
　　森田一頼 ❖ リベルターブル

　　リ・オ・レとブドウ
　　萬谷浩一 ❖ ラ・トォルトゥーガ

208　板持産海老芋のカンノーリ
　　星山英治 ❖ ヴィゴラ

　　スパイシーな紅あずま（薩摩芋）のパネフリット
　　ヴァローナ"カライブ"のソルベ添え
　　都志見セイジ ❖ ミラヴィル インパクト

209　完熟トマト甲州煮 杏ソース ともゼリー
　　末友久史 ❖ 祇園末友

　　NINJIN PARADISE
　　都志見セイジ ❖ TSU・SHI・MI

チーズ

213　モッツァレッラ
　　川手寛康 ❖ フロリレージュ

216　黒トリュフ ティラミス
　　小笠原圭介 ❖ エクイリブリオ

217　ティラミス
　　藤田統三 ❖ ラトリエ モトゾー

　　ティラミス2011
　　藤田統三 ❖ ラトリエ モトゾー

220　柿のティラミス
　　北野智一 ❖ ル・ヴァンキャトル

　　苺のティラミス
　　西口大輔 ❖ ヴォーロ・コズィ

221　ラベンダー風味の
　　ハチミツのスフレグラスのクレープ包み
　　宇野勇蔵 ❖ ル・ビストロ

224　リコッタチーズのタルト
　　藤田統三 ❖ ラトリエ モトゾー

ナッツと栗

227　モンブラン　～和栗、シャテーヌ～
　　髙嶋 寿 ❖ マダム・トキ

230　笠間の熟成栗
　　小笠原圭介 ❖ エクイリブリオ

231　マロンとミルクの焼きズッパ
　　サンブーカとコーヒー豆のアクセント
　　堀川 亮 ❖ フィオッキ

　　栗のスープとトリュフ
　　中多健二 ❖ ポワン

234　小布施栗 ショーソン グラスラムレーズン
　　浜田統之 ❖ ブレストンコート ユカワタン

　　渋皮グラッセ ギンナンチョコボール
　　フロマージュブランとマロンペースト
　　清水 将 ❖ レストラン アニス

235 パリ ブレスト
大川 隆 ● コム シェ ミッシェル

238 ビアンコ・マンジャーレ
藤田統三 ● ラトリエ モトゾー

239 アーモンド─ Mandorle
ビアンコマンジャーレ、人参とオレンジ
中本敬介 ● ビーニ

アルコールとスパイス

243 大吟醸酒とコーヒーのババ
コーヒーと酒粕のグラス 愛媛産タロッコオレンジ
森田一頼 ● リベルターブル

246 田中のBabas
田中督士 ● サンパ

サヴァラン、フルーツとともに
鈴木謙太郎・田中二朗 ● シェ・ケンタロウ

247 ラム酒のムース フランボワーズソルベ
黒いショコラソース
森 茂彰 ● mori

250 ズッパイングレーゼ リゴレッティーノ風
今村裕一 ● リゴレッティーノ

251 パスティス風味のマカロンアイス
石川資弘 ● クーリ・ルージュ

鶏蛋煎枸杞粽子
枸杞の実のちまき、枸杞ソース
皆川幸次 ● 銀座アスター本店

254 柚子のデクリネゾン
森田一頼 ● リベルターブル

255 山椒のクレープシュゼット
鹿児島産桜島小蜜柑とトカラバナナのキャラメリゼ
トンカ豆のグラス
森田一頼 ● リベルターブル

48 固める素材の個性を生かす
洋のアプローチ
エディション・コウジ シモムラ ● 下村浩司

和のアプローチ
料理屋こだま ● 小玉 勉

110 チョコレート基礎技術講座
菓子工房オークウッド ● 横田秀夫

112 チョコレートを使いつくす
菓子工房オークウッド ● 横田秀夫

116 カフェ、サロンのチョコレートデザートアイデア

撮　影　浅山美鈴、天方晴子、伊藤高明、浮田輝雄、宇都木 章、海老原俊之、大山裕平、川瀬典子、川部米応、合田昌弘、越田悟全、高木大輔、髙橋栄一、高見尊裕、ハリー中西、東谷幸一、宮本 進、目 黒、渡辺伸雄

デザイン　山本 陽、菅井佳奈（エムティ クリエイティブ）

編　集　井上美希

◎ 材料について
- ナッツは特に記載がない場合はローストしたものを使用
- 「もどしたゼラチン」とあるのは、分量のゼラチンを適量の水にあらかじめ浸けてもどしておいたもののこと
- バターは無塩を使用
- 粉類はふるってから使用
- ナパージュ・ヌートルは水にペクチン、砂糖、水飴などを加えて作った、無色透明のツヤ出し用ナパージュ
- トンカ豆はヴァニラに似た甘い香りのする「クマリン」を含む豆で、香りづけに使われる
- カラギーナンは海藻を原料とする凝固剤
- トレモリンは転化糖の一種。保水性が高く、砂糖よりも甘みが強い
- イソマルト糖はオリゴ糖の一種。他の糖類に比べて熱や酸に強い
- マルトセックはスペインのソーサ社製の食品添加物。原料はマルトデキストリン。油脂分を吸収する性質を持つため、加え混ぜて油脂を粉末状にすることができる
- チョコレート(クーベルチュール)は、乳脂肪分を含まないものをブラック、含むものをミルク、カカオマスを含まないものをホワイトと記載
- クレーム・シャンティイは泡立てた生クリームのこと

◎ 道具について
- パコジェットは、専用の容器に入れて冷凍した生地や食材を、鋭利な刃で高速で削ってきわめて細かく粉砕する機器
- ショックフリーザーは急速冷凍機
- サイフォンは泡(エスプーマ)を作る道具。液状のものにゼラチン、油脂、レシチンなどを加えて容器に入れ、ガスのカセットを装着して使用
- スチームコンベクションオーブンは「スチコン」と略して表記

◎ レシピについて
- デザート名の表記は取材店の表記に準じている
- 解説省略とあるものは、作り方の解説を掲載していない
- 材料表にある単位記号(ccやgなど)がつかない数字は割合を表わす
- 材料表の「仕上げ」において、分量の記載がない材料は適量を使用

Mousse, Gelée, Bavarois, Pudding

第 **1** 章

ムース、ジュレ、ババロア、プリン

イチゴのムース

小滝 晃 ❖ レストラン オーベルジーヌ

イチゴをムースとクーリに仕立て、フレッシュのイチゴを添える。イチゴの魅力を存分に表現した皿。ムースは卵黄を加えたメレンゲでつくり、よりなめらかで、のどごしのよい仕上がりに。

和歌山産グレープフルーツと清見オレンジのテリーヌ アーモンドのスープ仕立て ヴァニラアイスクリーム添え バイマックルの香り

松本一平 ● ラペ

松本氏の出身地・和歌山県産のグレープフルーツと清見オレンジの果肉を、それらの果汁を使ったゼリーでテリーヌ仕立てに。ゼリーの量を最小限におさえ、果物のフレッシュ感を生かしている。タピオカやバイマックルも用いてオリエンタルな風味をプラス。

イチゴのムース

小滝 晃 ❖ レストラン オーベルジーヌ

イチゴのムース（12人分）

卵白 … 5個分
卵黄 … 3個分
グラニュー糖 … 100g
水 … 適量
板ゼラチン … 10g
イチゴのクーリ* … 300g
生クリーム（乳脂肪分35％）… 200cc

仕上げ

イチゴ
イチゴのクーリ*
生クリーム（乳脂肪分35％）

＊：イチゴにグラニュー糖をまぶして水分を出してから、ミキサーにかけて漉したもの

イチゴのムース

1 卵白と卵黄を合わせて泡立てる。
2 グラニュー糖と水を鍋に入れて煮詰め、**1**に注ぐ。冷めるまでかき混ぜる。
3 もどした板ゼラチンを少量の湯で溶かし、イチゴのクーリに加えて混ぜる。
4 **3**がどろっとしてきたら**2**を合わせ、7割ほど混ざったら泡立てた生クリームを加える。型に入れて冷蔵庫で冷やし固める。

仕上げ

ムースを切り分けて皿に盛りつけ、適宜に切ったイチゴを添える。イチゴのクーリを流し、泡立てた生クリームをかける。

和歌山産グレープフルーツと清見オレンジのテリーヌ アーモンドのスープ仕立て ヴァニラアイスクリーム添え バイマックルの香り

松本一平 ❖ ラペ

テリーヌ（12人分・15cm×12.5cm×4.5cmの寒天型1台分）

グレープフルーツ … 2個
清見オレンジ … 4個
グラニュー糖 … 320g
クエン酸 … 適量
ペクチン … 適量
板ゼラチン … 11g

アーモンドのスープ（12人分）

アーモンドのピュレ（市販品）… 100g
牛乳 … 100cc
ミニタピオカ（下ゆでしたもの）… 適量
ココナッツの実（缶詰を小角に切る）… 適量

ヴァニラアイスクリーム（12人分）

牛乳 … 500cc
ヴァニラビーンズ … 1本
卵黄 … 6個分
グラニュー糖 … 170g
転化糖（トレモリン）… 15g
生クリーム（乳脂肪分38％）… 200g

仕上げ（12人分）

バイマックルの葉（フレッシュ）… 2枚

テリーヌ

1 グレープフルーツと清見オレンジの皮をむき、房から果肉を取り出す。房には果肉が少し残っているので、房ごと手で搾り、果汁をとる。皮は取りおく。
2 **1**で取りおいた皮をせん切りにして、3回ゆでこぼす。水気をきり、グラニュー糖300gを加えて弱火で2時間炊き、クエン酸とペクチンを加えてコンフィチュールとする。
3 **1**の果汁150ccを鍋に入れて沸かし、**2**のコンフィチュール30g、グラニュー糖20g、もどした板ゼラチンを加える。ゼラチンが溶けたら鍋底に氷をあてて混ぜながら冷やす。
4 **3**に少し濃度がついたら取りおいた**1**の果肉と合わせて寒天型に流し、冷蔵庫で冷やし固める。

アーモンドのスープ

アーモンドのピュレを牛乳でのばし、ミニタピオカ、ココナッツの実を加え、室温におく。

ヴァニラアイスクリーム

1 鍋に牛乳と縦に切り目を入れたヴァニラビーンズを入れて火にかけ、沸騰直前まで温める。
2 ボウルに卵黄を入れて泡立て器でほぐし、グラニュー糖を加えて白っぽくなるまですり混ぜる。

3 **2**に**1**と転化糖を加えて鍋に移し、生クリームを加え、よく混ぜながらとろみが出るまで弱火で加熱する。
4 **3**を漉し、ソルベマシンにかける。

<u>仕上げ</u>
1 器の中央に2.5cm×6cmに切ったテリーヌを盛り、アーモンドスープを注ぐ。
2 **1**のテリーヌの上に、コンフィチュール(テリーヌの工程**2**参照)、クネル形にとったアイスクリームをのせ、みじん切りにしたバイマックルの葉をふる。

パッションフルーツのジュレと
ヨーグルトのソルベ
《写真→P.16》

伊藤延吉 ❖ リストランテ ラ・バリックトウキョウ

パッションフルーツのジュレ(15人分)
パッションフルーツ … 13個(果肉400g)
シロップ* … 200cc
カラギーナン … 30g

ヨーグルトのソルベ(20人分)
ヨーグルト … 500g
グラニュー糖 … 150g

仕上げ
パッションフルーツの種
ブラックチョコレート(ヴァローナ社カライブ カカオ分66%)
＊：砂糖と水を2：3で合わせたもの

<u>パッションフルーツのジュレ</u>
1 パッションフルーツの果肉を取り出し、フード・プロセッサーに軽くかけて種を分離させる。皮は掃除し、器として取りおく。種も取りおく。
2 **1**の果肉を裏漉しし、シロップと合わせて鍋に入れる。80℃程度に熱してカラギーナンを加える。
3 粗熱をとり、冷蔵庫で冷やし固める。

<u>ヨーグルトのソルベ</u>
1 ヨーグルトとグラニュー糖をよく混ぜ、パコジェットの専用容器に入れて冷凍する。
2 提供前にパコジェットにかける。

<u>仕上げ</u>
1 パッションフルーツの種と、溶かして種の形に冷やし固めたチョコレートを同量ずつ合わせ、パッションフルーツのジュレと合わせる。パッションフルーツの皮に詰める。
2 **1**をパッションフルーツの葉の上にのせた皿に盛りつけ、ヨーグルトのソルベをのせる。

パッションフルーツのジュレと
ヨーグルトのソルベ

伊藤延吉 ❖ **リストランテ ラ・バリックトウキョウ**

シャープな酸味のパッションフルーツをジュレに、穏やかな酸味の
ヨーグルトをソルベにして組み合わせる。ジュレにはパッションフルー
ツの種を模したチョコレートの粒もしのばせ、驚きを演出する。
《レシピ→P.15》

月桃のジュレ
茂木ビワのコンポートと
トンカ豆のムース

今帰仁 実 :• ロドラント ミノルナキジン

ビワのコンポートに華やかな香りのトンカ豆のムースを詰め、沖縄産の月桃の葉の清涼感ある個性的な香りを抽出したジュレ、まろやかな風味のフロマージュ・ブランのソースを添える。ビワの旬である初夏のスペシャリテ。

ココナッツムースのテリーヌと
ハーブの香る
ゴールデンパイナップルの
ジュレ 7種類を融合させた
トロピカルフルーツソルベ

小玉弘道 :• レストラン ヒロミチ

ホワイトチョコレートを加えたコクのあるココナッツのムースに、果肉の食感を残したパイナップルのジュレ、ミント風味のヨーグルトソース、トロピカルフルーツのソルベを盛り合わせる。見た目にも夏らしいデザート。

月桃のジュレ 茂木ビワのコンポートと
トンカ豆のムース

今帰仁 実 ❖ ロドラント ミノルナキジン

月桃のジュレ(8人分)
ミネラルウォーター … 150cc
月桃*の葉(生) … 20g
板ゼラチン … 4.5g

ビワのコンポート(4人分)
水 … 400cc
白ワイン … 250cc
グラニュー糖 … 350g
トンカ豆(すりおろし) … 1個分
ビワ(長崎県茂木町産) … 5〜6個

トンカ豆のムース(30人分)
牛乳 … 100cc
トンカ豆(すりおろす) … 1/2個分
卵黄 … 1個分
グラニュー糖 … 20g
板ゼラチン … 3g
生クリーム(乳脂肪分35%) … 100cc

仕上げ
フロマージュ・ブラン
牛乳
ニホンハッカの葉 … 1人分1枚

＊：沖縄など熱帯、亜熱帯アジアで見られる植物「ゲットウ」。葉から採れる油は甘い香りがあり、アロマオイルなどにも利用される。沖縄では、この葉で餅菓子を包んで蒸したり、肉や魚を包んで蒸し焼きにしたりする

月桃のジュレ
1 鍋にミネラルウォーターを入れて沸かし、月桃の葉を入れて弱火で2時間ほど煮出し、漉す。
2 1に、もどした板ゼラチンを加え、バットに流して冷蔵庫で冷やし固める。

ビワのコンポート
1 鍋に水、白ワイン、グラニュー糖、トンカ豆を入れて沸かす。
2 ビワは皮をむいて種をくり抜き、1に加えて2時間ほど煮る。煮汁に浸したまま粗熱をとり、冷蔵庫で一晩ねかせる。

トンカ豆のムース
1 鍋に牛乳を入れて沸かし、トンカ豆を加えて火を止め、蓋をして2時間蒸らす。
2 ボウルに卵黄とグラニュー糖を入れてすり混ぜ、1に加えて中火でとろみが出るまで炊く。
3 2にもどした板ゼラチンを加えて溶かし、粗熱をとる。八分立てにした生クリームを合わせ、絞り袋に入れる。

仕上げ
1 ビワのコンポートの種をくり抜いたところにトンカ豆のムースを絞り入れ、冷蔵庫で冷やし固める(ビワ1個につきムース10〜12g)。ビワのコンポートは一部をピュレ用に取りおく。
2 1で取りおいたビワのコンポートをミキサーにかけてピュレにする。
3 器に2のピュレを敷き、月桃のジュレを崩しながら盛りつける。
4 3の中央に1をのせ、フロマージュ・ブランと牛乳を合わせたソースを流す。ニホンハッカの葉を飾る。

ココナッツムースのテリーヌとハーブの香る
ゴールデンパイナップルのジュレ
7種類を融合させたトロピカルフルーツソルベ

小玉弘道 ﹅ レストラン ヒロミチ

ココナッツムース（5人分）
牛乳 … 166cc
ココナッツファイン … 33.3g
ヴァニラビーンズ … 1/6本
板ゼラチン … 4g
ホワイトチョコレート（ヴァローナ社イヴォワール カカオ分35％）… 83.3g
生クリーム（乳脂肪分42％）… 150g
グラニュー糖 … 33.3g
卵白 … 66.6g
ココナッツリキュール … 16.6cc

パイナップルのジュレ（10人分）
パイナップル（ゴールデンパイン）… 300g
シロップ（ボーメ30°）… 適量
レモン果汁 … 適量
ジン … 20cc
板ゼラチン … 7g

トロピカルフルーツソルベ（20人分）
水 … 222cc
オレンジ果汁 … 200cc
レモン果汁 … 111cc
パイナップル … 220g
マンゴー … 111g
パッションフルーツ … 111g
パパイヤ … 111g
バナナ … 166g
シロップ（ボーメ30°）… 333g
グレナデンシロップ … 55cc

仕上げ
パイナップル
ミントシロップ*
ヨーグルト
サブレ（砕く。解説省略）
パイナップルの葉
レモングラス
ミント
粉糖

＊：ミントとシロップを合わせてミキサーにかけたもの

ココナッツムース
1 牛乳、ココナッツファイン、ヴァニラビーンズを合わせて火にかけ、香りが出たらもどした板ゼラチンを加えて沸かす。裏漉しする。
2 1に溶かしたチョコレートを加えて混ぜ、氷水をあててとろみがつくまで冷やす。
3 2に固く泡立てた生クリームを加え、グラニュー糖を入れて泡立てた卵白を加える。ココナッツリキュールを入れる。
4 トヨ型にラップフィルムを敷いて3を詰め、冷蔵庫で冷やし固める。

パイナップルのジュレ
1 板ゼラチン以外の材料をミキサーにかけてよく混ぜる。
2 1を鍋に入れて弱火にかけ、沸かしてアクを引く。全体がなじんだら、もどした板ゼラチンを加え混ぜる。冷蔵庫で冷やし固める。

トロピカルフルーツソルベ
すべての材料をミキサーにかけ、裏漉ししてソルベマシンにかける。

仕上げ
1 皿に切り分けたココナッツムースを盛りつけ、パイナップルのジュレと、ミントシロップで和えたパイナップルの角切りを添える。
2 ミントシロップとヨーグルトを合わせたソースを流す。
3 サブレを少量敷き、トロピカルフルーツソルベをのせる。
4 パイナップルの葉、レモングラス、ミントを飾り、粉糖をふる。

梅干しの砂糖漬けゼリー寄せ

小滝 晃 ❖ レストラン オーベルジーヌ

主役は、小滝氏の地元・茨城名産の梅干。シロップに浸けて湯煎にかけ、酸味と塩気を抜いてさわやかな味わいを全面に出す。赤ジソの香りのジュレでかため、梅干風味のクリームをかけて供する。

"ヴィチェリン"

伊藤延吉 ❖ **リストランテ ラ・バリック トウキョウ**

イタリア・トリノの名物である「ヴィチェリン」という温かい飲み物をヒントに考案した冷たいデザート。チョコレートのムース、チョコレートのジュレを落としたエスプレッソのジュレ、ヴァニラジェラートを重ねている。

梅干しの砂糖漬けゼリー寄せ

小滝 晃 ❖ レストラン オーベルジーヌ

梅干しの砂糖漬けゼリー寄せ（2人分）
水 … 100cc
グラニュー糖 … 50g
赤ジソ … 適量
板ゼラチン … 5g
梅干の砂糖漬け＊ … 4個

梅干のクーリとソース（2人分）
梅干の砂糖漬け＊ … 適量
生クリーム（乳脂肪分35％）… 30cc

＊:梅干をバットに入れ、かぶるぐらいの水飴を入れて湯煎で炊く。甘みが浸透したら取り出す。

梅干の砂糖漬けゼリー寄せ
1　水、グラニュー糖、みじん切りにした赤ジソを鍋に入れて温め、香りが水に移ったらもどした板ゼラチンを加えて、漉す。
2　丸型に梅干の砂糖漬けを2個ずつ入れ、**1**を流して冷蔵庫で冷やし固める。

梅干のクーリとソース
梅干の砂糖漬けの種を抜き、裏漉ししてクーリにする。その一部をゆるめに泡立てた生クリームと合わせ、ソースとする。

仕上げ
皿にクーリを流し、梅干しの砂糖漬けゼリー寄せを盛りつける。ソースをかけて提供する。

"ヴィチェリン"

伊藤延吉 ❖ リストランテ ラ・バリック トウキョウ

チョコレートジュレ（15人分）
ブラックチョコレート
　（ヴァローナ社ピュアカライブ　カカオ分66％）… 100g
牛乳 … 500cc
ヘーゼルナッツリキュール … 40cc
グラニュー糖 … 40g
カラギーナン … 15g

エスプレッソジュレ（10人分）
グラニュー糖 … 230g
エスプレッソ … 900cc
板ゼラチン … 18g

チョコレートムース（15人分）
ブラックチョコレート
　（ヴァローナ社ピュアカライブ　カカオ分66％）… 170g
卵黄 … 1個分
生クリーム（乳脂肪分46％）… 75cc
ヘーゼルナッツリキュール … 20cc
板ゼラチン … 2g
卵白 … 100g
グラニュー糖 … 25g

ヴァニラジェラート（12人分）
卵黄 … 4個分
グラニュー糖 … 120g
牛乳 … 450cc
生クリーム（乳脂肪分46％）… 150cc
ヴァニラビーンズ … 1/2本

チョコレートジュレ
1　チョコレートは細かくきざみ、それ以外のすべての材料とともに鍋に入れ、80℃まで温める。
2　**1**を半球状のシリコン型に流し、冷蔵庫で冷やし固める。

エスプレッソジュレ
1　グラニュー糖140gを鍋で加熱してカラメルを作り、エスプレッソを注ぐ。
2　**1**に残りのグラニュー糖ともどした板ゼラチンを加え混ぜる。冷蔵庫でゆるめに冷やし固める。

チョコレートムース
1　きざんだチョコレートを湯煎で溶かし、卵黄、生クリーム、ヘーゼルナッツリキュールを加える。もどした板ゼラチンを加え、溶かし混ぜる。
2　卵白にグラニュー糖を加えて泡立て、**1**に3回に分けて加え混ぜる。

ヴァニラジェラート
1　卵黄とグラニュー糖をすり混ぜる。
2　牛乳、生クリーム、ヴァニラビーンズを合わせて人肌まで温め、ヴァニラの香りを移す。

3 1と2を合わせて漉し、鍋に入れてとろみが出るまで炊く。
4 粗熱をとってパコジェットの専用容器に入れて冷凍する。提供前にパコジェットにかける。

<u>仕上げ</u>
1 提供用のグラスの底にチョコレートムースを入れて冷やし固め、エスプレッソジュレを流す。
2 1にチョコレートジュレを落とし、冷蔵庫でさらに冷やし固める。
3 2にヴァニラジェラートを絞る。

卵黄プリン エスプレッソ風味

酒井 涼 ❖ **アルドアック**

卵黄と砂糖だけで作るスペインのプリン「トシーノ・デ・シエロ」にエスプレッソを加えた"大人のプリン"。カフェラテで炊いた米、バナナのアイスクリーム、クランブルを添える。

ポ・ドゥ・クレーム
レグリース(甘草)の香り
サフランのマドレーヌ

クリストフ・ポコ
ルグドゥノム ブション リヨネ

生クリームを加えない素朴なプリンともいえるポ・ドゥ・クレーム。薬草のような苦みのある甘草のシロップをきかせた、すっきりした後味が特徴。サフランとレモンの香りが広がる温かいマドレーヌを添えて供する。

ラム酒風味の
クレームキャラメル

須藤亮祐　ビストロ コティディアン

ラムとヴァニラをきかせたアパレイユに、砂糖のみを焦がして作るカラメルをたっぷりと合わせる。定番のクレーム・キャラメルが、メリハリのきいた味わいに。ビストロ料理店ならではのストレートで力強いおいしさ。

卵黄プリン エスプレッソ風味

酒井 涼 ❖ アルドアック

卵黄プリン エスプレッソ風味（6人分）
エスプレッソ … 70cc
砂糖 … 50g
卵黄 … 50g

コーヒーで炊いた米（6人分）
米 … 30g
カフェラテ … 60cc
グラニュー糖 … 15g

バナナアイスクリーム（6人分）
バナナ … 170g
牛乳 … 80cc
生クリーム（乳脂肪分47％）… 150cc
グラニュー糖 … 40g
卵黄 … 3個分

クランブル（6人分）
薄力粉 … 50g
バター … 50g
グラニュー糖 … 50g

仕上げ
カラメルソース（解説省略）
ココアパウダー

卵黄プリン エスプレッソ風味
1 鍋にエスプレッソと砂糖を入れて火にかける。
2 ボウルに卵黄を入れて泡立て器でよく混ぜる。
3 2に1を加えて混ぜ、直径7cmのプリン型に流す。160℃のオーブンで12分間湯煎焼きする。

コーヒーで炊いた米
鍋に米、カフェラテ、砂糖を入れて、15分間炊く。

バナナアイスクリーム
1 皮をむいたバナナ、牛乳、生クリームをフード・プロセッサーでなめらかになるまで撹拌する。
2 グラニュー糖と卵黄をボウルに入れ、泡立て器ですり混ぜる。1を加えて、さらに混ぜる。
3 2を鍋に入れてひと煮立ちさせる。火からおろして粗熱をとり、ソルベマシンにかける。

クランブル
1 薄力粉、バター、グラニュー糖をボウルに入れて混ぜ合わせる。
2 1をオーブンシートを敷いた天板にのせ、180℃のオーブンで30分間程度焼く。

仕上げ
1 皿の中央にカラメルソースで線を引き、卵黄プリン エスプレッソ風味を型からはずして盛りつける。
2 1の横にコーヒーで炊いた米を盛りつけ、ココアパウダーをかける。バナナアイスクリームをのせ、クランブルを添える。

ポ・ドゥ・クレーム レグリース(甘草)の香り サフランのマドレーヌ

クリストフ・ポコ ❖ ルグドゥノム ブション リヨネ

ポ・ドゥ・クレーム(25人分)

卵黄 … 24個分
グラニュー糖 … 360g
牛乳 … 2.25ℓ
ヴァニラビーンズ(マダガスカル産) … 3本
甘草シロップ(解説省略) … 50cc

マドレーヌ(25人分)

全卵 … 7個
卵黄 … 3個分
グラニュー糖 … 400g
レモンの皮(すりおろし) … 2個分
小麦粉 … 300g
ベーキングパウダー … 13g
アーモンドパウダー … 75g
バター … 450g
サフラン(乾燥) … ひとつまみ
ハチミツ … 65g

仕上げ

粉糖

ポ・ドゥ・クレーム

1　卵黄とグラニュー糖を白くなるまですり混ぜる。そこに沸騰させた牛乳、ヴァニラビーンズ、甘草シロップを加え、加熱しながら混ぜ合わせ、沸騰させる。
2　1を型に流し、加熱対応フィルムをかけて90℃のオーブンで45分間加熱する。

マドレーヌ

1　全卵、卵黄、グラニュー糖、レモンの皮を混ぜ合わせる。
2　小麦粉、ベーキングパウダー、アーモンドパウダーを合わせてふるい、1に少しずつ加える。
3　適量のバターを溶かしてサフランを入れて色を出し、ハチミツと残りのバターを加えてよく混ぜ合わせる。
4　2に3を加えて混ぜ合わせ、冷蔵庫に一晩おく。
5　4を型に流し、180℃のオーブンで約5分間加熱する。

仕上げ

ポ・ドゥ・クレームに、提供直前に温めて粉糖をふったマドレーヌを添えて提供する。

ラム酒風味のクレームキャラメル

須藤亮祐 ❖ ビストロ コティディアン

クレームキャラメル(8人分)

カラメル
└ グラニュー糖 … 60g
全卵 … 2個
卵黄 … 3個分
グラニュー糖 … 130g
牛乳 … 450cc
ヴァニラビーンズ … 1/2本
ラム … 20cc

ソース・アングレーズ(8人分)

グラニュー糖 … 50g
卵黄 … 2個分
牛乳 … 200cc
ヴァニラビーンズ … 1/2本

クレームキャラメル

1　カラメルを作る。グラニュー糖を鍋に入れ、火にかける。全体が泡立ち、焦げ色がついてきたら火からはずし、余熱でしっかり色をつける。
2　1をプリン型の底に流し入れる。固まるまでおいておく。
3　全卵と卵黄を合わせて溶きほぐし、グラニュー糖を加えて混ぜ合わせる。
4　鍋に牛乳を入れてヴァニラビーンズを加え、人肌程度になるまで加熱する。3に加え混ぜて漉し、ラムを加える。
5　4を2の型に流し入れる。
6　バットに5の型を並べ、蓋をかぶせる。82℃のスチコンで20分間加熱する。
7　6が焼き上がったら常温で冷まし、粗熱がとれたら冷蔵庫で冷やす。

ソース・アングレーズ

1　グラニュー糖と卵黄をボウルに入れ、白っぽくなるまでよくすり混ぜる。
2　鍋に牛乳を入れ、ヴァニラビーンズのさやから種をこそげ取って加え、さやも入れて沸騰させる。さやを取り出す。
3　2の牛乳を1に少しずつ加えて混ぜ合わせる。鍋に戻し入れ、弱火にかけ、軽く濃度がつくまで加熱する。冷やす。

仕上げ

1　クレームキャラメルの型に皿をかぶせ、ひっくり返す。
2　クレームキャラメルのまわりに、ソース・アングレーズを流し入れる。型をはずす。

パッションフルーツのミルクシェイクと
エキゾチックフルーツ
スペイン産青りんごリキュール"マンザナ"のジュレ

長谷川幸太郎 ❖ サンス・エ・サヴール

甘酸っぱいパッションフルーツのソルベに生クリームを混ぜたシェイク、青リンゴのリキュール"マンザナ"と炭酸のジュレ、フレッシュな果物というさわやかな構成のグラスデザート。開業当初からのスペシャリテだ。

瀬戸香とマンゴーの
ゼリー ハーブティー風味

渋谷圭紀 ❖ ラ・ベカス

冬の終わりに出回るせとかは香り、甘み、酸味のしっかりとした柑橘。これにマンゴーのコクを加え、ハーブティーのジュレでまとめる。スパイスをきかせたソースとまろやかなハチミツのアイスクリームを添えて。

ルバーブと
フロマージュ・ブラン
カンパリミルク

永野良太 ❖ エテルニテ

酸味のきいたルバーブのコンフィチュールとジュレ、穏やかな酸味のフロマージュ・ブランを重ねて層にし、上にはほんのり苦みを帯びたカンパリミルクの泡を。スプーンで全体を混ぜて食べてもらう初夏のアヴァン・デセール。

パッションフルーツのミルクシェイクと エキゾチックフルーツ スペイン産青りんごリキュール "マンザナ"のジュレ

長谷川幸太郎 ❧ サンス・エ・サヴール

パッションフルーツのミルクシェイク（4人分）

ソルベ（作りやすい分量／100gを使用）
- ミネラルウォーター … 625g
- グラニュー糖 … 370g
- 増粘安定剤（ヴィドフィックス）… 5g
- パッションフルーツのピュレ … 1kg

生クリーム（乳脂肪分42%）150g
グラニュー糖 … 5g

マンザナのジュレ（約45人分）

サイダー … 1.5ℓ
板ゼラチン … 30g
マンザナ* … 350g

アナナス・セッシェ（約50人分）

水 … 1ℓ
グラニュー糖 … 200g
パイナップル … 1/2個

仕上げ

リンゴ
パイナップル
キウイフルーツ
マンゴー
パッションフルーツ
ピスタチオ（みじん切り）
ミント
パッションフルーツのピュレ

＊：青リンゴを原料とするスペイン・バスク地方のリキュール。アルコール度数は20%前後

パッションフルーツのミルクシェイク

1 ソルベを作る。
① ミネラルウォーターとグラニュー糖を合わせて沸かす。冷まして、少しずつ増粘安定剤と混ぜ合わせる。
② ①を裏漉ししながらパッションフルーツのピュレと合わせ、ソルベマシンにかける。
2 なめらかな状態の**1**のソルベを、七分立てにした生クリームとグラニュー糖とよく混ぜ合わせ、冷凍庫に入れる。固まりすぎないよう、10分間ごとにかき混ぜる作業を数回くり返す。

マンザナのジュレ

1 少量のサイダーを温め、もどした板ゼラチンを溶かす。
2 **1**にマンザナを加え、残りのサイダーを合わせて一晩冷蔵庫に入れる。

アナナス・セッシェ

1 水とグラニュー糖を合わせてシロップを作り、皮をむいて1mmの厚さにスライスしたパイナップルを漬け込む。
2 **1**の水気をきり、筒型に整えてシルパットに並べる。80℃のオーブンで2時間乾かす。

仕上げ

1 グラスに小さな角切りにしたリンゴ、パイナップル、キウイフルーツ、マンゴーを入れる。
2 マンザナのジュレをのせ、上にパッションフルーツのミルクシェイクを絞り出す。
3 上から、粗くつぶしたパッションフルーツの果肉をかけ、ピスタチオを散らす。アナナス・セッシェとミントを飾る。
4 パッションフルーツのピュレを煮詰めたソースで線を引いた器に、**3**のグラスをのせる。

瀬戸香とマンゴーのゼリー ハーブティー風味

渋谷圭紀 ❧ ラ・ベカス

瀬戸香とマンゴーのゼリー（1人分）

せとか* … 1個
マンゴー（メキシコ産）… 1/4個
ミックスハーブティーの葉、水、砂糖 … 各適量
板ゼラチン … 適量

ソース（作りやすい分量）

紅茶の葉（アッサム）… 5g
水 … 少量
牛乳 … 200cc
ショウガ … 少量
グリーンカルダモン … 5粒
砂糖 … 適量
タピオカ（小粒）… 5g

ハチミツアイスクリーム（作りやすい分量）

卵黄 … 80g
ハチミツ … 250g
牛乳 … 500cc
ヴァニラビーンズ … 1本

＊：「清見タンゴール」と「アンコールオレンジ」の交配に、さらに「マーコットオレンジ」を交配して作った品種。柑橘類の中でもとくに甘みが濃厚で、果肉は緻密

瀬戸香とマンゴーのゼリー

1 せとかとマンゴーの皮をむき、果肉を適当な大きさに切る。
2 煮出したミックスハーブティーに砂糖を加え、**1**を入れて1時間マリネする。
3 **2**を漉して、果肉とマリネ液に分ける。マリネ液の重量を計り、その1%の板ゼラチンを水でもどす。マリネ液を小鍋に入れて温め、もどした板ゼラチンを加えて溶かす。冷まして、果肉を戻し入れる。
4 グラスに**3**を入れて冷蔵庫で冷やし固める。

ソース
1　鍋に水を入れて中火にかけ、沸騰したら紅茶の葉を入れて煮出す。
2　紅茶の香りが立ったら、牛乳とショウガ、グリーンカルダモンを加えて沸かす。
3　火を止めて砂糖を加えて蓋をし、10分間ほど蒸らす。
4　漉して氷をあてて冷まし、下ゆでしたタピオカを加える。漉し取ったグリーンカルダモンは取りおく。

ハチミツアイスクリーム
1　ボウルに卵黄をほぐし、ハチミツを少しずつ加えて白っぽくなるまで混ぜる。
2　鍋に牛乳を入れ、ヴァニラビーンズの種をさやからこそげて加え、中火で沸騰直前まで温める。
3　1に2を加えて混ぜる。
4　3を漉して鍋に戻し、中火にかけて木杓子で鍋底をこするようにして混ぜながら、とろみがつくまで煮詰める。
5　冷ましてソルベマシンにかける。

仕上げ
冷やし固めた瀬戸香とマンゴーのゼリーにソースをかけ、ハチミツアイスクリームをのせる。ソースに使ったグリーンカルダモンを散らす。

ルバーブとフロマージュ・ブラン
カンパリミルク
永野良太　エテルニテ

ルバーブのコンフィチュール（10人分）
ルバーブ（赤みの強いもの）… 200g
シロップ（水とグラニュー糖を4：1で合わせたもの）
　　… 150g

フロマージュ・ブラン（5人分）
フロマージュ・ブラン … 100g
レモン果汁 … 10g

ルバーブのジュレ（10人分）
ルバーブのコンフィチュールのシロップ … 210g
板ゼラチン … 1枚

ルバーブのチュイル（10人分）
ルバーブ … 適量
ルバーブのコンフィチュールのシロップ … 適量

仕上げ
牛乳 … 100g
カンパリ … 20g

ルバーブのコンフィチュール
1　ルバーブの葉を落とし、茎を適当な長さにぶつ切りにする。
2　鍋にシロップと1を入れて火にかけ、ルバーブがやわらかくなるまで炊く。
3　2をシノワで漉してシロップとルバーブに分け、ルバーブの重量の20％のシロップとルバーブを鍋に戻し、適度な濃度になるまで煮詰める。残りのシロップは、ルバーブのジュレとチュイル用に取りおく。

フロマージュ・ブラン
フロマージュ・ブランにレモン果汁を加え混ぜる。

ルバーブのジュレ
1　ルバーブのコンフィチュールのシロップを鍋に入れ、火にかける。
2　もどした板ゼラチンを1に加えて溶かす。
3　2をバットに入れ、粗熱がとれたら冷蔵庫で冷やし固める。

ルバーブのチュイル
1　ルバーブをスライサーでごく薄くスライスする。
2　鍋にルバーブのコンフィチュールのシロップを入れて火にかけ、1を入れて煮る。
3　2をシルパットに広げて並べ、90℃のコンベクションオーブンで25分間焼く。天地を返してさらに10分間焼く。

仕上げ
1　鍋に牛乳を入れ、火にかけて軽く温める。火からおろしてカンパリを加え、ハンドミキサーで泡立てる。
2　カクテルグラスにルバーブのコンフィチュール、フロマージュ・ブラン、ルバーブのジュレの順に重ね入れる。1をのせ、ルバーブのチュイルを添える。

ホワイトチョコレート コーヒー
パイナップル ローズマリー

山本健一 ❖ アルシミスト

コーヒーのほろ苦さとローズマリーのさわやかな香りが印象的。砕いたコーヒー豆を加えたホワイトチョコレートのムースに、ローズマリーを煮出して作る冷たいパウダーをたっぷりかけている。甘酸っぱいパイナップルのピュレと生のローズマリーを添えて酸味と香りをプラスする。

カカオ生豆のディム・サムと桜のブランマンジェ、ズブロッカのジュレとフレーズ・デ・ボア

今帰仁 実 ❖ ロドラント ミノルナキジン

桜餅から着想を得た桜の季節のデザート。生春巻きの皮にカカオ豆のムースと煮小豆を包んで桜餅に見立て、桜の葉の塩漬けで香りづけしたブランマンジェの上にのせ、桜餅によく似た甘い香りのズブロッカのジュレを合わせる。

韃靼そばのブランマンジェ ゲランドの塩アイスとプロヴァンスのオリーブオイル

松本一平 ❖ ラペ

韃靼そば茶の香ばしい風味を移した牛乳で、ごくゆるいブランマンジェを作る。ゲランドの塩を入れたアイスクリーム、プロヴァンス産の香り高いE.V.オリーブ油を合わせ、印象深い味わいに。

ホワイトチョコレート コーヒー パイナップル ローズマリー

山本健一 ❖ アルシミスト

ホワイトチョコレートのムース（8人分）
ホワイトチョコレート
　（ヴァローナ社 イボワール カカオ分35%）… 50g
水 … 75cc
水飴 … 20g
生クリーム（乳脂肪分35%）… 75g
板ゼラチン … 2g
コーヒー豆 … 5g

ローズマリーのアイスパウダー（つくりやすい分量／適量を使用）
牛乳 … 500g
生クリーム（乳脂肪分35%）… 100g
グラニュー糖 … 20g
ローズマリー … 適量

仕上げ
パイナップルのピュレ*
ローズマリー

*：パイナップルの果汁を煮詰めたもの

ホワイトチョコレートのムース
1　チョコレートを湯煎で溶かす。
2　水と水飴を鍋に入れて火にかけ、沸いたら生クリームを加える。
3　1に2ともどした板ゼラチンを加えて、混ぜ合わせる。
4　パコジェットの専用容器に3を入れて、冷凍庫で冷やし固める。
5　4とコーヒー豆を一緒にパコジェットにかけ、再度冷凍庫で冷やし固める。

ローズマリーのアイスパウダー
鍋に材料をすべて入れて沸騰する直前まで加熱する。パコジェットの専用容器に入れて冷凍し、パコジェットにかけてパウダー状にする。

仕上げ
1　提供直前にホワイトチョコレートのムースをパコジェットにかける。
2　皿にパイナップルのピュレを流し、1を盛りつける。ローズマリーのアイスパウダーをかけ、ローズマリーを飾る。

カカオ生豆のディム・サムと桜のブランマンジェ、ズブロッカのジュレとフレーズ・デ・ボア

今帰仁 実 ❖ ロドラント ミノルナキジン

桜のブランマンジェ（4人分）
桜の葉の塩漬け … 2 1/2枚
牛乳 … 130g
サワークリーム … 13g
グラニュー糖 … 40g
板ゼラチン … 2.5g
生クリーム（乳脂肪分35%）… 30g

カカオ生豆のディム・サム（4人分）
カカオ生豆のムース
├ カカオの生豆 … 20g
├ 牛乳 … 100g
├ 卵黄 … 1個分
├ グラニュー糖 … 45g
├ 板ゼラチン … 2.5g
└ 生クリーム（乳脂肪分35%）… 100g
ライスペーパー … 適量
煮小豆（解説省略）… 適量

ズブロッカのジュレ（10人分）
ミネラルウォーター … 135cc
グラニュー糖 … 38g
カンパリ … 10cc
ズブロッカ … 5cc
板ゼラチン … 2g

仕上げ
ランタナの花
プリムラの花
野イチゴ
ヴァニラパウダー
オリーブオイル

桜のブランマンジェ
1　桜の葉の塩漬けと牛乳100gを小鍋に入れて沸騰させる。ボウルに移してラップフィルムをかけ、一晩おいて牛乳に香りを移す。
2　1を漉し、サワークリームとグラニュー糖を加え、火にかけて溶かす。沸騰したら、もどした板ゼラチンを加えて溶かす。
3　2を氷水に当てて冷まし、残りの牛乳を加え混ぜる。30℃まで冷めたら六分立てにした生クリームを加え混ぜ、提供用の器に薄く流して冷蔵庫で冷やし固める。

カカオ生豆のディム・サム
1　カカオ生豆のムースを作る。
①　小鍋にカカオの生豆と牛乳を入れて火にかける。沸騰後5分間ほど炊き、ボウルに移してラップフィルムをかけ、一晩おいて牛乳に香りを移す。
②　卵黄とグラニュー糖を白っぽくなるまで泡立て器で充分

にすり混ぜる。
③ ①を漉して鍋に入れて沸かし、②に加え混ぜる。鍋に戻して軽くとろみがつくまで熱する。もどした板ゼラチンを加えて溶かす。
④ ③を漉し、氷水に当てて冷やす。七分立てにした生クリームを3回に分けて加え混ぜる。冷蔵庫に入れておく。
2 ライスペーパーを水（分量外）でもどし、**1**のムースと煮小豆を袱紗（ふくさ）包みにする。

ズブロッカのジュレ
1 ミネラルウォーターとグラニュー糖を合わせて沸かし、火からおろしてカンパリ、ズブロッカ、もどした板ゼラチンを加えて溶かす（アルコール分はとばさない）。
2 **1**を氷水に当てて冷まし、冷蔵庫で冷やし固める。

仕上げ
1 桜のブランマンジェの上にカカオ生豆のディム・サムを盛り、ズブロッカのジュレをスプーンですくってかける。ランタナとプリムラの花、きざんだ野イチゴ、ヴァニラパウダーを散らし、オリーブオイルをたらす。

韃靼そばのブランマンジェ ゲランドの塩アイスと プロヴァンスのオリーブオイル

松本一平 ❖ ラペ

韃靼そばのブランマンジェ（作りやすい分量／1人分100gを使用）
そば茶（ダッタンソバ）… 20g
水 … 250g
牛乳 … 500cc
生クリーム（乳脂肪分38%）… 375g
グラニュー糖 … 125g
板ゼラチン … 10g

ゲランドの塩アイス（作りやすい分量／1人分25gを使用）
牛乳 … 500cc
グラニュー糖 … 50g
転化糖（トレモリン）… 15g
塩（フランス・ゲランド産）… 4g

仕上げ
塩（フランス・ゲランド産）
オリーブオイル（フランス・プロヴァンスのミレユンヌ社製）

韃靼そばのブランマンジェ
1 鍋にそば茶と水を入れて沸かし、火を止めて蓋をして5分間蒸らす。
2 **1**を漉して別鍋に入れ、牛乳、生クリーム、グラニュー糖を加えて沸かす。火を止めてもどした板ゼラチンを加える。ゼラチンが溶けたら、ボウルに漉し入れ、氷水をあてて混ぜながら冷やす。
3 **2**にとろみがついてきたら容器に移し、冷蔵庫で一晩冷やし固める。

ゲランドの塩アイス
1 鍋に牛乳を入れて火にかけ、3/5量になるまで煮詰める。
2 **1**にグラニュー糖、転化糖、塩を加えて沸かす。漉して粗熱をとり、ソルベマシンにかける。

仕上げ
韃靼そばのブランマンジェをスプーンですくって器に盛りつけ、ゲランドの塩アイスをクネル形にとってのせる。塩を散らし、オリーブオイルをかける。

アーモンド風味のブランマンジェ
ルバーブのコンポート

クリストフ・ポコ ❖ ルグドゥノム ブション リヨネ

ルバーブはリンゴのような酸味とアンズに似た甘酸っぱい香りが特徴。
甘さを抑えたコンポートにして、なめらかでミルキーなブランマンジェと
合わせる。ブランマンジェのやさしいコクが際立つ一品。

秦野市産生落花生のブランマンジェ
小原 敬 ❖ おはらス レストラン

小原氏が生の落花生をゆでたものをはじめて食べたときに、その香りがアーモンドに似ていると思ったところから発想。ピーナッツ特有のふくよかでミルキーな香りが印象的なブランマンジェで、おかわりを注文するお客も。

胡麻のブランマンジェ
宇野勇蔵 ❖ ル・ビストロ

白ゴマのブランマンジェに、フロマージュ・ブランを加えたソース・アングレーズを添える。白ゴマの香ばしさと、ソースのコクや酸味がバランスよく重なりあう。

アーモンド風味のブランマンジェ ルバーブのコンポート

クリストフ・ポコ ❖ ルグドゥノム ブション リヨネ

ブランマンジェ（50人分）

牛乳 … 3ℓ
アーモンドスライス … 900g
グラニュー糖 … 700g
粉ゼラチン … 60g
生クリーム（乳脂肪分35%）… 1.2ℓ
アーモンドパウダー … 200g

ルバーブのコンポート（50人分）

ルバーブ … 1.5kg
砂糖 … 375g

仕上げ

イチゴのピュレ（市販品に10%加糖したもの）
イチゴ … 1人分2個
ミント

ブランマンジェ

1　牛乳にアーモンドスライスを加えて沸騰させた後、60℃まで冷やす。
2　1にグラニュー糖を加え、蓋をして約20分間おく。
3　2を漉し、もどした粉ゼラチンを加える。
4　3に氷水をあてながら、生クリームとアーモンドパウダーを少しずつ加え、とろみが出るまで混ぜ合わせる。
5　4を型に流し、冷蔵庫で冷やし固める。

ルバーブのコンポート

適宜に切ったルバーブと砂糖を合わせ、弱火にかけながら煮詰める。

仕上げ

器にルバーブのコンポートを敷き、その上にブランマンジェをのせる。周りにイチゴのピュレを流し、適宜に切ったイチゴとミントをあしらう。

秦野市産生落花生のブランマンジェ

小原 敬 ❖ おはらス レストラン

ブランマンジェ（直径8cmの型13個分）

ピーナッツ（生）… 300g（殻と渋皮をはずした状態）
牛乳 … 800cc
グラニュー糖 … 80g
板ゼラチン … 約10g
生クリーム（乳脂肪分45%）… 300g

ソース

卵黄 … 2個分
グラニュー糖 … 30g
牛乳 … 200cc
ヴァニラビーンズ … 1本
生クリーム（乳脂肪分38%）… 適量

ブランマンジェ

1　ピーナッツは殻付きのまま10分間ゆで、殻と渋皮をはずす。
2　1と牛乳を合わせ、ミキサーにかける。
3　2を鍋に入れて火にかけ、沸いたら火からおろして10分間おいて香りを移す。
4　3をシノワで漉し、グラニュー糖ともどした板ゼラチンを加え混ぜる。粗熱をとって冷やす。
5　4に七分立てにした生クリームを合わせ、型に流す。冷蔵庫で冷やし固める。

ソース

1　卵黄とグラニュー糖を合わせてかき混ぜる。
2　鍋に牛乳とヴァニラビーンズを入れて沸かし、漉して1に加える。
3　2を鍋に戻し、混ぜながら加熱する。とろみがついたら火からおろす。粗熱をとり、冷蔵庫で保管する。
4　提供前に生クリームを加えてのばす。

仕上げ

ブランマンジェを型からはずして皿に盛りつけ、ソースを流す。

胡麻のブランマンジェ
宇野勇蔵 ❖ ル・ビストロ

胡麻のブランマンジェ（7人分）
白ゴマ（皮をむいて煎ったもの）… 50g
グラニュー糖 … 80g
牛乳 … 500cc
水 … 35cc
粉ゼラチン … 7g
生クリーム（乳脂肪分42％）150cc

ソース・アングレーズ（7人分）
牛乳 … 250cc
ヴァニラビーンズ（マダガスカル産）… 1/4本
卵黄 … 2個分
グラニュー糖 … 63g

仕上げ
フロマージュ・ブラン

胡麻のブランマンジェ
1　鍋に白ゴマとグラニュー糖を入れて中火にかけ、焦げないように混ぜながら煎る。
2　1に牛乳400ccを加え、沸騰したら火を止める。蓋をして10分間蒸らす。
3　2を熱いうちに漉し、分量の水でもどした粉ゼラチンを加えて溶かす。
4　3に残りの牛乳と生クリームを加えて混ぜ、型に流し入れて冷蔵庫で冷やし固める。

ソース・アングレーズ
1　鍋に牛乳とヴァニラビーンズを入れて沸騰させる。
2　ボウルに卵黄とグラニュー糖を合わせ、白くなるまですり混ぜる。
3　2に1を半量注ぎ入れ、よく混ぜる。
4　3を漉しながら1の鍋に戻し入れ、中火にかけてゴムベラで鍋底をこするように混ぜる。
5　とろみが出たら火からおろし、シノワで漉してボウルに移す。氷水をあてて冷やす。

仕上げ
1　ソース・アングレーズにフロマージュ・ブランを合わせ、ムラなく混ぜる。
2　器に胡麻のブランマンジェを盛り、1を流す。

ココナッツの軽いメレンゲムースと数種のベリーのキャラメリゼ、木イチゴのソルベ添え

田辺 猛 ❖ ラトラス

ココナッツ風味のふんわりとしたメレンゲムースに、カラメリゼした5種のベリー類をのせる。周りに絞ったのは木イチゴのソルベ。華やかでボリュームのあるデザートだが、口どけのよさとさわやかな酸味を重視することで軽やかな味わいにまとめている。

苺とマスカルポーネのムース ザバイオーネクリーム添え

八木康介 ❖ リストランテ ヤギ

イチゴとマスカルポーネのムース、バラの香りをつけたザバイオーネクリームを重ね、イチゴのピュレとフレッシュ、ごく薄いチョコレートとミントを添える。イチゴは酸味と甘味のバランスがよい栃木産の「女峰」を使用。

イチゴのバヴァロア フロマージュ・ブラン添え

宇野勇蔵 ❖ ル・ビストロ

農家直送のイチゴをふんだんに使ったバヴァロワ。生クリームは泡立てず、冷やし固める直前に加えることで、もっちりと力強い食感に仕上がる。クレーム・シャンティイの代わりによりさっぱりとして泡立ての手間もかからないフロマージュ・ブランをかけ、イチゴを添えて提供する。

ココナッツの軽いメレンゲムースと
数種のベリーのキャラメリゼ、
木イチゴのソルベ添え

田辺 猛 ❖ ラトラス

ココナッツのメレンゲムース（直径12cm×高さ4cmのセルクル8台分）

- 卵白 … 142g
- 砂糖 … 50g
- ココナッツのピュレ … 178g
- ココナッツのリキュール … 13cc
- レモン果汁 … 20cc
- 板ゼラチン … 12g
- 生クリーム（乳脂肪分38%）… 80cc

数種のベリーのキャラメリゼ（作りやすい分量／適量を使用）

- 砂糖 … 200g
- 水 … 50cc
- イチゴ … 適量
- フランボワーズ … 適量
- ブルーベリー … 適量
- ブラックベリー … 適量
- グロゼイユ … 適量

キャラメルソース（作りやすい分量／適量を使用）

- 砂糖 … 400g
- 水 … 少量
- ブドウジュース … 200cc

カソナード（作りやすい分量／適量を使用）

- グラニュー糖 … 100g
- カソナード … 100g
- オレンジジュース … 100g
- 薄力粉 … 75g
- 溶かしバター … 100g
- 粉糖 … 適量

木イチゴのソルベ（作りやすい分量／適量を使用）

- 水 … 200cc
- フランボワーズのピュレ … 500g
- 転化糖（トレモリン）… 100g
- 砂糖 … 200g

仕上げ

- ルバーブの皮（ピーラーでひも状にむく）
- ミント
- ピスタチオ（きざむ）

ココナッツのメレンゲムース

1 卵白に砂糖を少しずつ加えながら泡立て、しっかりとしたメレンゲを作る。
2 ココナッツのピュレとココナッツのリキュール、レモン果汁を合わせる。
3 2を少量取り分けて温め、もどした板ゼラチンを加え溶かす。
4 2に3、六分立てにした生クリーム、1を加え、泡が消えないようにさっくりと混ぜる。バットに3cmの高さまで流し、冷蔵庫で冷やし固める。

数種のベリーのキャラメリゼ

1 鍋に砂糖と水を合わせて火にかけ、色がつく直前まで弱火で煮詰める。
2 ピックに刺したベリー類を1に入れてからめる。冷蔵庫で冷やし固めて、ピックを抜く。

キャラメルソース

1 砂糖と水を鍋に入れて火にかけ、カラメリゼする。
2 1にブドウジュースを加えてのばす。

カソナード

1 ボウルにグラニュー糖、カソナードを合わせてオレンジジュース、薄力粉、溶かしバターを加えてよく混ぜ合わせる。
2 1をシルパットに円盤状に薄くのばし、160℃のオーブンで5〜6分間焼いて表面に粉糖をふる。

木イチゴのソルベ

1 鍋に水、フランボワーズのピュレ、転化糖、砂糖を合わせて火にかける。沸騰したら火からおろし、粗熱をとる。
2 1をソルベマシンにかける。

仕上げ

1 直径6cmのセルクルで抜いたココナッツのメレンゲムースを皿に盛り、数種のベリーのキャラメリゼをのせる。ルバーブの皮とミントを飾る。
2 1の周囲にキャラメルソースを流し、カソナードをココナッツのメレンゲムースに立てかけるようにして添える。
3 木イチゴのソルベを絞り袋に入れ、3のキャラメルソースの外側に円を描くように絞る。
4 3のソルベの上にピスタチオをふる。

苺とマスカルポーネのムース
ザバイオーネクリーム添え

八木康介 ❖ リストランテ ヤギ

マスカルポーネのムース（30人分）

- 卵黄 … 4個分
- グラニュー糖 … 150g
- 牛乳 … 350cc
- マスカルポーネ … 500g
- 板ゼラチン … 7g
- 生クリーム（乳脂肪分38%）… 200g
- ヴァニラビーンズ … 1/2本
- ジェノワーズ（解説省略）… 適量
- イチゴ … 30個

ザバイオーネクリーム（30人分）

- 卵黄 … 6個分
- グラニュー糖 … 90g
- コアントロー … 120cc
- 板ゼラチン … 2g
- 生クリーム（乳脂肪分38%）… 200g

メレンゲ
├ 卵白 … 2個分
└ グラニュー糖 … 40g
バラのエキス … 少量

仕上げ
ミント
板チョコレート（解説省略）
イチゴのピュレ*
イチゴ … 1人分1個
フランボワーズ（フリーズドライ）

＊：イチゴのピュレ：イチゴをミキサーにかけて、ピュレ状にしたもの

マスカルポーネのムース
1 卵黄とグラニュー糖をミキサーに入れて撹拌し、牛乳を加えて混ぜる。
2 1にマスカルポーネを加えて混ぜ合わせ、もどした板ゼラチンを加える。
3 生クリームはさやからこそげ取ったヴァニラビーンズの種を加え、八分立てにする。
4 3を2に加え、さっくりと混ぜ合わせる。
5 直径5cmのセルクルで厚さ1cm弱のジェノワーズをくり抜き、セルクルの高さ半分まで4を詰める。スライスしたイチゴ、4を重ね、冷蔵庫に入れて冷やし固める。

ザバイオーネクリーム
1 卵黄、グラニュー糖、コアントローをボウルに入れ、湯煎にかけながらクリーム状になるまで泡立て器でかき混ぜる。
2 1に水（分量外）でもどした板ゼラチンを加え、混ぜ合わせる。
3 生クリームを八分立てにする。2に加える。
4 卵白とグラニュー糖をボウルに合わせ、メレンゲを立てる。
5 3に4のメレンゲとバラのエキスを加えて混ぜ合わせ、冷蔵庫に入れて冷やす。

仕上げ
1 マスカルポーネのムースをセルクルからはずして、皿に盛る。
2 1の上にザバイオーネクリームをのせ、ミントと板チョコレートをあしらう。
3 皿の空いているスペースにイチゴのピュレをあしらい、カットしたイチゴを添える。フランボワーズを砕いて散らす。

イチゴのバヴァロア フロマージュ・ブラン添え
宇野勇蔵 ル・ビストロ

イチゴのバヴァロア（7人分）
イチゴ … 300g
牛乳 … 200cc
ヴァニラビーンズ（マダガスカル産）… 1/4本
グラニュー糖 … 100g
粉ゼラチン … 10g
水 … 50cc
生クリーム（乳脂肪分42％）… 100cc

仕上げ
フロマージュ・ブラン
イチゴ
ミント
粉糖

イチゴのバヴァロア
1 イチゴのヘタを取り、縦半分に切る。
2 鍋に1、牛乳、ヴァニラビーンズ、グラニュー糖を入れて中火にかける。沸騰したらヴァニラビーンズを取り出し、もどした粉ゼラチンを加えて、熱いうちにミキサーにかける。
3 2をボウルに移し、氷をあてて冷やしつつ生クリームを加える。全体をムラなく混ぜた後、型に流し入れて冷蔵庫で冷やし固め、イチゴのバヴァロアとする。

仕上げ
1 器にイチゴのバヴァロアを盛る。
2 フロマージュ・ブランをかけ、適宜に切ったイチゴときざんだミントを散らす。粉糖をふる。

水晶西柿盅
胖大海のジェリー、フルーツトマトの器で

皆川幸次 ❖ 銀座アスター本店

フルーツトマトにココナッツムースと胖大海のゼリーを詰め、ジュンサイに桂花陳酒風味のゼリーをまとわせてあしらった、夏らしい涼やかな一品。胖大海は、のどを潤す効能があるとされる漢方素材。

黒糖葛切り 抹茶ソース
末友久史 ・ 祇園 末友

黒糖の葛切りのコクのある甘みと、抹茶のソースの苦み。相反する味わいを組み合わせることで、互いの存在感を際立たせた品。抹茶ソースは、食後にさわやかな苦みの余韻が残るよう、葛粉でとろみをつけている。

柚子ようかん
岩梨 青柚子
末友久史 ・ 祇園 末友

ユズが熟する冬に仕込んでおいたユズペーストを用いた水羊羹。羊羹は京都・塚原から切り出してきた青竹に流し込み、氷や青葉とともに盛って夏の涼やかな緑を連想する仕立てに。イワナシの梅酒漬けでシャリシャリとした食感のアクセントを添える。

水晶西柿盅
胖大海のジェリー、フルーツトマトの器で

皆川幸次 ❖ 銀座アスター本店

胖大海のジェリー（3人分）
フルーツトマト … 2個
胖大海（乾燥）*1 … 4粒
桂花陳酒 … 40cc
ゼラチン液*2 … 50cc
ココナッツミルク（自家製）*3 … 20g

ジュンサイと桂花陳酒のジェリー
ジュンサイ … 50g
桂花陳酒 … 60cc
ミネラルウォーター … 少量
ゼラチン液*2 … 少量

仕上げ
マーシュ
食用花

*1：和名は莫大。アオギリ科の植物の種子で、漢方ではのどや肺、大腸によく、解熱・解毒効果があるとされる。ほのかに甘く、クセのない風味を持つ
*2：水とゼラチンを1：1の割合で合わせたもの
*3：牛乳、ガムシロップ、生クリームを混ぜたものに、裏漉ししたココナッツミルクを加えたもの

胖大海のジェリー
1 フルーツトマトを湯むきし、冷やして水気をきる。種をくり抜く。
2 胖大海を水でもどし、汚れを取り除く。種の周りの膨張した網状の部分を取り出し、桂花陳酒、ゼラチン液20ccを合わせる。
3 ココナッツミルクとゼラチン液30ccを合わせ、**1**のトマトに半分まで流し入れ、冷やし固める。次に**2**を流し入れ、冷蔵庫で冷やし固める。

ジュンサイと桂花陳酒のジェリー
ジュンサイ、桂花陳酒、ミネラルウォーターを合わせ、ゼラチン液を加えて、冷蔵庫で冷やし固める。

仕上げ
胖大海のジェリーを適宜切って皿に盛りつけ、ジュンサイと桂花陳酒のジェリーを添える。マーシュと食用花を飾る。

黒糖葛切り　抹茶ソース

末友久史 ❖ 祇園 末友

黒糖葛切り（4人分）
葛粉（吉野葛）… 35g
片栗粉 … 5g
水 … 70cc
黒糖 … 40g

抹茶ソース（4人分）
抹茶 … 20g
シロップ（解説省略）… 20cc
水 … 適量
葛粉（吉野葛）… 適量

仕上げ
かき氷

黒糖葛切り
1 鍋に材料をすべて合わせて混ぜ、火にかける。
2 バットに**1**を薄く流し入れ、透明になるまで湯煎にかける。
3 **2**を冷まし、幅5mmの帯状に切る。

抹茶ソース
1 鍋に抹茶とシロップを合わせて混ぜ、火にかける。
2 **1**を沸騰寸前まで熱したら、水で溶いた葛粉を加えてとろみをつける。

仕上げ
器に黒糖葛切りを盛り、抹茶ソースをかけ、かき氷を添える。

柚子ようかん
岩梨　青柚子

末友久史 ▶ 祇園 末友

柚子ようかん（12人分）
シロップ … 400cc
寒天（棒）… 5g
ハチミツ … 12g
ユズペースト*1 … 250g

岩梨（作りやすい分量／適量を使用）
イワナシ*2 … 200個
梅酒 … 150cc

仕上げ
氷
青ユズの皮

＊1：ユズの果肉を水とザラメで炊き、裏漉ししたもの。同店では前年の冬に仕込んだものを使用
＊2：ツツジ科イワナシ属の日本固有種の低木の果実。生で食べられ、ナシに似た味わいを持つ

柚子ようかん
1　鍋にシロップと水でもどした寒天を入れて火にかけ、寒天を煮溶かす。溶けたらハチミツを加え混ぜる。
2　1にユズペーストを加え、木ベラで混ぜる。粗熱が取れたら竹筒に流し入れて、冷蔵庫で冷やし固める。

岩梨
イワナシの果皮をむいて掃除し、梅酒に2週間以上漬ける。

仕上げ
1　氷を敷き詰めた器に柚子ようかんを竹筒ごと並べる。
2　1の柚子ようかんの上に岩梨をのせ、青ユズの皮をおろしかける。もみじの葉など（分量外）を飾る。

固める素材の個性を生かす｜洋のアプローチ

日々、新たな製品が世に送り出されている凝固材。原料も特徴もさまざまだ。
ここでは、エディション・コウジ シモムラの下村浩司氏に素材の個性を生かすための
凝固材の選び方や使い方をフランス料理の視点からご紹介いただく。

下村氏の愛用凝固材

ジェルクレム コールド

スペイン・ソーサ社の製品。ジャガイモデンプンを主原料とする増粘剤で、乳脂肪や卵を加えずにカスタードクリームのようなとろみを出せる。加熱しなくても溶けるため、果物のフレッシュな風味を生かすことができる。

ベジタブルゼラチン

こちらもソーサ社製。海藻から作るカラギーナン、キャロブ豆から作るカロブビーンガムという増粘剤を主原料とする。融点が高いため、余韻を長く残したい時に使っている。

板ゼラチン

下村氏がもっとも高い頻度で使う凝固剤。果物のピュレに加えて泡立てると卵白を使うことなくメレンゲ状に仕立てることができる。また、油脂や乳製品に頼ることなく乳化させたい時にも用いる。

フィッシュゼラチン

魚の皮やウロコなどを原料として作られるゼラチン。粉末状。ゼラチン特有の匂いや黄ばみが少ない。また融点が非常に低いため、とても口溶けがよいのが特徴。

葛粉

自然なツヤで素材をコーティングしたい時に使う。たとえばシロップに加えてフルーツなどにぬると、表面が膜のように覆われてとろみのある美しい状態になる。

とても軽やかなフランボワーズのメレンゲグラッセ

板ゼラチンを卵白の代わりに使った「フランボワーズのメレンゲグラッセ」にフランボワーズのソルベ、フレッシュ、フリーズドライをのせ、葛粉でとろみをつけたクーリをソースとして周りに点描する。メレンゲグラッセは卵白をゼラチンに置きかえることで水分量が減り、素材の風味をより強く表現することができる。甘酸っぱい風味がさまざまな強さや食感で伝わってくるひと皿。《レシピ→P.52》

Point
- 板ゼラチンを卵白の代わりに使ってメレンゲ状に
- 葛粉をソースに加えてとろみをつける

11種のスパイスの香る
アヴォカドのムースリーヌ

アボカドと紅玉のジュースで作るクリーミーなムースリーヌに紅玉のジュレを重ね、ミックススパイスをふったアヴァン・デセール。ムースリーヌは、板ゼラチンの乳化作用を生かし、乳製品や油脂に頼ることなく、アボカドの油脂と紅玉の酸味をなめらかにつなげる。紅玉のジュレは、動物由来よりも融点の低い魚由来のゼラチンを用いて口溶けよくやわらかい食感に仕立て、やわらかいムースリーヌとの一体感を出す。《レシピ→P.52》

Point
- 板ゼラチン で乳化を補う
- フィッシュゼラチンで 口溶けよく やわらかい食感に

アプリコットのコンポート
様々な味わいの表現

アプリコットのコンポートとシロップを、特性の異なる凝固剤を使ってバリエーション豊かに盛り合わせた華やかなデザート。コンポートはジェルクレムでとろみをつけた果肉のピュレをまとわせたものと、半割りにして葛粉を加えたシロップを表面に塗ったものとを盛り合わせ、シロップをベジタブルゼラチンで固めたキューブを添える。ジェルクレムは加熱しなくても溶けるため、果物のフレッシュな風味を生かしたまま濃度をつけられる。また、ベジタブルゼラチンは融点が高く、長く余韻が楽しめる。《レシピ→P.53》

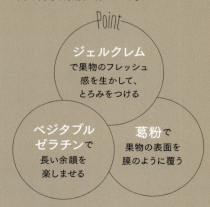

Point
- ジェルクレム で果物のフレッシュ感を生かして、とろみをつける
- ベジタブルゼラチンで 長い余韻を 楽しませる
- 葛粉で 果物の表面を 膜のように覆う

固める素材の個性を生かす | 49

固める素材の個性を生かす | 和のアプローチ

凝固剤を使う際には、「素材の香りや味わいをひとつにまとめる」という観点で考えるという料理屋こだまの小玉 勉氏。
素材との一体感を大切にした和の凝固剤使いをご紹介いただく。

パパイヤカラメルゼリー

パパイヤのコンポートに、パパイヤ風味のカラメルゼリーを射込み、パパイヤの果肉を混ぜ込んだアイスクリームを添える。パパイヤ独特の甘さと、ほろ苦いカラメルの風味の相性がよいひと皿。ゼリーはパパイヤの実と同じかたさになるようにゼラチンの量を調整し、食べた時に"フルーツの一部のような"一体感を出している。また、アイスクリームにもゼラチンを加え、なめらかさを与えるとともに、溶けて流れ出すのを防いでいる。
《レシピ→P.54》

Point

○ 粉ゼラチンで果肉とゼリーの一体感を出す

○ 粉ゼラチンでアイスクリームになめらかさと安定性を

小玉氏の愛用凝固材

粉ゼラチン
少量でも計量しやすいため、粉ゼラチンを愛用している。口に入れた時のなめらかでとろりと溶ける食感や、素材との一体感を打ち出しやすいのがメリットだと考える。

にがり
「体にやさしく、ホッとする味わいを出したい」との考えから、小玉氏は豆腐のデザートもしばしば提供する。デザートの場合は、にがりを少なめにして、よりなめらかな口あたりに仕上げることが多い。

葛粉
葛粉は一度固めると熱をあてても溶け出しにくいため、固めたものを焼くといった手法も使える。また、ソースにとろみをつけたり、安定させたりしたい時にも用いる。また、ジャムに用いて糖度を抑えつつ粘度を出すといった使い方も。

黒糖風味豆乳豆腐

黒糖を溶かした豆乳をにがりで固めて豆腐にし、黒豆の甘納豆と黒豆きな粉を添えた温かいデザート。香りづけにふりかけるブランデーの風味と、豆腐のまろやかな味わいのコントラストがキレのあるあと味を生み出している。豆腐は、にがりの量を極限まで減らし、ギリギリ固まる程度のやわらかさに仕上げることで、とろりとなめらかな食感を印象づける。《レシピ→P.55》

Point
にがりを少量使い、豆腐をやわらかく仕上げる

梅酒の葛焼き

冷房などで体を冷やしがちな夏場は、あえて温製のデザートを提供することも多いという小玉氏。これは、梅酒を葛粉で固め、小麦粉をまぶして"きんつば"のように焼き目をつけた一品。梅酒の風味を葛で閉じ込めたようなさわやかな味わいとプルプルした食感は、口にした時の意外性も大きい。薄蜜で炊いた梅酒の梅を添えて。《レシピ→P.55》

Point
葛粉で固めた後に焼き、意外性のある食感に

固める素材の個性を生かす

とても軽やかなフランボワーズの メレンゲグラッセ
《写真→P.48》

下村浩司 ❖ エディション・コウジ シモムラ

フランボワーズのメレンゲグラッセ(10人分)
フランボワーズのピュレ(無糖)… 200g
ライチジュース … 200cc
グラニュー糖 … 20g
トレハロース … 3g
板ゼラチン … 9g

フランボワーズのソルベ(10人分)
フランボワーズのピュレ(無糖)… 1kg
ミネラルウォーター … 200cc
水飴 … 100g
グラニュー糖 … 100g
ローズウォーター … 40cc
トレハロース … 5g

フランボワーズのクーリ(10人分)
フランボワーズのピュレ(無糖)… 100g
葛粉(吉野葛)… 適量

仕上げ(10人分)
フランボワーズ(フレッシュ)
フランボワーズ(フリーズドライを砕く)
食用バラ(ジュリエンヌ)の花びら(細く切る)
パチパチ飴*(ショコラコーティングする)

＊: 炭酸ガスを含み、口に入れるとパチパチと弾ける触感の飴。スペイン製

フランボワーズのメレンゲグラッセ
1 フランボワーズのピュレ、ライチジュースの各1/2量を合わせて加熱し、グラニュー糖、トレハロース、もどした板ゼラチンを加えて溶かす。
2 残りのフランボワーズのピュレ、ライチジュースを加え、よく冷やしたフード・プロセッサーで15分間しっかりと泡立てた後、バットに流して冷凍庫で冷やし固める。

フランボワーズのソルベ
材料をすべて合わせてフード・プロセッサーで回した後、パコジェットの専用容器に入れて冷凍庫で冷やし固め、提供直前にパコジェッにかける。

フランボワーズのクーリ
1 フランボワーズのピュレ半量に水で溶いた葛粉を入れて火にかけ、とろみがついたら粗熱をとり、残りのフランボワーズのピュレと合わせて冷蔵庫で冷やす。

仕上げ
皿に10cm×6cmにカットしたフランボワーズのメレンゲグラッセを盛り、その上にフランボワーズのソルベをのせる。フレッシュのフランボワーズ、フリーズドライのフランボワーズ、食用バラの花びら、パチパチ飴を飾り、周りにフランボワーズのクーリを点描する。

11種のスパイスの香る アヴォカドのムースリーヌ
《写真→P.49》

下村浩司 ❖ エディション・コウジ シモムラ

アボカドのムースリーヌ(10人分)
自家製紅玉ジュース*1 … 300cc
板ゼラチン … 3g
アボカド … 1個
レモン果汁 … 適量
グラニュー糖 … 30g

紅玉のジュレ(10人分)
自家製紅玉ジュース*1 … 250cc
フィッシュゼラチン《P.48》… 3g

仕上げ(10人分)
ピンクグレープフルーツ(果肉)… 2個分
ピンクグレープフルーツ(果汁)… 2個分
ミックススパイス*2*

1: 紅玉を皮付きのまますりおろし、遠心分離器にかけたもの
＊2: 11種のスパイス(ヴァニラ、シナモン、グリーンカルダモン、白コショウ、黒コショウ、ジュニパーベリー、クローブ、フェンネルシード、コリアンダー、レモンの皮、オレンジの皮)を適量ずつ混ぜ、スパイスと同量のシロップと合わせて軽く煮詰める。シロップがスパイスにからんだら、バットに広げて80℃のオーブンに入れてよく乾燥させ、ミルで粉末にする

アボカドのムースリーヌ
1 自家製紅玉ジュースは少量を70℃程度に温め、水でもどした板ゼラチンを加えて溶かし、残りの自家製紅玉ジュースを合わせる。
2 **1**とアボカドの果肉、レモン果汁、グラニュー糖をサーモミックス(ここでは撹拌機能のみを使用)にかけてなめらかなムースリーヌに仕上げ、グラスに注いで冷蔵庫で冷やし固める。
3 紅玉のジュレを作る。自家製紅玉ジュースを少量温め、もどしたフィッシュゼラチンを加えて溶かし、残りの自家製紅玉ジュースと合わせる。
4 **2**の表面が固まったら**3**を流し、冷蔵庫で冷やす。

仕上げ
1 ピンクグレープフルーツは果肉を8mm角に切り、ピンクグレープフルーツ果汁に浸けておく。
2 アボカドのムースリーヌの上に**1**を盛り、ミックススパイスをふりかける。

アプリコットのコンポート
様々な味わいの表現
《写真→P.49》

下村浩司 ❖ エディション・コウジ シモムラ

アプリコットのコンポート（10人分）
アプリコット（長野産・信山丸種）… 600g（種付きで約20個）
シロップ
├ グラニュー糖 … 300cc
└ 水 … 300cc

アプリコットのピュレ（10人分）
アプリコットのコンポート（上記）… 5個分
アプリコットのシロップ* … 200cc
ジェルクレム《P.48》… 適量

アプリコットと本葛のシロップ（10人分）
アプリコットのシロップ* … 100cc
葛粉（吉野葛）… 適量

杏仁のグラス（10人分）
杏仁（市販品）… 50g
牛乳（濃縮タイプ）… 500cc
三温糖 … 125g
アプリコットのシロップ … 100cc

アプリコットのキューブ
アプリコットのシロップ* … 250cc
ベジタブルゼラチン《P.48》… 5g

仕上げ
アプリコット（長野産・信山丸種）

＊「アプリコットのコンポート」の工程2参照

アプリコットのコンポート
1 アプリコットは、種の風味をシロップに浸透しやすくするため、種に向かって切り目を入れておく。
2 グラニュー糖を水で煮溶かしてシロップを作る。保存瓶に入れ、**1**のアプリコットを加えて密閉し、90℃のスチームコンベクションオーブンで90分間加熱する。常温に冷まし、最低1ヵ月間漬け込む。シロップは取りおく（「アプリコットのシロップ」として使用）。

アプリコットのピュレ
アプリコットのコンポートとアプリコットのシロップをミキサーにかけ、ジェルクレムを加えてさらに回し、濃度のあるピュレを作る。

アプリコットと本葛のシロップ
アプリコットのシロップを温め、水で溶いた葛粉を合わせてつなぐ。

杏仁のグラス
杏仁と牛乳、三温糖、アプリコットのシロップを合わせて沸かす。火を止めて10分間おいて杏仁の風味を移し、ミキサーにかけて漉す。パコジェットの専用容器に移して冷凍庫で冷やし固め、提供直前にパコジェットにかける。

アプリコットのキューブ
1 アプリコットのシロップを80℃程度に温め、ベジタブルゼラチンを加えて溶かす。
2 バットに流して冷蔵庫で冷やし固め、約1cmのキューブ状にカットする。

仕上げ
1 アプリコットのコンポートをアプリコットのピュレで和える。
2 半割りにしたアプリコットのコンポートの断面に、アプリコットと本葛のシロップをかける。
3 **1**と**2**を皿に盛り、角切りにしたアプリコットを敷いた上に杏仁のグラスを盛る。アプリコットのキューブを散らす。

パパイヤカラメルゼリー
《写真→P.50》

小玉 勉 ❖ 料理屋こだま

パパイヤカラメルゼリー
パパイヤ … 3個（6人分）
シロップ … 下記より適量
├ 水 … 1.2ℓ
└ 上白糖 … 240g
グランマルニエ … 200cc
カラメルゼリー（作りやすい分量）
├ グラニュー糖 … 大さじ1
├ パパイヤの煮汁 … 400cc
└ 粉ゼラチン … 16g

ハチミツ風味のパパイヤアイスクリーム（作りやすい分量）
牛乳 … 500cc
粉ゼラチン … 5g
ハチミツ … 200g
パパイヤの果肉 … 適量

パパイヤカラメルゼリー

1 パパイヤは皮をむき、縦に切って半分にし、種を抜く。種の周囲の果肉は丸くくり抜き、取りおく（「ハチミツ風味のパパイヤアイスクリーム」に使う）。

2 鍋に水、上白糖を入れて火にかけて溶かし、シロップを作る。

3 **2**の鍋に**1**を並べ入れ、ペーパータオルなどで落とし蓋をする。シロップを一度沸騰させ、様子を見ながら火を入れ、パパイヤの果肉が少し透き通ってくるくらいまで煮たらグランマルニエを加える。

4 **3**を鍋ごと氷水にあてて冷ましながら味を含ませる。

5 カラメルゼリーを作る。
① グラニュー糖を鍋に入れて火にかけ、鍋をゆすりながらグラニュー糖を溶かし、カラメルを作る。
② 火を弱め、**4**のパパイヤの煮汁を少しずつ加えながらカラメルをのばしていく。
③ ②を火からおろし、粉ゼラチンを加えて余熱で溶かす。鍋に氷水をあて、ゼリーにとろみがついて、ゆるく固まりはじめるまで冷やす。

6 **4**のパパイヤのくり抜いた部分に、**5**のカラメルゼリーを八分目ほどまで流して冷蔵庫で固める。ある程度固まったら、一度冷蔵庫から出して再度少量の**5**を流す。冷蔵庫に戻し、表面が平らになるように固める。

ハチミツ風味のパパイヤアイスクリーム

1 牛乳を鍋に入れて火にかけ、粉ゼラチンを加えて溶かす。

2 粉ゼラチンが完全に溶けたら、火からおろして粗熱を取り、ハチミツを加えてよく混ぜる。容器に入れて冷凍庫で冷やし、時々フォークなどでかき混ぜて空気を含ませながら固める。

3 **2**に「パパイヤカラメルゼリー」の工程**1**で取りおいたパパイヤの果肉を混ぜ込む。

仕上げ

パパイヤカラメルゼリーを3等分して皿に盛る。ハチミツ風味のパパイヤアイスクリームを添えて提供する。

黒糖風味豆乳豆腐
《写真→P.51》

小玉 勉 ❖ 料理屋こだま

黒糖風味豆乳豆腐(5人分)
豆乳 … 500cc
黒糖 … 80g
にがり … 小さじ1

黒蜜(5人分)
黒糖 … 100g
きび砂糖 … 100g
水 … 200cc
ブランデー … 20cc

黒豆きな粉
甘納豆(丹波黒豆)

1 黒糖風味豆乳豆腐を作る。鍋に常温の豆乳と黒糖を入れて混ぜ、黒糖が溶けたらにがりを加えて混ぜる。火にかけて80℃程度に熱し、やわらかめの豆腐を作る。
2 黒蜜を作る。黒糖、きび砂糖、水を鍋に入れて火にかけ、弱火で焦げないようにとろみがつくまで煮詰める。
3 **1**の表面にブランデーをふり、スプーンなどで1人分100gほどを皿に盛る。**2**をかけ、黒豆きな粉をふって、甘納豆を添える。

梅酒の葛焼き
《写真→P.51》

小玉 勉 ❖ 料理屋こだま

梅酒の葛焼き(15cm×15cm×3cmの流し缶1台分)
梅酒の葛寄せ
├ 自家製梅酒(ブランデーベース) … 200cc
├ 水 … 300cc
├ きび砂糖 … 20g
└ 葛粉 … 55g
小麦粉 … 適量

煮梅(作りやすい分量。1人分1個を使用)
梅酒漬けの梅* … 20個
薄蜜(解説省略)
├ 水 … 500cc
└ 砂糖 … 100g

＊:自家製梅酒の梅の実。1年以上漬け込んだものを使用

梅酒の葛焼き
1 梅酒の葛寄せを作る。
① 自家製梅酒、水、きび砂糖を鍋に入れ、水で溶いた葛粉を加えて弱火で7分間ほど、コシが出るまで練る。
② 流し缶に流し、ラップフィルムをかけて冷蔵庫で一晩冷やし固める。
2 **1**の葛寄せを5cm×7cm程度の大きさに切り、表面に小麦粉をまぶす。
3 フライパンにアルミ箔を敷き、**2**の両面が軽く色づく程度に焼き上げる。

煮梅
梅酒漬けの梅を、竹串などで針打ちをして薄蜜でやわらかく煮て冷ましておく。

仕上げ
梅酒の葛焼きを皿に盛り、煮梅を添える。

洋梨の香るフォンダンプラリネショコラ クレーム・ブリュレのアイスクリーム

《写真→P.74》

高井 実 ❖ レストラン ヴァリエ

洋梨の香るフォンダンプラリネショコラ（33cm×12cm×2.5cmの型1台分。1切れを使用）

クルミのビスキュイ・ジョコンド
（38cm×28cmの天板1枚分）
- クルミ … 150g
- 薄力粉 … 50g
- 全卵 … 4個
- 三温糖 … 80g
- 卵白 … 80g
- グラニュー糖 … 10g
- 塩 … ひとつまみ
- 溶かしバター … 100g

プラリネ・ムース（作りやすい分量）
- 生クリーム … 600cc
- ゼラチン … 6g
- プラリネペースト（解説省略）… 200g

洋梨のジュレ（作りやすい分量）
- 洋ナシのピュレ … 432g
- グラニュー糖 … 36g
- ゼラチン … 10g
- 洋ナシのブランデー（ポワール・ウイリアム）… 36g
- レモン果汁 … 24cc

ガナッシュ（作りやすい分量）
- ブラックチョコレート（カカオバリー社ルノートル・コンコルド66 カカオ分66%）… 200g
- バター … 50g
- 牛乳 … 125cc
- 生クリーム … 40cc

グラサージュ・ショコラ（作りやすい分量）
- グラニュー糖 … 250g
- カカオパウダー … 100g
- 水 … 160cc
- ゼラチン … 14g
- 生クリーム … 160cc

オレンジのチュイル《P.260》

洋梨のスパイス・ピュレ（作りやすい分量）
- グラニュー糖 … 1kg
- オレンジ果汁 … 1個分
- 白ワイン … 750cc
- シナモンスティック … 1本
- ヴァニラビーンズ … 1本
- レモンの皮 … 1個分
- 洋ナシ … 適量

仕上げ
- クリーム・ブリュレのアイスクリーム《P.260》

洋梨の香るフォンダンプラリネショコラ

1 クルミのビスキュイジョコンドを作る。
① クルミと薄力粉をフード・プロセッサーにかけてパウダー状にする。
② ボウルに全卵と三温糖を入れ、ミキサーにかけて白っぽくなるまで混ぜ合わせる。
③ 別のボウルに卵白を入れて軽く撹拌し、グラニュー糖を加えて混ぜ、ミキサーで泡立ててメレンゲにする。
④ ③のメレンゲに②を加えてさっくりと混ぜ合わせ、①と塩を加えて混ぜる。溶かしバターを加える。
⑤ ゴムベラで全体を混ぜ合わせ、天板に流し入れる。180℃のスチコンで12〜13分間焼く。
⑥ 常温に冷めたら33cm×12cmに切り、型の底に敷く。

2 プラリネ・ムースを作る。
① 鍋に生クリーム200ccを入れて火にかけ、もどしたゼラチンを加えて溶かす。
② ボウルにプラリネペーストを入れ、①を少しずつ加えてのばしていく。
③ 生クリーム400ccを十分立てにし、②に加えて混ぜ合わせる。
④ **1**のクルミのビスキュイ・ジョコンドを敷いた型に流し入れる。

3 洋ナシのジュレを作る。
① 鍋に洋ナシのピュレとグラニュー糖を入れて火にかけ、温まったらもどしたゼラチンを加える。裏漉しする。
② ①の粗熱がとれたら洋ナシのブランデーとレモン果汁を加えて混ぜる。
③ ②が常温に冷めたら、**2**のプラリネ・ムースの上に重ねて流し入れる。冷蔵庫で冷やし固める。

4 ガナッシュを作る。
① 粗くきざんだチョコレートをボウルに入れ、湯煎にかけて溶かし、バターを少しずつ加えてムラがないように混ぜる。
② 温めた牛乳と生クリームを①に加えて混ぜ、流動性があるうちに**3**の洋ナシのジュレの上に重ねて流し入れる。冷凍庫で1日間やすませる。

5 グラサージュ・ショコラを作る。
① ボウルにグラニュー糖とカカオパウダーを合わせ、よく混ぜておく。
② 鍋に水を入れて火にかけ、沸騰したら①を加えて、水分がなくなるまで煮詰める。
③ ②にもどしたゼラチンを加えて裏漉しする。生クリームを加える。
④ 鍋に氷をあてて生地の温度が32℃まで下がったら、**4**のガナッシュの上に薄く流し入れる。

6 **5**を8cm×1.3cmに切り、側面にオレンジのチュイルを貼り付ける。

洋梨のスパイス・ピュレ

1 鍋にグラニュー糖300gを入れて火にかけカラメリゼする。薄い黄色に色づいたら火からおろし、オレンジ果汁を加える。
2 **1**に残りのグラニュー糖700gと白ワイン、シナモンスティック、ヴァニラビーンズ、薄くむいたレモンの皮、皮をむいて芯を取り除いた洋ナシを入れて10分間煮た後、火からおろして煮汁に浸したまま1日おく。
3 **2**の洋ナシと適量の煮汁をミキサーにかけてピュレにする。

仕上げ

洋梨の香るフォンダンプラリネショコラを器に盛り、洋梨のスパイス・ピュレとクリーム・ブリュレのアイスクリームを添える。

Chocolat

第 2 章

チョコレート

焼きたてチョコレート ココナッツのシャーベット添え

小原 敬 ❖ **おはらス レストラン**

焼きたてを供するフォンダン・ショコラは、ナイフを入れるとコクのあるムース・ショコラがとろりと溶け出る。舌の上ですっと溶ける、さっぱりとしたココナッツのシャーベットを合わせて。おはらス レストランの20年来のスペシャリテ。

チョコレートのトルタ ジャンドゥーヤ風

小阪歩武 ラッフィナート

しっとりしてふわっと軽やかな生地と、リキュール入りのほどよく濃厚なガナッシュの2層仕立てにしたトルタ。ピスタチオのジェラートとヘーゼルナッツのソースを添える。イタリアを代表する菓子「ジャンドゥーヤ」を再構築したデザート。

焼きたてチョコレート
ココナッツのシャーベット添え

小原 敬 ❖ おはらス レストラン

フォンダン・ショコラ（直径6cmのプリン型11個分）
ムース・ショコラ
├ ブラックチョコレート（DGF社エキストラビター カカオ分64%）… 100g
├ 生クリーム（乳脂肪分45%）… 120cc
└ 卵白 … 2個分
フォンダン生地
├ 全卵 … 180g（約3個）
├ グラニュー糖 … 100g
├ ココアパウダー … 20g
├ 中力粉 … 130g
├ ドライイースト … 5g
└ バター（ポマード状）… 180g

ココナッツのシャーベット（作りやすい分量）
牛乳 … 1ℓ
ココナッツ（ローストしたもの）… 100g
グラニュー糖 … 100g
転化糖 … 70g

ソース（作りやすい分量）
ブラックチョコレート（DGF社エキストラビター カカオ分64%）… 50g
生クリーム（乳脂肪分38%）… 30cc
シロップ（ボーメ30°）… 15cc

仕上げ
粉糖
黒コショウ（ミクロネシア・ポンペイ島産）
スペアミント
ココアパウダー

フォンダン・ショコラ
1 ムース・ショコラを作る。
① チョコレートを湯煎で溶かし、泡立てた生クリームを加える。
② 卵白をミキサーで軽に泡立てて、①に合わせる。
③ バットにラップフィルムを敷き、②を流して冷凍可能なブラストチラーで急冷し、凍らせる。親指の先ほどの大きさにカットする。
2 フォンダン生地を作る。
① ボウルに全卵、グラニュー糖を入れてミキサーで混ぜ、もったりとしたらココアパウダー、中力粉、ドライイーストを合わせたものを加えて混ぜる。
② バターを加えてさらに混ぜ、ツヤが出たら絞り袋に入れる。
3 内側にバター（分量外）をぬったプリン型に**2**のフォンダン生地の半量を絞って**1**のムース・ショコラをのせ、さらに**2**のフォンダン生地を絞る。提供前まで冷蔵庫で保管する。
4 **3**を200℃のオーブンで8〜9分間焼く。

ココナッツのシャーベット
1 材料をすべて鍋に入れて火にかけ、沸いたら火を止めて10分間おいて牛乳に香りを移す。
2 **1**をシノワで漉し、冷めたらソルベマシンにかける。

ソース
湯煎で溶かしたチョコレートに生クリームとシロップを合わせて練る。湯（分量外）で濃度を調整する。

仕上げ
1 フォンダン・ショコラを型からはずし、ソースを流した皿に盛る。横にシャーベットをクネル形にとって盛る。
2 **1**のフォンダン・ショコラの上に粉糖をかけ、挽いた黒コショウをのせる。スペアミントを添え、ココアパウダーをふる。

チョコレートのトルタ ジャンドゥーヤ風

小阪歩武 ❖ ラッフィナート

チョコレートのトルタ（作りやすい分量）

チョコレートのスフレ
- ブラックチョコレート（オペラ社カルパノ カカオ分70%）… 50g
- 卵黄 … 10個分
- グラニュー糖 … 130g
- メレンゲ
  - 卵白 … 10個分
  - グラニュー糖 … 200g
- カカオパウダー … 60g

ガナッシュ
- ブラックチョコレート（オペラ社カルパノ カカオ分70%）… 450g
- 生クリーム（乳脂肪分47%）… 200cc
- 牛乳 … 50cc
- コアントロー … 25cc

ピスタチオのジェラート（作りやすい分量）

牛乳 … 500cc
濃縮乳 … 300cc
生クリーム（乳脂肪分47%）… 100cc
グラニュー糖 … 160g
板ゼラチン … 1枚
ピスタチオ（シチリア産。皮をむいたもの）… 100g

ヘーゼルナッツのソース（作りやすい分量）

牛乳 … 500cc
生クリーム（乳脂肪分47%）… 500cc
グラニュー糖 … 200g
ヘーゼルナッツ（皮付き）… 200g

仕上げ

ピスタチオ（粗みじん切り）
粉糖

チョコレートのトルタ

1 チョコレートのスフレを作る。
① チョコレートは湯煎にかけて溶かす。
② 卵黄とグラニュー糖を混ぜ合わせ、湯煎にかけながら泡立てる。
③ ①に②を加える。
④ 卵白にグラニュー糖を加えて泡立て、メレンゲを作る。
⑤ ④を③に加えてさっくりと混ぜ合わせる。最後にカカオパウダーを手早く混ぜ合わせ、オーブンペーパーを敷いた天板に流す。
⑥ 180℃のスチコンで15〜20分間かけて焼き上げる。オーブンから出して冷まし、しぼませる。

2 ガナッシュを作る。
① チョコレートは湯煎にかけて溶かす。
② 鍋に生クリームと牛乳を入れて混ぜ、火にかける。ハンドミキサーで攪拌しながら、①を少しずつ加える。最後にコアントローを加える。

3 1の冷めたスフレをオーブンペーパーごと天板からはずし、四辺をまっすぐに切り整える。オーブンペーパーをはずし、厚みが4等分になるようにスライスする。

4 3のスフレを間にガナッシュをぬって重ねる。ラップフィルムで包み、冷蔵庫で冷やして生地を引き締める。

ピスタチオのジェラート

1 鍋に牛乳、濃縮乳、生クリーム、グラニュー糖を入れて混ぜ合わせ、火にかける。

2 もどした板ゼラチンを加えて溶かし、冷ます。ピスタチオを加え、パコジェットの専用容器に入れて凍らせる。パコジェットにかける。

ヘーゼルナッツのソース

1 鍋に牛乳、生クリーム、グラニュー糖を入れて混ぜ合わせ、火にかける。ヘーゼルナッツを加え、しばらく煮込む。

2 1を急冷し、パコジェットの専用容器に入れて凍らせる。

3 2をパコジェットにかけて粉砕してから解凍し、ソースとする。

仕上げ

皿にヘーゼルナッツのソースを敷く。チョコレートのトルタを切り出し、断面を上にして皿の奥に置く。ピスタチオのジェラートをクネル形にとり、手前に置く。ジェラートにピスタチオを散らす。皿の縁に粉糖をふる。

チョコレートの温かいタルト ピスタチオのアイスクリーム添え

古屋壮一 ルカンケ

凍らせてからオーブンで焼くことで、極限までとろりとした口あたりを追求したタルト。アパレイユには2種のチョコレートを使って奥行きを出している。アイスクリーム、ナッツの糖衣がけを添え、温度差や食感の多彩さを楽しめるひと皿に。

プラ ド ショコラ　ショコラ盛合せ
萬谷浩一　ラ・トォルトゥーガ

チョコレートのクレーム・ブリュレ、プラリネ入りモワルー、テリーヌ、ガトー・ショコラ、アイスクリーム（上から時計回り）の全5種の盛り合わせ。品ごとに異なるチョコレートを選ぶなど、調理法に合った味わいをていねいに追求している。

チョコレートの温かいタルト ピスタチオのアイスクリーム添え

古屋壮一 ❖ ルカンケ

チョコレートの温かいタルト（作りやすい分量）

パート・シュクレ
├ バター（ポマード状にする）…900g
├ 粉糖…500g
├ 全卵…9個
├ アーモンドパウダー…200g
└ 薄力粉…1500g

アパレユ
├ ブラックチョコレート
│ （ヴァローナ社エクストラビター カカオ分61%）…50g
├ ブラックチョコレート
│ （ヴァローナ社グアナラ カカオ分70%）…50g
├ バター…100g
├ ココアパウダー…10g
├ 卵黄…3g
├ 全卵…3g
└ グラニュー糖…100g

ピスタチオのアイスクリーム（作りやすい分量）

ピスタチオペースト（フランス製）…60g
ピスタチオペースト（イタリア製）…3g
牛乳…1ℓ
卵黄…200g
グラニュー糖…230g

テュイル（作りやすい分量）

水…400cc
ココアパウダー…200g
砂糖…100g
バター…50g
卵白…30g

仕上げ

ピスタチオオイル
チョコレートのフィナンシェ（解説省略）
ナッツの糖衣がけ*

*：アーモンド、ピスタチオを適宜きざんでローストし、鍋に砂糖と水を沸かした中に入れ、中火にかけて混ぜながら水分を飛ばし、カリカリとした歯ざわりに仕上げたもの

チョコレートの温かいタルト

1 パート・シュクレを作る。
① バターに粉糖を加えてすり混ぜる。
② ①に溶きほぐした全卵（常温）を少しずつ加えて混ぜ合わせる。アーモンドパウダーと薄力粉を合わせたものを加えて混ぜ、一つにまとめる。冷蔵庫で1日ねかせる。
③ ②を3mmの厚さにのばし、直径8cmのタルト型に敷く。170℃に熱したコンベクションオーブンで12〜15分間、空焼きにする。
2 アパレユを作る。
① きざんだチョコレート2種、バター、ココアパウダーを湯煎にかけて溶かす。
② 卵黄、全卵、グラニュー糖を混ぜ合わせ、①に少しずつ加え混ぜて乳化させる。完全に冷ます。
3 **1**のパート・シュクレの中に**2**のアパレユを流し入れ、冷凍庫で完全に凍らせる。
4 オーダーが入ったら、**3**を凍ったまま180℃に予熱したコンベクションオーブンに入れ、9分間焼く。

ピスタチオのアイスクリーム

1 ピスタチオペースト2種を混ぜ合わせ、温めた牛乳で溶きのばす。
2 卵黄とグラニュー糖を白っぽくなるまですり混ぜ、**1**に加える。鍋に入れて火にかけ、絶えず混ぜて83℃になったら火からおろして漉す。氷水にあてて冷まし、ソルベマシンにかける。

テュイル

1 鍋に水を入れ、沸いたところにココアパウダー、砂糖を加え、溶かす。溶けたらバターを加え、最後に卵白を加える。とろみがつくまで煮詰めて漉し、冷ます。
2 **1**をオーブンペーパーに薄く敷き、180℃のオーブンで8分間焼く。

仕上げ

皿の左側にタルト、右側にアイスクリームを置く。アイスクリームにピスタチオオイルをかけ、テュイルを挿す。チョコレートのフィナンシェを砕いたもの、ナッツの糖衣がけを添える。

プラ ド ショコラ ショコラ盛合せ

萬谷浩一 ❖ ラ・トォルトゥーガ

クレーム・ブリュレ・オ・ショコラ

（口径7cm×高さ5.5cm×底径4.5cmの型11個分。1人分1個を使用）

ブラックチョコレート（エルレイ社アパマテ カカオ分66%）…81g
生クリーム（乳脂肪分70%）…400cc
砂糖…34g
卵黄…4個分

プラリネ・ショコラ

（幅5.5cm×長さ35cm×高さ7.5cmのトヨ型1本分。1人分厚さ約2cmを使用）

プラリネ
├ クルミ…25g
├ ヘーゼルナッツ…25g
├ 砂糖…50g
└ 水…30cc
ブラックチョコレート（ヴァローナ社カラク カカオ分56%）…250g
バター…125g
卵黄…3個分
砂糖…85g
卵白…125g

テリーヌ・ド・ショコラ（テリーヌ台1台分。1人分厚さ約1.5cm使用）
ブラックチョコレート（ヴァローナ社カライブ カカオ分66%）… 250g
バター … 250g
砂糖 … 250g
卵黄 … 4個分
薄力粉 … 15g

フォンダン・ショコラ
（口径6cm×高さ5.5cm×底径4cmの型10個分。1人分1個を使用）
ミルクチョコレート（エルレイ社イラパ カカオ分40.5%）… 75g
バター … 85g
卵黄 … 2個分
砂糖 … 50g
卵白 … 2個分
薄力粉 … 14g

グラス・オ・ショコラ（作りやすい分量）
卵黄 … 10個分
グラニュー糖 … 184g
カカオパウダー … 50g
牛乳 … 834cc
生クリーム（乳脂肪分70%）… 250cc
ヴァニラビーンズ … 1本
ブラックチョコレート（カボレー社マダガスカル カカオ分67%）… 100g

仕上げ
クレーム・アングレーズ（解説省略）
粉糖

クレーム・ブリュレ・オ・ショコラ
1 チョコレートをきざみ、ボウルに入れる。湯煎で温め、溶かす。
2 生クリームを泡立てる。
3 砂糖と卵黄をボウルに入れ、クリーム色になるまですり混ぜる。
4 1、2、3を混ぜ合わせ、型に入れ、90℃のオーブンで25分間焼く。

プラリネ・ショコラ
1 プラリネを作る。
① クルミ、皮をむいたヘーゼルナッツを、180℃のオーブンで8分間ローストする。
② 鍋に砂糖と水を入れ、煮溶かす。108℃まで加熱し、カラメル色になったら①を加えて混ぜ合わせる。
③ ②をバットにあけ、冷ます。冷凍し、その後、粗くきざむ。
2 チョコレートをきざみ、湯煎で溶かす。バターを加えて混ぜる。
3 卵黄と砂糖25gをボウルに入れ、クリーム色になるまですり混ぜる。
4 2に3を加えて混ぜる。
5 卵白と砂糖60gをボウルに入れ、泡立ててメレンゲとする。
6 4に5を入れ、さっくりと混ぜ合わせる。
7 1のプラリネを加えて混ぜ合わせる。バターをぬって薄力粉をまぶしたトヨ型（各分量外）に入れ、冷蔵庫で冷やし固める。

テリーヌ・ド・ショコラ
1 チョコレートをきざみ、ボウルに入れて湯煎で溶かす。バター、砂糖を加えて混ぜ合わせ、80℃まで温める。その後、氷水にあてながら混ぜ、50℃まで冷ます。
2 1に卵黄を加えてよく混ぜ、乳化させる。ボウルを再度湯煎にかけ、80℃まで温める。
3 2に薄力粉を加えて混ぜ合わせる。バターをぬって薄力粉をはたいたテリーヌ型（各分量外）に生地を入れる。
4 160℃のオーブンで10分間焼く。
5 冷まして締める。

フォンダン・ショコラ
1 チョコレートをきざみ、湯煎で溶かす。バターを加え、混ぜ合わせる。
2 卵黄と砂糖20gを、クリーム色になるまですり混ぜる。
3 1に2を加えて混ぜ合わせる。
4 卵白と砂糖30gを、角が立つまで泡立ててメレンゲを作る。
5 3に4を加えて混ぜ合わせる。最後に薄力粉を混ぜ合わせる。
6 バターをぬり、薄力粉をまぶした（各分量外）型に、5を絞り入れる。180℃のオーブンで15分間焼く。

グラス・オ・ショコラ
1 卵黄とグラニュー糖、カカオパウダーをボウルに入れてすり混ぜる。
2 鍋に牛乳と生クリーム、ヴァニラビーンズのさやとしごき出した種を入れて、火にかけて沸かす。1に少しずつ注ぎながらよく混ぜる。
3 チョコレートをきざみ、湯煎で溶かす。2に少しずつ注ぎながらよく混ぜる。
4 3を別鍋に入れ替え、弱火で混ぜながら熱する。適度なとろみが出たら火からおろし、シノワで漉す。
5 4をソルベマシンにかける。

仕上げ
皿にクレーム・アングレーズを流し、テリーヌ・ド・ショコラを切ってのせる。プラリネ・ショコラを適量盛る。フォンダン・ショコラを型から出して皿に置き、粉糖をふる。グラス・オ・ショコラをクネル形にとってその隣に置き、クレーム・ブリュレ・オ・ショコラを型ごと置く。

抹茶とショコラのフォンダン 白ゴマのキャラメル クリームソース

長谷川幸太郎 ❖ サンス・エ・サヴール

ガナッシュと抹茶のムースは相性がよく、フランスでも人気の組合せ。この2つを、球状になるように重ね、チョコレートでコーティングする。パリッとした表面とやわらかな中身が対照的な一品。白ゴマ入りのカラメルクリームを敷き、異なるコクを足す。

温かいショコラのベニエ アナナスと甘夏のコンフィー グラス・ヴァニーユとともに

長谷川幸太郎 ❖ サンス・エ・サヴール

フランス本店でも提供する定番のデザート。さっくりと揚げたカカオ風味のベニエの中から、とろりとした温かいチョコレートが現れる。存在感あるベニエだが、ヴァニラの香り豊かなグラス、甘酸っぱいパイナップルと甘夏のコンフィを添えて、適度な軽さを出す。

ショコラブランのムースとココナッツのダックワーズ
クリーミーなミントのソルベとともに

長谷川幸太郎 ❖ サンス・エ・サヴール

ふわっと焼き上げたダックワーズの上に、なめらかなクリームやムース、パリパリのチョコレートを重ね、さらにやわらかい口あたりのミントのソルベをのせる。多彩な食感とともに、ココナッツの香りやミントのさわやかさ、チョコレートの深い味わいなどの調和を楽しむ。

抹茶とショコラのフォンダン 白ゴマのキャラメルクリームソース

長谷川幸太郎 ❖ サンス・エ・サヴール

抹茶とショコラのフォンダン（約20人分）

ガナッシュ
├ 生クリーム（乳脂肪分42%）… 225g
└ ミルクチョコレート（ヴァローナ社ジヴァララクテ カカオ分40%）… 190g

抹茶のムース
├ 卵黄 … 50g
├ グラニュー糖 … 50g
├ 生クリーム（乳脂肪分42%）… 275g
├ 板ゼラチン … 6g
└ 抹茶パウダー … 10g

コーティング用チョコレート
├ ブラックチョコレート（カカオバリー社ピストールメキシック カカオ分66%）… 100g
└ カカオバター … 50g

白ゴマのキャラメルクリームソース（40人分）

生クリーム（乳脂肪分42%）260g
ハチミツ … 16g
グラニュー糖 … 80g
水飴 … 160g
水 … 20g
バター … 12g
白ゴマ（煎ったもの）… 24g
塩 … 適量

仕上げ

飾りチョコレート（解説省略）
└ ブラックチョコレート（カカオバリー社ピストールメキシック カカオ分66%）
金箔
抹茶パウダー
粉糖

抹茶とショコラのフォンダン

1　ガナッシュを作る。生クリームを温め、きざんだチョコレートと合わせる。半球型シルパットに流して冷凍する。
2　抹茶のムースを作る。卵黄とグラニュー糖を混ぜ合わせてパータ・ボンブを作る。
3　生クリーム50gを温め、もどした板ゼラチンを入れて溶かし、抹茶パウダーを加える。2と合わせる。
4　3に七分立てにした生クリーム225gを混ぜ合わせ、半球型シルパットに流して冷凍する。
5　コーティング用チョコレートの材料を湯煎で溶かす。
6　1と4を型からはずし、1が下、4が上の球状になるように組み合わせる。上から竹串を刺して持ち上げ、5の中に下方から抹茶のムースの1/3まで浸け、冷蔵庫で保存する。

白ゴマのキャラメルクリームソース

1　生クリームとハチミツを鍋に入れて沸かす。
2　グラニュー糖、水飴、水を別鍋に入れてカラメル状にし、バターを加え、すぐ1を注ぎ入れる。
3　2を手早く混ぜ、白ゴマと塩を加える。

仕上げ

1　白ゴマのキャラメルクリームソースを皿の中央に敷き、竹串を抜いた抹茶とショコラのフォンダンをのせる。
2　飾りチョコレートをフォンダンの上にのせ、金箔を飾る。皿の周囲に抹茶パウダーと粉糖をふる。

温かいショコラのベニエ アナナスと甘夏のコンフィー グラス・ヴァニーユとともに

長谷川幸太郎 ❖ サンス・エ・サヴール

温かいショコラのベニエ

ベニエ生地（約30人分）
├ カカオパウダー … 100g
├ 薄力粉 … 500g
├ 粉糖 … 100g
├ 全卵 … 4個
├ ペリエ … 500g
└ 溶かしバター … 100g

ガナッシュ（約15人分）
├ ブラックチョコレート（ヴァローナ社カライブ カカオ分66%）… 100g
├ 生クリーム（乳脂肪分42%）100g
└ グラニュー糖 … 15g

サラダ油 … 1ℓ

アナナスと甘夏のコンフィー（30人分）

パイナップル … 500g
甘夏 … 2個
グラニュー糖 … 100g
ヴァニラビーンズ … 1/2本

グラス・ヴァニーユ（約30人分）

卵黄 … 10個分
グラニュー糖 … 175g
牛乳 … 700g
生クリーム（乳脂肪分42%）… 300g
ヴァニラビーンズ … 1 1/2本

カカオのソース（約100人分）

水 … 500g
砂糖 … 300g
カカオパウダー … 150g
バター … 60g

仕上げ

粉糖
バトン・ブラン《P.127》
ミント

温かいショコラのベニエ

1　ベニエ生地を作る。カカオパウダー、薄力粉、粉糖を一緒にふるい、全卵、ペリエ、溶かしバターを合わせたものを少しずつ加える。冷蔵庫で一晩やすませる。
2　ガナッシュを作る。きざんだチョコレートに温めた生クリームを合わせ、グラニュー糖を加える。バットに流して冷ます。

3 **2**を15gずつ**1**に落とし、生地をまとわせる。スプーンですくって、160℃のサラダ油で揚げる。

アナナスと甘夏のコンフィー

パイナップル、甘夏を5mm角に切り、残りの材料と合わせて袋に入れ、真空にかける。冷蔵庫で保存し、味をなじませる。

グラス・ヴァニーユ

1 卵黄とグラニュー糖をすり混ぜる。
2 牛乳と生クリームを合わせ、半分に割いたヴァニラビーンズを入れて沸かす。
3 **1**に**2**を注いで鍋に入れ、とろみがつくまで混ぜながら加熱する。
4 **3**を漉して冷まし、ソルベマシンにかける。

カカオのソース

1 水と砂糖を合わせて沸かし、カカオパウダーを加える。
2 バターを加えて手早く混ぜ、冷まして冷蔵庫で保存する。

仕上げ

1 アナナスと甘夏のコンフィーの水気をきり、セルクルを使って皿に敷く。
2 **1**にベニエをのせ、粉糖をふる。グラス・ヴァニーユを添え、カカオのソースを皿にたらす。
3 バトン・ブランとミントを飾る。

ショコラブランのムースとココナッツのダッコワーズ クリーミーなミントのソルベとともに

長谷川幸太郎 ❖ サンス・エ・サヴール

ダッコワーズ（約50人分）

メレンゲ
├ 卵白 … 280g
└ グラニュー糖 … 70g
乾燥卵白 … 10g
アーモンドパウダー … 150g
ココナッツファイン … 70g
ココナッツミルクパウダー … 30g
粉糖 … 25g
薄力粉 … 7g

ショコラブランのムース（約40人分）

サバイヨン
├ 卵黄 … 2個分
└ 湯 … 50g
板ゼラチン … 3g
ホワイトチョコレート（カカオバリー社ブランサタン カカオ分29.2％）… 250g
生クリーム（乳脂肪分42％）… 500g

ミントのクリーム（約20人分）

ミントリキュール … 8g
生クリーム（乳脂肪分42％）… 100g
グラニュー糖 … 8g

ミントのソルベムース（約60人分）

A
├ スペアミント … 3パック
├ ミントリキュール … 5g
├ グラニュー糖 … 1kg
├ ミネラルウォーター … 1.2ℓ
├ ペリエ … 750cc
└ レモンジュース … 150g
卵白 … 200g

砂糖のフィルム（約50人分）

イソマルト糖 … 1kg

仕上げ

ブラックチョコレート（カカオバリー社ピストールメキシック カカオ分66％）
アーモンド（みじん切り）
カカオのソース《左ページ》
ミント

ダッコワーズ

1 卵白とグラニュー糖を合わせて泡立て、メレンゲを作る。乾燥卵白を加え混ぜる。
2 その他の材料を一緒にふるい、**1**に加えてさっくりと混ぜる。
3 天板に広げて170℃のオーブンに入れる。7分間焼いた後、前後を返してさらに3分間焼く。

ショコラブランのムース

1 卵黄と湯を合わせ、湯煎にかけながらサバイヨンを作る。もどした板ゼラチンを加える。
2 チョコレートを溶かしたところに**1**を加えて混ぜ、七分立ての生クリームをさっくりと合わせて冷蔵庫に入れる。

ミントのクリーム

材料を合わせてミキサーで八分立てにし、冷蔵庫で保存する。

ミントのソルベムース

1 **A**を合わせて糖度が20°になるよう調整する。
2 卵白を加え混ぜ、ソルベマシンにかける。

砂糖のフィルム

1 イソマルト糖を160℃まで温め、粗熱をとる。
2 菊型のセルクルを**1**に浸けて引き上げ、適宜の大きさに切る。常温で乾かす。

仕上げ

1 ダッコワーズを正方形に切り、上にショコラブランのムースとミントのクリームを絞る。
2 テンパリングチョコレートを作り、ダッコワーズと同じ大きさに切って**1**にのせる。
3 **2**の上にアーモンドを散らしてミントのソルベムースをのせ、砂糖のフィルムを飾る。皿に刷毛でカカオのソースをぬり、ミントを飾る。

温かい濃厚チョコレートスフレ

石川資弘 ❖ クーリ・ルージュ

温かいスフレにカラメルアイスクリームをのせ、サブレを添える。スフレは、外側はさっくり、中心はトロッとした半生の状態。しっかりと甘いスフレに対し、アイスクリームはカラメルをきっちり焦がしてほろ苦く。濃厚ながら後口はさっぱりとした印象。

タルトショコラ

松本浩之 ❖ レストラン FEU

おなじみのタルトショコラの要素を分解し、再構築した一皿。タルト生地は砕いてから押し固め、軽やかな食感に。ねっとりと濃厚に仕立てたアパレイユをクネル形にとってのせ、チョコレートのグラニテを添える。ソースや飾りもすべてチョコレートづくし。

ショコラのヴァリエ

中多健二 ❖ ポワン

チョコレートのムースとソルベを盛り合わせ、砕いたラングドシャ、カカオニブ、キャラメルをふり、薄い板状のチョコレートを添える。食感や味わいの異なるさまざまなパーツを組み合わせることで、重層的な味わいを作りだす。

温かい濃厚チョコレートスフレ

石川資弘 ● クーリ・ルージュ

チョコレートスフレ（作りやすい分量）
砂糖 … 65g
コーンスターチ … 5g
カカオパウダー … 25g
牛乳 … 200cc
チョコレートA（ヴァローナ社 カカオ分80％）… 30g
チョコレートB（カカオバリー社 カカオ58％）… 40g
バター … 25g
全卵 … 1個

キャラメルアイスクリーム（作りやすい分量）
砂糖 … 200g
牛乳 … 700cc
生クリーム（乳脂肪分38％）… 100cc
卵黄 … 4個分

サブレ（作りやすい分量）
A ┌ 薄力粉 … 250g
  │ バター … 150g
  │ アーモンドプードル … 30g
  │ 全卵 … 1個
  └ 塩 … ひとつまみ
粉糖 … 適量

チョコレートスフレ
1　鍋に砂糖、コーンスターチ、カカオパウダーを入れ、牛乳を少しずつ加えながら混ぜ合わせる。
2　1を沸騰させ、よく練る。
3　2をボウルに入れ、チョコレート2種とバターを加えて混ぜた後、冷ます。
4　3に泡立てた全卵を混ぜる。型に流し込み、210℃のオーブンで加熱する。中心部が約50℃の状態でオーブンから取り出し、余熱で火を入れる。

キャラメルアイスクリーム
1　鍋に砂糖150gを入れ、カラメル状になるまで強火で煮詰める。
2　1に牛乳と生クリームを加えた後、卵黄と砂糖50gを加えてソース・アングレーズとする。
3　2を冷まし、ソルベマシンにかける。

サブレ
1　Aの材料をざっくりと混ぜ合わせる。
2　1を薄くのばし、210℃のオーブンで6〜7分間加熱する。冷めたら粉糖をふる。

仕上げ
チョコレートスフレの上にキャラメルアイスクリームをのせ、サブレを添える。

タルトショコラ

松本浩之 ● レストラン FEU

パート・シュクレ（20人分）
アーモンドパウダー … 75g
粉糖 … 25g
バター（室温にもどしておく）… 100g
薄力粉 … 150g
クルミ … 適量

アパレイユ（20人分）
ブラックチョコレート
　（DGF社フォンダン スーパーエクストラビター カカオ分72％）… 100g
ミルクチョコレート（DGF社ラクテ スーペリュール カカオ分38％）… 100g
牛乳 … 80cc
生クリーム（乳脂肪分47％）… 200cc
卵黄 … 2個分

ソルベカカオ（20人分）
A ┌ 水 … 1ℓ
  │ 牛乳 … 500cc
  │ グラニュー糖 … 500g
  └ カカオパウダー … 200g
ブラックチョコレート
　（DGF社フォンダン スーパーエクストラビター カカオ分72％）… 200g

チョコレートのグラニテ（20人分）
ブラックチョコレート
　（DGF社フォンダン スーパーエクストラビター カカオ分72％）… 125g
グラニュー糖 … 88g
水 … 125cc
牛乳 … 125cc

チョコレートソース（20人分）
B ┌ 水 … 75cc
  │ グラニュー糖 … 125g
  │ 生クリーム（乳脂肪分47％）… 15g
  └ カカオパウダー … 25g
ブラックチョコレート
　（DGF社フォンダン スーパーエクストラビター カカオ分72％）… 10g

飾り用チョコレート
ブラックチョコレート
　（DGF社フォンダン スーパーエクストラビター カカオ分72％）

パート・シュクレ
1　アーモンドパウダー、粉糖、バター、薄力粉を混ぜ合わせ、厚さ2mmにのばし、160℃のオーブンで15分間焼く。冷めたらフードプロセッサーで2mm程度の顆粒状になるまで撹拌する。
2　クルミを160℃のオーブンで8分間焼き、フードプロセッサーで2mm程度の顆粒状になるまで撹拌する。
3　1と2を3：1の割合で混ぜ合わせ、密封容器に入れて冷蔵庫で保存する。

アパレイユ
1　細かくきざんだチョコレート2種を湯煎にかけて溶かす。

2 牛乳と生クリームを合わせて40℃程度に温め、**1**に加えて混ぜ合わせる。少し冷めたら溶いた卵黄を加えて混ぜ合わせる。
3 シノワで漉しながらバットに流し、180℃のオーブンで9〜10分間湯煎焼きにする。バットをゆすって四隅がゆれる程度に固まったらオーブンから取り出し、冷蔵庫で冷やす。

ソルベカカオ
1 鍋に**A**を合わせて沸騰させ、細かくきざんだチョコレートを加えて混ぜ合わせ、約20分間混ぜながら加熱する。
2 シノワで漉してパコジェットにかけ、ソルベを作る。

チョコレートのグラニテ
細かくきざんだチョコレートとグラニュー糖、水、牛乳を合わせて沸騰させ、冷やし固める。

チョコレートソース
Bを鍋に入れて加熱する。80℃になったら細かくきざんだチョコレートを加え、好みの濃度まで煮詰める。

飾り用チョコレート
チョコレートをテンパリングして、好みの形をつくっておく。

仕上げ
1 皿に直径5cmのセルクルをおき、底に顆粒状のパート・シュクレを厚さ2〜3mmになるように詰める。
2 ティースプーンでアパレイユを丸めながらすくい、**1**のパート・シュクレの上に置く。
3 チョコレートソースを皿全体にかけ、**2**のセルクルをそっとはずす。
4 アパレイユの横にソルベカカオをクネル形にとって置き、細かく削ったチョコレートのグラニテを手前に添える。飾り用チョコレートを沿え、金箔を飾る。

ショコラのヴァリエ
中多健二 ❖ ポワン

クレームショコラ（20人分）
卵黄 … 100g
グラニュー糖 … 40g
牛乳 … 500cc
ブラックチョコレート（カカオバリー社ルノートル・コンコルド カカオ分66％）… 250g

チョコレートのソルベ（20人分）
ココアパウダー … 200g
グラニュー糖 … 300g
牛乳 … 250cc
水 … 1ℓ

ラングドシャ（30人分）
粉糖 … 200g
バター（ポマード状）… 150g
薄力粉 … 150g
卵白 … 150g
ココアパウダー … 50g

キャラメルパウダー　各適量
グラニュー糖
水
ヘーゼルナッツ
ピスタチオ
アーモンド
クルミ

仕上げ
ブラックチョコレート（カカオバリー社ルノートル・コンコルド カカオ分66％）
カカオニブ

クレームショコラ
1 ボウルに卵黄とグラニュー糖を入れ、白っぽくなるまですり混ぜる。
2 鍋に牛乳を入れて火にかけ、沸騰直前まで温める。
3 **1**に**2**を少しずつ注ぎ入れて溶きのばす。鍋に移して火にかけ、ヘラで混ぜながら62℃まで温度を上げる。
4 **3**が62℃になったら火からおろし、きざんだチョコレートを加えて混ぜ、余熱で溶かす。漉して、氷水にあてて冷ます。

チョコレートのソルベ
1 すべての材料を鍋に入れて火にかける。グラニュー糖が溶けたらパコジェットの専用容器に入れて冷凍する。
2 提供直前に**1**をパコジェットにかける。

ラングドシャ
1 すべての材料をボウルに入れ、泡立て器でムラがなくなるまで混ぜる。
2 オーブンペーパーの上に**1**を薄い板状にのばして、70℃のスチコンで丸1日焼く。

キャラメルパウダー
1 鍋にグラニュー糖と水を入れて火にかけ、煮詰めてカラメルにする。
2 **1**にローストしたナッツ類を加え、カラメルを和える。
3 **2**をバットに広げて冷まし、完全に冷めたらフード・プロセッサーにかけて粗く砕く。

仕上げ
1 テンパリングしたチョコレートをフィルムに薄く広げて冷やし固める。
2 器にクレームショコラ、チョコレートのソルベを盛り、適当な大きさに切った**1**を添える。砕いたラングドシャとキャラメルパウダー、カカオニブをふる。

洋梨の香るフォンダンプラリネショコラ クレーム・ブリュレのアイスクリーム

高井 実 ❖ レストラン ヴァリエ

アーモンドの代わりにクルミを用いたビスキュイ・ジョコンドにプラリネクリーム、洋ナシのジュレ、ガナッシュを重ねてチョコレートでコーティングし、オレンジのテュイルで挟む。スパイスをきかせた洋ナシのソースとクレーム・ブリュレのアイスクリームを添えて。《レシピ→P.56》

ヘーゼルナッツ入り
サブレ・クルスティヤン、
チョコレートとゆずのクレムー、
ヘーゼルナッツの
キャラメリゼ入り
チョコレートのアイスクリーム

ブルーノ・ルデルフ ❖
ル・コルドン・ブルー・ジャパン

ホロホロとくずれるサブレにやわらかいクレムーを重ね、アイスクリームをのせる。クレムーには酸味の強いダークチョコレートと黄ユズの皮を用い、チョコレートと柑橘の相性のよさ、和の季節感を表現。サブレとアイスクリームにはヘーゼルナッツを加え、食感のアクセントとしている。

クープ・ド・ショコラ

永野良太 ❖ エテルニテ

ごく薄く焼いたカカオのクープにスープ・ショコラ、泡立てたバナナと牛乳のスープを注ぎ、カカオのグリッシーニをのせる。クープの下にはピスタチオ風味のクリーム。サクサクとしたクープ、さらりと冷たいスープ、とろりとしたクリーム、異なるテクスチャーが互いの印象を深める。

ヘーゼルナッツ入りサブレ・クルスティヤン、チョコレートとゆずのクレムー、ヘーゼルナッツのキャラメリゼ入りチョコレートのアイスクリーム

ブルーノ・ルデルフ ❖ ル・コルドン・ブルー・ジャパン

ヘーゼルナッツ入りサブレ・クルスティヤン
（7.8cm×40cm×高さ5cmのカードル2枚分）

A ┌ 粉糖 … 60g
　├ 薄力粉 … 120g
　├ 片栗粉 … 30g
　└ ヘーゼルナッツパウダー（皮付き）… 40g
バター … 200g
ヘーゼルナッツペースト（無糖）… 20g

チョコレートとゆずのクレムー
（7.8cm×40cm×高さ5cmのカードル2枚分）

ブラックチョコレート（ロシェン社オリジン タンザニア カカオ分72%）… 160g
ミルクチョコレート（カカオバリー社ピストール・ガーナ カカオ分40.5%）… 120g
ゆずのクレーム・アングレーズ《P.260》… 400g
板ゼラチン … 10g
バター … 100g
生クリーム（乳脂肪分40%）… 500g

ヘーゼルナッツのキャラメリゼ入りチョコレートのアイスクリーム

ヘーゼルナッツのキャラメリゼ … 下記より適量
┌ シロップ（ボーメ30°）… 140g
├ ヘーゼルナッツ（きざむ）… 180g
└ 粉末カカオバター … 15g
卵黄 … 120g
グラニュー糖 … 120g
安定剤 … 3g
転化糖 … 25g
牛乳 … 500g
生クリーム（乳脂肪分40%）… 150g
ブラックチョコレート（ロシェン社オリジン タンザニア カカオ分72%）… 130g
ヘーゼルナッツペースト（無糖）… 20g

仕上げ
飾りチョコレート（解説省略）
ゆずのクレーム・アングレーズ《P.260》

ヘーゼルナッツ入りサブレ・クルスティヤン
1 Aをふるい合わせる。キューブ状に切ったバターを加え、サラサラの砂状になるように、手の平をこするようにして混ぜる。
2 ヘーゼルナッツペーストを混ぜ込み、生地をすり混ぜ、一つにまとめる。ラップフィルムに包んで、冷蔵庫で30分以上やすませる。
3 冷蔵庫から出した生地をこねてなめらかにし、5mmの厚さにのばす。べたつく生地なので、打ち粉をふり、オーブンペーパーに挟んで麺棒でのばすと扱いやすい。
4 生地の上からカードルをはめ込み、そのままの状態でオーブンに入れる。
5 160℃のオーブンで15～20分間焼成する。焼き上がり直後はもろく、くずれやすいので、完全に冷めてから、型をはずす。幅4cm×長さ13cmにカットする。

チョコレートとゆずのクレムー
1 ボウルにチョコレート2種を入れて湯煎にかけて溶かす（チョコレート温度40℃）。
2 鍋にゆずのクレーム・アングレーズともどしたゼラチンを入れて火にかけ、沸騰しないように温める。
3 1のチョコレートに2のクレームを少しずつ加えて混ぜ、氷水にあてて40℃になるまで温度を下げる。
4 室温にもどしたバターを混ぜ込み、ミキサーで全体が均一になめらかになる状態まで撹拌する。
5 4にゆるめに泡立てた生クリーム（持ち上げたとき立てあとが自力で残るくらい）の半量を加えてゴムベラで混ぜ、しっかりと混ざったら残りの生クリームを加え、泡立てないように混ぜ合わせる。
6 天板にのせた型に流し込んで、冷凍庫で冷やし固める。
7 固まったら、バーナーで型の周りを温めてから、型からはずす。

ヘーゼルナッツのキャラメリゼ入りチョコレートのアイスクリーム
1 ヘーゼルナッツのキャラメリゼを作る。
① シロップを110℃に熱し、ヘーゼルナッツを入れて混ぜる（砂糖を再結晶化させる）。黒く焦げないように、ゆっくりと温度を上げながらキャラメリゼする。
② 全体がアメ色になったら粉末カカオバターを加えて混ぜ、シルパットにすばやく広げて冷ます。
③ 粗熱がとれたら手でほぐしてから完全に冷ます。
2 ボウルに卵黄を入れ、グラニュー糖と安定剤を加えて混ぜ、転化糖を加える。
3 鍋に牛乳と生クリームを沸騰させて2に加え混ぜ、鍋に戻し入れる。火にかけて85℃まで温める。
4 3を火からおろし、チョコレートとヘーゼルナッツペーストを加えて充分に混ぜ、目の粗い網で漉す。
5 ミキサーにかけて充分に混ぜたら、氷水にあてて冷ます。
6 5をアイスクリームマシンにかける。仕上がる直前に1のヘーゼルナッツのキャラメリゼを加えて混ぜる。

仕上げ
1 らせん状に成形した飾りチョコレートを皿に固定する。
2 4cm×13cmに切ったサブレ・クルスティヤンの上に3cm×12cmに切り出したクレムー、サブレと同じ大きさに成形した板状の飾りチョコレートを順にのせる。
3 1のチョコレートの中に2を盛り、アイスクリームをクネル形にとって2にのせる。ゆずのクレーム・アングレーズをピッチャーに入れて添える。

クープ・ド・ショコラ

永野良太 ❖ エテルニテ

クレーム・ピスターシュ（5人分）
クレーム・パティシエール（作りやすい分量／100gを使用）
- 牛乳 … 200g
- ヴァニラビーンズ … 1/4本
- 卵黄 … 2個分
- グラニュー糖 … 45g
- 薄力粉 … 10g
- コーンスターチ … 10g

ピスタチオペースト（市販品）… 15g
生クリーム（乳脂肪分38%）… 50g
粉糖 … 1g
ペルノー … 少量

カカオのクープ（10人分）
バター（ポマード状）… 19g
粉糖 … 25g
卵白 … 15g
薄力粉 … 15g
ココアパウダー … 7g

ソース・ショコラ（20人分）
牛乳 … 500g
生クリーム（乳脂肪分47%）… 50g
ココアパウダー … 100g
ブラックチョコレート（ヴァローナ社グアナラ カカオ分70%）… 85g

バナナのスープ（5人分）
バナナのピュレ（市販品）… 50g
牛乳 … 100g

カカオのグリッシーニ（20人分）
シロップ … 37g
ココアパウダー … 20g
水飴 … 8g

仕上げ
ピスタチオ（きざむ）

クレーム・ピスターシュ
1 クレーム・パティシエールを作る。
① 鍋に牛乳とともにヴァニラビーンズをさやごと入れ、火にかけて温める。
② ボウルに卵黄とグラニュー糖を合わせて泡立て器で混ぜ、全体が混ざったら、ふるいにかけた薄力粉とコーンスターチを加えて混ぜる。
③ ②に①を加え混ぜ、全体が混ざったらシノワで漉して鍋に戻す。火にかけ、鍋底が焦げないようゴムベラで混ぜながら、とろみがつくまで加熱する。バットに流して粗熱をとる。
2 ボウルに**1**のクレーム・パティシエール、ピスタチオペースト、生クリーム、粉糖、ペルノーを入れて混ぜ合わせる。裏漉ししてなめらかにする。

カカオのクープ
1 ボウルにバターと粉糖を入れてよく混ぜる。ほぐした卵白を少量ずつ加えながら混ぜ、乳化させる。
2 **1**に薄力粉とココアパウダーをふるい入れ、さっくりと混ぜ合わせて、シノワで漉す。
3 天板にオーブンペーパーを敷いて14cm×7cmの長方形の型を置き、**2**を流し入れる。160℃のコンベクションオーブンで7分間焼く。
4 **3**が熱いうちに、直径3.5cmの円筒型に巻き付けて成形する。

ソース・ショコラ
1 鍋に牛乳、生クリーム、ココアパウダー、きざんだチョコレートを入れて火にかける。
2 **1**が混ざり、とろりとしたら、火からおろして冷ます。

バナナのスープ
バナナのピュレと牛乳を混ぜ合わせる。

カカオのグリッシーニ
1 鍋にシロップを入れて火にかけ、温かくなったらココアパウダーと水飴を加えて混ぜる。
2 オーブンペーパーを敷いた天板に**1**を細い棒状に流し、150℃のコンベクションオーブンで8分間焼く。

仕上げ
1 器にクレーム・ピスターシュを盛り、その上にカカオのクープを置く。
2 カカオのクープの中に、少量のソース・ショコラを流し入れ、その上からハンドミキサーで泡立てたバナナのスープを注ぎ入れる。
3 カカオのグリッシーニを添え、**2**のバナナのスープの上にピスタチオを散らす。

フォンダン・ショコラとライムのクレムー、チョコレートとライムの温製ソース

ブルーノ・ルデルフ
ル・コルドン・ブルー・ジャパン

フォンダン・ショコラをモダンに仕立てた一皿。フォンダン生地の中にはライム果汁を使ったやわらかいクレムーが。ライムの皮を加えた温かいチョコレートソースを添える。チョコレートの濃厚さ、ライムの酸味と香りのコントラストが印象深い。

フォンダン・ショコラ

武田健志
リベルテ・ア・ターブル・ド・タケダ

ビターなフォンダン・ショコラ、パウダー状のチョコレートソルベ、マルトセックで作ったチョコレートのパウダーを盛り合わせ、温度、食感、風味の違いを楽しませる。チョコレートのパウダーにはパッションフルーツに似た香りのコショウを。さわやかな風味で、皿の印象が軽やかになる。

フォンダン・ショコラと丸中醤油のキャラメルサレ クレームドココとパッション

今帰仁 実 ❖ ロドラント ミノルナキジン

夏でも食べごたえのある品を、と考えたフォンダン・ショコラ。チョコレート生地はギリギリ固まる程度のやわらかい状態に薄く焼き、杉樽で3年間熟成させたまろやかなコクのある醤油のアイスクリームをのせる。タピオカ入りのココナッツ風味のソース、酸味のあるパッションフルーツを合わせて軽やかさを出している。

フォンダン・ショコラとライムのクレムー、チョコレートとライムの温製ソース

ブルーノ・ルデルフ ❖ ル・コルドン・ブルー・ジャパン

ライムのクレムー
（直径3.5cm、高さ1.5cmのボンボネット型〈フレキシパン〉約10個分）

グラニュー糖 … 30g
卵黄 … 20g
全卵 … 25g
コーンスターチ … 3g
ライム果汁 … 40g
バター（ポマード状）… 25g

フォンダン・ショコラ（直径6cm×高さ3.5cmのセルクル10個分）

全卵 … 200g
グラニュー糖 … 145g
ブラックチョコレート（カカオバリー社フルードカオ カカオ分70%）… 60g
カカオマス … 60g
バター（ポマード状）… 110g
薄力粉 … 50g

チョコレートとライムの温製ソース
（直径6cm×高さ3.5cmのセルクル10個分）

ライムの皮（すりおろし）… 2個分
牛乳 … 300g
生クリーム（乳脂肪分40%）… 100g
卵黄 … 4個分
グラニュー糖 … 80g
ブラックチョコレート（カカオバリー社フルードカオ カカオ分70%）… 40g

ライムのクレムー

1　ボウルにグラニュー糖と卵黄と全卵をすり合わせ、コーンスターチを加えてよく混ぜる。
2　ライム果汁を加える。
3　湯煎にかけながら混ぜ、とろりとした濃度がつくまで、混ぜ合わせる。
4　かき混ぜたときにボウルの底が見えるくらいのクリーム状になったら、バターを加えてムラがなくなるまで混ぜる。
5　最後にミキサーにかけ、なめらかになったら、絞り袋に移し、型に絞り入れ、冷凍庫で冷やし固める。固まったら、組み立て直前に取り出す。

フォンダン・ショコラ

1　全卵を溶いてグラニュー糖を加え混ぜ、網で漉す。湯煎にかけ、50～60℃を保ちながら、白くもったりとした状態になるまで泡立て器で混ぜる。
2　別のボウルにチョコレートとカカオマスを入れて湯煎にかけて、溶かす。
3　バターを加えて混ぜる。
4　3に1の1/3量を加えて泡立て器でよく混ぜる。
5　全体がよく混ざったら、1のボウルに移し、ゴムベラで軽く混ぜ合わせる。
6　5が混ざり切らないマーブル状の状態で、薄力粉を加えてゴムベラで切るように混ぜ、粉気がなくなるまでしっかりと混ぜる。
7　シルパットを敷いた天板にセルクルを並べ、セルクルの1/3の高さまで6を絞り入れる。冷凍したライムのクレムーをのせ、中央まで沈めてからさらに6を絞り入れてクレムーをおおう。
8　180～200℃のオーブンで8～10分間焼成する。

チョコレートとライムの温製ソース

1　鍋にライムの皮と牛乳、生クリームを入れ、冷蔵庫に一晩おいて香りを移す。
2　1を火にかけて、ひと煮立ちさせる。
3　ボウルに卵黄とグラニュー糖を入れて混ぜ合わせ、2を注ぎいれる。泡立て器で撹拌する。
4　3をシノワで漉しながら鍋に戻し入れ、混ぜながら85℃まで煮る。火からおろし、チョコレートを加えてよく混ぜる。
5　チョコレートが溶けたら、シノワで漉し、ミキサーにかけて撹拌する。

フォンダン・ショコラ

武田健志 ❖ リベルテ・ア・ターブル・ド・タケダ

フォンダン・ショコラ（60人分）

バター … 500g
ブラックチョコレート（ヴァローナ社アラグアニ カカオ分72%）… 450g
全卵 … 16個
グラニュー糖 … 300g
薄力粉 … 240g

チョコレートのソルベパウダー（60人分）

ブラックチョコレート（ヴァローナ社グアナラ カカオ分80%）… 120g
生クリーム（乳脂肪分42%）… 150cc
グラニュー糖 … 45g
ココアパウダー … 45g
水 … 450cc

仕上げ

ヴァニラアイスクリーム（解説省略）
├ 牛乳 … 1100cc
├ 生クリーム（乳脂肪分42%）… 1100g
├ ヴァニラビーンズ … 10本
├ 卵黄 … 20個分
└ グラニュー糖 … 360g
板チョコレート（解説省略）
自家製ココアパウダー＊
クレム・シャンティイ

＊：溶かしたクーベルチュールにマルトセックを加えてパウダー状にし、パッションフルーツの香りがするコショウで風味づけしたもの

フォンダン・ショコラ

1　室温にもどしたバターときざんだチョコレートをボウルに合わせ、湯煎にかけて溶かす。

2 全卵とグラニュー糖をボウルに合わせ、泡立て器で白っぽくなるまで混ぜ合わせる。
3 **2**に**1**を少しずつ加えて、混ぜ合わせる。
4 **3**に薄力粉を加え、粉っぽさがなくなるまで混ぜ合わせる。
5 **4**を直径6cmのフラン型に流し、冷蔵庫で冷やし固める。
6 **5**を200℃のオーブンで6分半焼く。

チョコレートのソルベパウダー

1 ボウルにきざんだチョコレートを入れ、温めた生クリームを加え混ぜて溶かす。
2 **1**にグラニュー糖、ココアパウダー、水を加えて混ぜ合わせ、パコジェットの専用容器に入れて、冷凍庫で凍らせる。
3 提供直前に**2**をパコジェットにかける。

仕上げ

1 フォンダン・ショコラを型からはずして皿に盛る。
2 ヴァニラアイスクリームを添え、チョコレートのソルベパウダーをふりかける。
3 板チョコレートを飾り、自家製ココアパウダーとクレーム・シャンティイを添える。

フォンダン・ショコラと丸中醤油のキャラメルサレ クレームドココとパッション
今帰仁 実 ❖ ロドラント ミノルナキジン

フォンダン・ショコラ（5人分）
ブラックチョコレート（ヴェイス社ノワール・アメール・ソコト カカオ分62%） … 100g
バター … 63g
ココアパウダー … 18g
全卵 … 90g
グラニュー糖 … 32g

丸中醤油のキャラメルサレ
卵黄 … 4個分
グラニュー糖 … 45g
牛乳 … 250g
醤油（滋賀県丸中醤油・杉樽三年熟成）… 25g
生クリーム（乳脂肪分35%）… 125g

ココナッツソース
牛乳 … 100g
ココナッツパウダー … 50g
グラニュー糖 … 20g
タピオカ（ゆでてもどしたもの）… 5g

仕上げ
乳化剤（レシチン）… 2g
クエン酸 … 少量
パッションフルーツ
アーモンドプラリネ（解説省略）

フォンダン・ショコラ

1 チョコレートとバターをそれぞれ湯煎で溶かす。
2 **1**とその他の材料をすべて混ぜ合わせ、オーブンペーパーを敷いた直径8.5cmのタルト型に流し、200℃のオーブンで3分間焼く。

丸中醤油のキャラメルサレ

1 ボウルに卵黄とグラニュー糖を入れて混ぜ合わせる。
2 鍋に牛乳を入れて温め、**1**を加えて弱火で炊く。粗熱をとる。
3 **2**に醤油と生クリームを加えてよく混ぜ、ソルベマシンにかける。

ココナッツソース

1 鍋に牛乳を沸かしてココナッツパウダーとグラニュー糖を加える。
2 **1**の火を止めてラップフィルムで覆い、一晩おく。ココナッツのエキスを絞るように漉す。一部は仕上げ用に取りおき、残りにタピオカを加える。

仕上げ

1 取りおいたココナッツソース（タピオカを加える前のもの）に乳化剤、クエン酸を加えて火にかけ、溶かす。エアポンプを使って泡状にする。
2 器にココナッツソースを敷き、パッションフルーツの果肉と種を散らす。
3 **2**の中央にフォンダン・ショコラを置き、アーモンドプラリネをのせ、丸中醤油のキャラメルサレをクネル形にとって盛る。上に**1**の泡を飾る。

フォワグラとショコラのマリアージュ
森田一頼 ❖ リベルターブル

フォワグラとガナッシュをテリーヌ仕立てにした森田氏のスペシャリテ。「フォワグラは甘いものとの相性がよいが、甘いだけではだめ」と、フォワグラと調和する甘みと苦みのバランスを追及し、3種のチョコレートをブレンドして使用する。

伝統菓子"オペラ"のように…《現代形》

森田一頼 ❖ リベルターブル

テュイル、ブリュレ、ビスキュイ・ジョコンド、アイスクリーム、グラニテ、粉末状のソルベを層状に組み立て、チョコレートの板をかぶせる。最後に客前で温かいソース・ショコラをかけて完成。4種のチョコレートを使い分け、食べ進むにつれてカカオの風味が強まる仕掛けとしている。

フォワグラとショコラのマリアージュ

森田一頼 ❖ リベルターブル

フォワグラとガナッシュのテリーヌ
（5cm×5cm×15cmの型1台分）

ガナッシュ
├ 生クリーム（乳脂肪分35％）… 108g
├ 牛乳 … 12g
├ 転化糖（トレモリン）… 20g
├ ブラックチョコレート（ヴァローナ社カラク カカオ分56％）… 62.5g
├ ブラックチョコレート（ヴァローナ社カライブ カカオ分66％）… 62.5g
├ ミルクチョコレート（ヴァローナ社ジヴァラ・ラクテ カカオ分40％）… 25g
├ 塩 … 適量
├ コショウ … 適量
├ マデラ … 10g
└ バター … 20g
フォワグラのコンフィ（解説省略）… 250g

仕上げ
ヘーゼルナッツのカラメリゼ（解説省略）
フルール・ド・セル
黒コショウ（粗挽き）
金箔
オレンジの皮のコンフィ（解説省略）
黒粒コショウ（粗く砕く）
ピンクペッパー（粗く砕く）
タピオカ（コーヒーで煮たもの）
ピスタチオ（細長くきざむ）
ソース・ショコラ（解説省略）
カカオニブ（ヴァローナ社グリュエ・ド・カカオ）

フォワグラとガナッシュのテリーヌ

1 ガナッシュを作る。
① 生クリームと牛乳、転化糖を合わせて沸騰させる。
② 細かくきざんだチョコレート3種を合わせて湯煎で溶かし、①を少しずつ加えて混ぜ合わせる。
③ 塩、コショウ、マデラ、バターを順に加えて混ぜる。
2 型に**1**のガナッシュを流し、球形にくり抜いたフォワグラのコンフィを入れ、冷蔵庫で冷やし固める。なおフォワグラのコンフィは、型の端に寄りすぎないように注意する。

仕上げ

1 フォワグラとガナッシュのテリーヌを1.5cmの厚さに切り、セルクルで丸く抜く。側面にヘーゼルナッツのカラメリゼを粗くきざんだものを貼りつけ、皿の中央に盛る。フルール・ド・セルと黒コショウ、金箔をのせる。
2 **1**の周囲に菱形に切ったオレンジの皮のコンフィ、黒粒コショウ、ピンクペッパー、タピオカ、ピスタチオ、ソース・ショコラ、カカオニブを飾る。

伝統菓子"オペラ"のように…《現代形》

森田一頼 ❖ リベルターブル

ヘーゼルナッツのテュイル（20人分）
バター（ポマード状）… 75g
粉糖 … 75g
プラリネノワゼット … 150g
全卵 … 75g
薄力粉 … 30g

コーヒーのクレーム・ブリュレ（20人分）
牛乳 … 200g
コーヒー豆 … 25g
グラニュー糖 … 80g
卵黄 … 80g
生クリーム（乳脂肪分35％）… 300g

ビスキュイ・ジョコンド（20人分）
アーモンドパウダー … 210g
粉糖 … 135g
転化糖（トレモリン）… 17g
全卵 … 345g
メレンゲ
├ グラニュー糖 … 45g
└ 卵白 … 115g
薄力粉 … 57g
溶かしバター … 40g
エスプレッソ … 適量
シロップ … 適量
トラブリ*1 … 適量

チョコレートのアイスクリーム（20人分）
卵黄 … 60g
グラニュー糖 … 150g
牛乳 … 1ℓ
脱脂粉乳 … 40g
生クリーム（乳脂肪分35％）… 250g
ブラックチョコレート
（ヴァローナ社P125クール・ド・グアナラ*2 カカオ分125％）… 50g
転化糖（トレモリン）… 80g

コーヒーのグラニテ　各適量
エスプレッソ
シロップ
トラブリ

粉末のソルベカカオ（20人分）
水 … 450g
生クリーム（乳脂肪分35％）… 150g
グラニュー糖 … 45g
カカオマス … 45g
ブラックチョコレート（ヴァローナ社グアナラ カカオ分70％）… 120g

仕上げ

チョコレートの板（解説省略）
└ ブラックチョコレート（ヴァローナ社 カラク カカオ分56％）
金箔
温かいソースショコラ（解説省略）
├ 牛乳…500g
├ 水飴…70g
├ ブラックチョコレート（ヴァローナ社 カライブ カカオ分66％）…200g
└ ミルクチョコレート（ヴァローナ社 ジヴァラ・ラクテ カカオ分40％）…50g

*1：コーヒーの濃縮液
*2：従来のチョコレートは油脂比率が固形分より高い。この製品は、その比率を逆転させ、より口どけよく、カカオの味わい、香りを感じられるようヴァローナ社が独自に開発したもの

ヘーゼルナッツのテュイル

1 バターに粉糖、プラリネノワゼットを加えて混ぜ合わせる。混ざったら全卵、薄力粉を順に加えて混ぜる。
2 **1**を冷蔵庫で2時間ねかせる。9cm角にのばし、天板にのせる。
3 **2**を160℃のオーブンで7〜8分間加熱して焼き上げる。
4 温かいうちに曲線をつける。

コーヒーのクレーム・ブリュレ

1 鍋に牛乳とコーヒー豆を入れて火にかけ、香りを移す。漉す。
2 ボウルにグラニュー糖、卵黄、生クリームを入れて混ぜ合わせ、**1**を加える。
3 シリコン樹脂加工の直径4cmの型に**2**を流し、85℃のスチコンで15分間焼く。冷まして、冷凍する。

ビスキュイ・ジョコンド

1 アーモンドパウダー、粉糖、転化糖、全卵を混ぜ合わせ、白っぽくなるまで混ぜる。
2 別のボウルで、グラニュー糖を加えた卵白を泡立ててメレンゲを作る。**1**と合わせて撹拌し、途中で薄力粉、溶かしバターを加えてなじませる。
3 **2**を天板に流し入れ、190℃のスチコンで約10分間焼く。
4 焼き上がった**3**を薄くスライスする。エスプレッソ、シロップ、トラブリを合わせた液に浸す。

チョコレートのアイスクリーム

1 ボウルに卵黄とグラニュー糖を入れて白っぽくなるまですり混ぜる。
2 鍋に牛乳、脱脂粉乳、生クリームを入れて沸かす。
3 **2**の鍋に**1**を少量ずつ加え混ぜ、鍋に戻して弱火でじっくりと時間をかけて炊く。
4 チョコレートを細かくきざみ、**3**に少量ずつ加え混ぜる。転化糖を加えて混ぜ、冷やす。
5 **4**をソルベマシンにかける。

コーヒーのグラニテ

1 熱いエスプレッソにシロップとトラブリを加え、糖度がボーメ15°になるよう調整して混ぜ合わせる。漉す。
2 **1**をバットに流し入れて凍らせ、表面の薄い氷の層をフォークの背で砕き、再度冷凍庫に入れて凍らす。
3 **2**の作業を、細かな状態になるまで何度かくり返す。

粉末のソルベカカオ

1 水、生クリーム、グラニュー糖を合わせて沸かす。
2 **1**にカカオマス、細かくきざんだチョコレートを入れてガナッシュを作り、パコジェットの専用容器に入れて冷凍する。
3 **2**を提供直前にパコジェットにかける。

仕上げ

1 皿にテュイルをのせ、その上にクレーム・ブリュレ、ビスキュイ・ジョコンド、アイスクリームを順に重ねる。全体を覆うようにグラニテ、粉末のソルベカカオをのせ、チョコレートの板をかぶせる。金箔をのせる。
2 **1**の皿を客前に運ぶ。客前で器に入れた温かいソースショコラをかける。

トリュフショコラ

川手寛康 ❖ フロリレージュ

土に見立てたのは「急速冷凍した生地をパコジェットにかけるとクラム状になる」という偶然の発見を生かしたチョコレート生地。下にはトリュフのババロアとアイスクリームが。提供時はトリュフ入りとは伝えず、「何の香りか、あててみてください」と謎かけする。トリュフとチョコレートという定番の組合せを驚きに満ちたひと皿に仕立てている。

オムレット オ ショコラ

川手寛康 ❖ フロリレージュ

フォークを入れると中からチョコレートが溶け出すオムレツ。美しく仕上げるコツは生地をよく乳化させ、温めた状態で焼くこと。使ったチョコレートは「エクアトゥール」。苦みと酸味が強く、単一ではやや味のバランスに欠けるが、卵や生クリームを加えてチョコレートそのものの風味を味わうのには向く。

キャラメルとショコラ
ミルクのエスプーマの淡雪仕立て

生井祐介 ❖ シック プッテートル

アマレット風味の牛乳の泡と削ったヘーゼルナッツの中には、カラメルムースで覆った半球状のガトーショコラが。ガトーショコラは薄力粉の量を極力減らした配合に。高温のオーブンで表面のみを焼き固め、余熱でおだやかに中まで火を入れることで、焼き菓子のような香ばしさとなめらかな口溶けが生まれる。

トリュフショコラ

川手寛康 ❖ フロリレージュ

チョコレートの土(8人分)
ブラックチョコレート(カオカ社トロアコンチネンツ カカオ分61%)… 162g
バター … 162g
卵黄 … 75g
薄力粉 … 40g
卵白 … 100g
グラニュー糖 … 40g

トリュフのババロア(8人分)
卵黄 … 40g
グラニュー糖 … 50g
生クリーム(乳脂肪分43%)… 270cc
牛乳 … 140cc
黒トリュフ(みじん切り)… 10g
粉ゼラチン … 7g

トリュフのアイスクリーム(12人分)
卵黄 … 150g
グラニュー糖 … 100g
牛乳 … 300cc
生クリーム(乳脂肪分43%)… 300cc
黒トリュフ(みじん切り)… 7g
バター … 40g

仕上げ(1人分)
黒トリュフ(スライス)… 2枚
オクサリス* … 2本
＊：カタバミ。日本にも自生する。食用可

チョコレートの土
1 きざんだチョコレートとバターをボウルに入れ、60℃の湯煎で溶かす。
2 卵黄を溶いて約60℃に温め、1に加えて混ぜ合わせる。
3 2に薄力粉を加え、混ぜ合わせる。
4 卵白にグラニュー糖を少しずつ加えながら泡立て、これを3に加える。
5 4を200℃のオーブンで13分間加熱する。
6 パコジェットの専用容器に5を入れ、ショックフリーザーで−40℃に急速冷凍する。
7 6をパコジェットにかける。できあがりは不規則な粒状になる。これを土に見立てる。

トリュフのババロア
1 卵黄とグラニュー糖をボウルでよく混ぜ合わせる。
2 生クリーム100ccと牛乳を合わせて温め、1に少しずつ加えて混ぜ合わせる。
3 2を鍋に移し、黒トリュフを加えて火にかける。ソース・アングレーズを炊く要領で、木ベラで混ぜながら加熱する。
4 3が82℃になったら、もどした粉ゼラチンを加え、冷やす(2～3℃とする。提供直前に室温に少しおき、提供時に7～8℃になるのが目安)。

5 4に八分立てにした生クリーム170ccを加え、混ぜ合わせる。

トリュフのアイスクリーム
1 卵黄とグラニュー糖をボウルでよく混ぜ合わせる。
2 牛乳と生クリームを合わせて温め、1に少しずつ加えて混ぜ合わせる。
3 2を鍋に移し、黒トリュフを加えて火にかける。82℃まで温め、ソース・アングレーズを炊く要領で、木ベラで混ぜながら加熱する。バターを加え、とろみをつける。
4 3をソルベマシンにかける。

仕上げ
1 少し深さのある器の底にトリュフのスライスを敷く。その上にアイスクリーム、ババロアを順に盛る。
2 1をチョコレートの土で覆い、オクサリスを挿す。

オムレット オ ショコラ

川手寛康 ❖ フロリレージュ

チョコレートのオムレツ(8人分)
ガナッシュ
├ 生クリーム(乳脂肪分38%)… 80g
├ コーンスターチ(倍量の水で溶いておく)… 3g
└ ブラックチョコレート(カオカ社エアトゥール カカオ分70%)… 150g
全卵 … 6個
トレハロース … 80g
溶かしバター … 適量

仕上げ
エスプレッソの泡(解説省略)
生クリーム(乳脂肪分38%)
カカオニブ(ヴァローナ社グリュエ・ド・カカオ)

チョコレートのオムレツ
1 ガナッシュを作る。
① 鍋で生クリームを沸かしてコーンスターチを加え、濃度をつける。
② ①を火からおろし、熱いうちにきざんだチョコレートを加える。
③ 一呼吸おいてチョコレートがやわらかくなったら、泡立て器で混ぜ合わせる。
2 ボウルに全卵を入れて溶きほぐす。
3 2に1のガナッシュを少しずつ加えて泡立て器で混ぜ、トレハロースも加えて混ぜ合わせる。
4 3を真空パックにし、80℃のスチコンで40分間蒸す。
5 4をボウルに出し、ブレンダーで撹拌して乳化させる。溶かしバターを加えて混ぜ合わせる。
6 バター(分量外)を敷いたフライパンに5を流し、中心部がレアになるよう、オムレツ状に焼く。

仕上げ

チョコレートのオムレツを皿に盛り、エスプレッソの泡、八分立てにした生クリームを添える。生クリームの上にカカオニブをのせる。

キャラメルとショコラ
ミルクのエスプーマの淡雪仕立て

生井祐介 ❖ シック プッテートル

ガトーショコラ（20人分）

ブラックチョコレート（カカオバリー社ミ・アメール カカオ分58%）… 200g
バター … 160g
きび砂糖 … 80g
全卵 … 90g
卵黄 … 48g
薄力粉 … 30g
クローヴパウダー … 1g
シナモンパウダー … 2g
黒コショウ … 1g
グラン・マルニエ … 50g

カラメルのムース（20人分）

グラニュー糖 … 650g
生クリーム**A**（乳脂肪分47%）… 600g
板ゼラチン … 20g
加糖卵黄液*1 … 100g
牛乳 … 500g
生クリーム**B**（乳脂肪分38%）… 600g

ミルクのエスプーマ（20人分）

牛乳 … 500g
アマレット … 20g
板ゼラチン … 8g

仕上げ（20人分）

クレーム・シャンティイ（八分立て）
 生クリーム（乳脂肪分47%）… 100g
 砂糖 … 8g
フイヤンティーヌ（解説省略）… 適量
テュイル・ダンテル*2 … 適量
ヘーゼルナッツ … 適量

*1：液状の卵黄に20%の加糖がされた品
*2：レースのように穴のあいた極薄焼きのテュイル

ガトーショコラ

1 きざんだチョコレート、バター、きび砂糖をボウルに入れて湯煎で溶かす。
2 1を湯煎からはずし、溶いた全卵と卵黄を加え混ぜる。
3 2に薄力粉、クローヴパウダー、シナモンパウダー、黒コショウを混ぜ合わせ、最後にグラン・マルニエをふる。
4 3を半球形の型に流し、冷凍庫で凍らせる。
5 4を型からはずし、220℃のコンベクションオーブンで3〜4分間加熱し、温かい場所に置いておく。

カラメルのムース

1 鍋にグラニュー糖600gを入れて熱し、焦げる寸前までカラメリゼする。
2 1に温めた生クリーム**A**を加え混ぜる。
3 2に、5倍量の水（分量外）でもどした板ゼラチンを加えて溶かす。
4 ボウルにグラニュー糖50gと加糖卵黄液を入れて白っぽくなるまですり混ぜる。
5 4に温めた牛乳を少しずつ加え混ぜる。
6 5に3を加え混ぜ、氷をあてて粗熱をとる。
7 6に、五分立てにした生クリーム**B**を加え混ぜ、薄い板状にのばして冷凍する。
8 7をセルクルで丸く抜き、提供時に手で曲げてドーム状に成形する。

ミルクのエスプーマ

1 鍋に牛乳、アマレットを入れて沸かし、もどした板ゼラチンを加えて溶かす。
2 1をサイフォンに詰めてガスを充填し、冷蔵庫で冷やす。

仕上げ

1 器にクレーム・シャンティイを敷き、フイヤンティーヌを散らす。テュイル・ダンテルをのせて、上にガトーショコラを盛りつけ、カラメルのムースをかぶせる。
2 1の表面を覆うように、サイフォンでミルクのエスプーマを絞り、上からヘーゼルナッツを削りかける。

チョコレート風味のババ　ラム酒のアイスクリーム

古屋壮一 ❖ ルカンケ

大きく焼いたババにガナッシュをぬり、ラム風味のアイスクリーム、チョコレート風味のクレーム・シャンティイをのせ、小さく焼いたババを散らす。大きさの異なるババの歯ざわりの違いが楽しい。ラムは提供直前にババにふり、風味を強調する。

チョコレートのパルフェ
田辺 猛 ❖ ラトラス

グラスの底にはバナナのグラニテ。その上に角切りにしたガトーショコラ、ヴァニラアイスクリームを盛り、クレーム・シャンティイ、チョコレートソース、シガークッキーなどをあしらう。重層的な味わいを楽しんでもらうレストラン仕立てのチョコレートパフェ。

チョコレートの
アッフォガート仕立て
小阪歩武 ❖ ラッフィナート

チョコレートのスプーマ(ムース)、グラニータ、ジェラート、エスプレッソの泡を重ねたグラスデザート。グラニータのシャリシャリした食感と、それを挟むスプーマとジェラートのなめらかさが鮮やかな対照をなす。

チョコレート風味のババ ラム酒のアイスクリーム

古屋壮一 ・ ルカンケ

ババ（作りやすい分量）
- ドライイースト … 6g
- 牛乳 … 60cc
- 全卵 … 120g
- 強力粉 … 250g
- 塩 … 3g
- グラニュー糖 … 10g
- 生クリーム（乳脂肪分35%）… 20g
- ブラックチョコレート（ヴァローナ社 エクストラ・ビター カカオ分61%）… 60g
- 溶かしバター … 50g
- シロップ
  - 水 … 1ℓ
  - ヴァニラシュガー … 210g

ラム酒のアイスクリーム（作りやすい分量）
- 牛乳 … 600cc
- 全卵 … 10個
- 砂糖 … 170g
- 生クリーム（乳脂肪分35%）… 100cc
- ラム … 30cc

チョコレート風味のクレーム・シャンティイ（作りやすい分量）
- ブラックチョコレート（ヴァローナ社 カラク カカオ分56%）… 80g
- 生クリーム（乳脂肪分35%）… 200cc

ガナッシュ（作りやすい分量）
- ブラックチョコレート（ヴァローナ社 グアナラ カカオ分70%）… 80g
- 生クリーム（乳脂肪分35%）… 100cc

仕上げ
- エスプレッソ
- クレーム・パティシエール（解説省略）
- ラム
- アプリコットのナパージュ（解説省略）

ババ

1　ドライイーストと牛乳20ccを混ぜ、35℃で約10分間、2倍量になるまで発酵させる。
2　全卵を溶き、1を混ぜ入れる。
3　強力粉、塩、グラニュー糖をスタンドミキサーで混ぜ合わせ、2を少しずつ加えて混ぜる。
4　牛乳40ccと生クリームを合わせて沸かし、きざんだチョコレートを加えて溶かす。これを3の中に少しずつ加え、よく混ぜ合わせる。
5　混ざったらミキサーを中速にして10分間まわし、ボウルの側面に飛びちった生地もこそげてひとまとめにする。これをあと2回くり返す。
6　溶かしバターを4に少しずつ加えて混ぜる。すべてのバターが入ってからさらに10分間こねる。
7　6を少しやすませた後、焼き型に25gずつ入れる（大きいババ）。残りの端部分は手で小さく丸める（飾り用の小さいババ）。
8　大きいババは35℃で1時間半～2時間、2倍量になるまで発酵させる。170℃のオーブンで25分間焼く。小さいババも35℃で2倍量になるまで発酵させ、170℃で15分間焼く。
9　シロップを作る。水とヴァニラシュガーを鍋で沸かし、60℃まで冷ます。
10　焼き上がった生地を、9に5分間浸す。

ラム酒のアイスクリーム

牛乳を鍋に入れて温める。全卵と砂糖をよく混ぜ合わせたものを加え、83℃になったら漉して、氷水にあてて冷ます。ここに生クリームを混ぜ入れてソルベマシンにかける。途中、半分くらい固まってきたところでラムを加え、さらに冷やし固める。

チョコレート風味のクレーム・シャンティイ

きざんだチョコレートは湯煎にかけて溶かし、温めた生クリームを少しずつ加え混ぜて乳化させ、一晩おく。これを泡立てる。

ガナッシュ

きざんだチョコレートは湯煎にかけて溶かし、温めた生クリームを少しずつ加え混ぜる。

仕上げ

1　小さいババを半分に切り、エスプレッソを加えたクレーム・パティシエールを挟む。
2　オーダーが入ったら、大小それぞれのババの表面にラムをふり、アプリコットのナパージュをぬる。皿の底に大きいババを入れ、ガナッシュをぬり、ラム酒のアイスクリームをのせる。さらにその上にチョコレート風味のクレーム・シャンティイを絞り出し、小さいババをバランスよく配す。

チョコレートのパルフェ

田辺猛 ・ ラトラス

バナナのグラニテ（作りやすい分量）
- 牛乳 … 300cc
- ラム … 30cc
- グラニュー糖 … 100g
- バナナ … 4本
- 卵白 … 100g

ガトーショコラ（作りやすい分量）
- ブラックチョコレート（ヴェイス社 アカリグア カカオ分70%）… 285g
- 砂糖 … 145g
- 溶かしバター … 285g
- 卵黄 … 9個分
- ラム … 適量
- 薄力粉 … 60g
- メレンゲ
  - 卵白 … 6個分
  - 砂糖 … 140g

ヴァニラアイスクリーム（作りやすい分量）
- 牛乳 … 1.5ℓ
- ヴァニラビーンズ … 2本
- 卵黄 … 15個分
- 砂糖 … 150g
- 転化糖（トリモリン）… 250g

チョコレートソース（作りやすい分量）
- 水 … 150cc
- グラニュー糖 … 175g
- ココアパウダー … 60g
- バター … 25g

キャラメルソース（作りやすい分量）
- 砂糖 … 400g
- 水 … 少量
- ブドウジュース … 200cc

シガークッキー（作りやすい分量）
- バター … 38g
- 粉糖 … 50g
- 卵白 … 30g
- 薄力粉 … 30g

仕上げ
- クレーム・シャンティイ
- アーモンドスライス
- クランブル（解説省略）
- ピスタチオ（きざむ）
- ミント
- ココアパウダー
- 粉糖

バナナのグラニテ

1　牛乳、ラム、グラニュー糖、皮をむいて適宜に切ったバナナをミキサーにかける。

2 卵白を泡立て、もったりとした状態になったら**1**に加えて合わせ、型に流して冷凍庫で冷やし固める。途中、フォークで崩して空気を含ませることを数度くり返し、凍らせる。

ガトーショコラ

1 チョコレートを湯煎で溶かし、砂糖、溶かしバター、卵黄、ラムを加えて白っぽくなるまでよく混ぜる。
2 **1**にふるった薄力粉を加えて混ぜる。
3 卵白にグラニュー糖を少しずつ加えながら泡立ててメレンゲを作り、**2**に加えてさっくりと混ぜる。
4 スポンジ用の平型に**3**を3cmの高さに流し、180℃のオーブンで20分間焼く。
5 **4**を冷まし、1cm角に切る。

ヴァニラアイスクリーム

1 鍋に牛乳とさやを割いたヴァニラビーンズを入れて火にかけ、温める。
2 ボウルに卵黄と砂糖を入れて白っぽくなるまですり混ぜたら、**1**と転化糖を加えて鍋に戻し、とろみがつくまで炊く。
3 **2**を漉してソルベマシンにかける。

チョコレートソース

1 鍋に水、グラニュー糖、ココアパウダーを入れ、よく混ぜながら沸かす。
2 **1**に冷たいバターを加え混ぜ、とろみをつける。

キャラメルソース

1 砂糖と水を鍋に入れて火にかけ、カラメリゼする。
2 **1**にブドウジュースを加えてのばす。

シガークッキー

1 室温にもどしたバターと粉糖をボウルに入れ、白っぽくなるまですり混ぜる。
2 **1**に数回に分けて卵白を加え、よく混ぜてなめらかにする。
3 ふるった薄力粉を**2**に加え、さっくりと混ぜ合わせる。
4 **3**をシルパットの上に薄く流し、150℃のオーブンで5分間焼く。
5 **4**がやわらかいうちに細い帯状にカットし、2cmほどの太さの棒にらせん状に巻きつけ、そのまま冷ます。

仕上げ

1 グラスの底にバナナのグラニテを敷き、ガトーショコラを3個のせ、ヴァニラアイスクリームを盛る。
2 **1**のヴァニラアイスクリームの周囲と上にクレーム・シャンティイを絞り、チョコレートソースとキャラメルソースをかける。
3 アーモンドスライスとクランブルをふり、シガークッキー、ピスタチオ、ミントを飾り、ココアパウダー、粉糖をふる。

チョコレートのアッフォガート仕立て

小阪歩武 ❖ ラッフィナート

チョコレートのスプーマ
（作りやすい分量）

ブラックチョコレート（オペラ社 カルパノ カカオ分70％）… 120g
カラメル
├ グラニュー糖 … 40cc
└ 生クリーム（乳脂肪分47％）… 150cc
生クリーム（乳脂肪分47％）… 100cc
メレンゲ
├ 卵白 … 80g
└ グラニュー糖 … 20g
グラッパ（ヴィンテージグラッパ）… 40cc

チョコレートのグラニータ
（作りやすい分量）

ブラックチョコレート（オペラ社 カルパノ カカオ分70％）… 160g
水 … 300cc
グラニュー糖 … 40g
チョコレートのリキュール（ビチェリン）… 30cc

チョコレートのジェラート
（作りやすい分量）

ブラックチョコレート（オペラ社 カルパノ カカオ分70％）… 70g
牛乳 … 500cc
濃縮乳 … 200cc
水 … 300cc
グラニュー糖 … 180cc
カカオパウダー … 65g
板ゼラチン … 1枚

仕上げ

カフェフレッド・シャケラート
├ エスプレッソ … 60cc
├ グラニュー糖 … 20g
└ 氷 … 適量

チョコレートのスプーマ

1 チョコレートは湯煎にかけて溶かす。
2 カラメルを作る。グラニュー糖を鍋に入れて火にかけ、色づける。キツネ色になったら生クリームを加え混ぜる。
3 **1**に**2**を少しずつ加え、なめらかになるまで混ぜ合わせる。
4 生クリームを七分立てにし、**3**に加える。
5 卵白とグラニュー糖を合わせて泡立て、メレンゲとする。**4**と混ぜ合わせ、グラッパを加える。
6 バットに流し、冷蔵庫で冷やし固める。

チョコレートのグラニータ

1 チョコレートは湯煎にかけて溶かす。
2 鍋に水とグラニュー糖を入れ、火にかける。
3 **1**に**2**を少量ずつ加えながら、ハンドミキサーで混ぜる。
4 **3**を急冷し、チョコレートのリキュールを加え、バットに流す。冷蔵庫で冷やし固める。

チョコレートのジェラート

1 チョコレートは湯煎にかけて溶かす。
2 鍋に牛乳、濃縮乳、水、グラニュー糖を入れ、火にかける。
3 **1**に**2**を少しずつ混ぜ合わせる。
4 カカオパウダー、もどした板ゼラチンを加えて混ぜ合わせる。パコジェットの専用容器に入れ、凍らせる。パコジェットにかける。

仕上げ

1 カフェフレッド・シャケラートを作る。
① エスプレッソにグラニュー糖を溶かし入れ、シェーカーに入れる。
② ①に氷を入れ、蓋をし、シェイクする。
2 グラスの底にチョコレートのスプーマを入れ、グラニータをのせる。その上にジェラートを盛り、**1**のカフェ・シャケラートの泡の部分のみをスプーンですくい、ジェラートの上からかける。

ブラックチョコレートのベリーヌ、アーモンドのキャラメリゼ、フランボワーズキャラメルとミルクチョコレートのジュレ

ブルーノ・ルデルフ ❖ ル・コルドン・ブルー・ジャパン

小さなグラスにチョコレートのビターなクレムー、カラメリゼしたアーモンド、フランボワーズのキャラメル、ミルクチョコレートのやわらかなジュレを重ねたスタイリッシュなデザート。間に円盤状のチョコレートをはさんで層を美しく見せている。

チョコレートのラビオリ、ホワイトチョコとグラッパのジェラート、フルーツのズッパ

今村裕一 ❖ リゴレッティーノ

イタリアの伝統的なデザートであるマチェドニアを、赤ワイン仕立てで冬らしく。器の底には温かいチョコレートのラビオリを敷き、ランブルスコとフルーツのズッパ、スプマンテのジュレをかけ、ホワイトチョコレートのソルベをのせる。

ショコラブラン《シエラ45%》、生姜、フレーズ・デ・ボワのフォンダン

森田一頼 ❖ リベルターブル

カカオ分が高く後味のキレがよいホワイトチョコレートのフォンダンに、風味にキレのあるショウガのコンフィ入りのガナッシュを詰める。ムースにはショウガの搾り汁を加え、やさしくも刺激的な味わいに。ショウガのグラニテで清涼感を演出する。

ブラックチョコレートのベリーヌ、アーモンドのキャラメリゼ、フランボワーズキャラメルとミルクチョコレートのジュレ

ブルーノ・ルデルフ ❖ ル・コルドン・ブルー・ジャパン

ブラックチョコレートのクレムー
（内径3.2cm×高さ10cmのグラス 約20個分）
生クリーム（乳脂肪分40％）…500g
ブラックチョコレート（カカオバリー社 ピストール・サンドマング カカオ分70％）…120g

フランボワーズキャラメル
（内径3.2cm×高さ10cmのグラス 約20個分）
A ┌ 水飴 …95g
　├ グラニュー糖 …90g
　├ 生クリーム（乳脂肪分40％）…45g
　└ フランボワーズのピュレ …390g
バター …45g

ミルクチョコレートのジュレ
（内径3.2cm×高さ10cmのグラス 約20個分）
牛乳 …350g
グラニュー糖 …10g
ペクチン …3g
ミルクチョコレート（カカオバリー社 ピストール・ガーナ カカオ分40.5％）…390g

仕上げ
アーモンドのキャラメリゼ《P.260》
飾りチョコレート（解説省略）

ブラックチョコレートのクレムー
1　鍋に生クリームを入れて温める。
2　湯煎で溶かしておいたチョコレートの中に1を加え混ぜ、ハンドミキサーでなめらかな状態にする。
3　すぐに絞り袋に入れ、グラスに絞り入れ、冷蔵庫で冷やす。

フランボワーズキャラメル
1　鍋にAを合わせ入れ、ヘラで鍋底からかき混ぜながら15〜20分間中火にかける。
2　粘りが出てきたら火からおろし、バターを加えて混ぜる。自然に40℃前後に冷めたらミキサーにかけ、なめらかになるまで撹拌する。

ミルクチョコレートのジュレ
1　鍋に牛乳を入れ40℃に温める。
2　グラニュー糖とペクチンを合わせ、1に少しずつ加えながら溶かし、再度火にかけていったん沸騰させる。チョコレートを加え、よく混ぜる。
3　氷水にあてて、35℃まで冷ます。ペクチンが固まる前にミキサーにかけて撹拌し、なめらかなジュレにする。

仕上げ
1　クレムーを絞り入れたグラスに、グラスの内径と同じ大きさの円盤状の飾りチョコレートを入れ、竹串でおさえてクレムーと密着させる。
2　アーモンドのキャラメリゼを入れ、フランボワーズキャラメルを絞り入れる。再び、円盤状の飾りチョコレートをのせて密着させ、ミルクチョコレートのジュレをグラスの上面まで注ぎ入れる（円盤状のチョコレートを挟み込むことで重ねた素材が混ざらず美しい仕上がりになる）。冷蔵庫で冷やし固める。
3　フランボワーズと飾りチョコレートをのせる。

チョコレートのラビオリ、ホワイトチョコとグラッパのジェラート、フルーツのズッパ

今村裕一 ❖ リゴレッティーノ

チョコレートのラビオリ
（作りやすい分量）
ガナッシュ
├ ブラックチョコレート（ヴァローナ社 カライブ カカオ分66％）…200g
├ 牛乳 …130cc
├ 生クリーム（乳脂肪分38％）…30cc
└ バター …50g
ラビオリの生地（解説省略）
├ 小麦粉（00粉）…30g
├ 小麦粉（0粉）…180g
├ セモリナ粉 …50g
├ ココアパウダー …28g
├ 卵黄 …265g
└ グラニュー糖 …5g

フルーツのズッパ（作りやすい分量）
ランブルスコ*（中辛口）…750cc
A ┌ 水 …250cc
　├ グラニュー糖 …215g
　├ オレンジの皮 …1/2個分
　├ レモンの皮 …1/2個分
　├ ヴァニラビーンズ …1本
　├ ミント …4枚
　├ クローヴ …2粒
　└ スターアニス …2個
┌ シナモンスティック …1本
└ ショウガ …4g
オレンジ …2個
キウイフルーツ …5個
洋ナシ …2個
イチゴ …2パック
ブルーベリー …1パック

アスティ・スプマンテのジュレ
（作りやすい分量）
スプマンテ（アスティ）…750cc
グラニュー糖 …70g
ヴァニラビーンズ …1/2本
板ゼラチン …15g

仕上げ
ホワイトチョコとグラッパのジェラート《P.261》
金箔
ミント
飴細工の棒（解説省略）
食用花

＊：イタリア、エミリア=ロマーニャ州で古くから作られている天然の弱発泡性赤ワイン。ランブルスコ種のブドウ単一品種で作られ、甘口から辛口まである

チョコレートのラビオリ
1　ガナッシュを作る。ボウルにきざんだチョコレートを入れ、牛乳と生クリームを合わせて沸かしたものを少しずつ加え、混ぜ合わせる。バターを加えて混ぜ合わせ、フレキシパンに入れて冷蔵庫で冷やす。
2　ラビオリの生地を薄くのばし、直径5cmのラヴィオリ型で抜く。
3　2の生地2枚ずつでガナッシュを包み、生地がはがれないよう、縁をしっかりとおさえる。

フルーツのズッパ
1　ランブルスコを鍋で加熱してアルコール分をとばす。Aを加えて沸かす。
2　フルーツは果肉のみの状態にして一口大に切り、すべてボウルに入れる。そこに1を温かいうちに注ぎ入れ、そのまま冷ます。粗熱がとれたら冷蔵庫に1〜2日間おいてマリネする。

アスティ・スプマンテのジュレ

1 スプマンテを鍋で沸かし、沸騰したら弱火にして6分間煮る。
2 グラニュー糖、ヴァニラビーンズ、もどした板ゼラチンを加え、煮溶かす。
3 冷蔵庫で冷やし固める。

仕上げ

1 チョコレートのラビオリをゆでて水気をきる。やや深めの器に盛る。
2 **1**にフルーツのズッパをかけ、細かく砕いたアスティ・スプマンテのジュレ、ホワイトチョコとグラッパのジェラートを順にのせる。
3 ジェラートの上に金箔、ミントをのせる。器の縁に飴細工の棒を添え、上に食用花の花弁をのせる。

ショコラブラン《シエラ45％》、生姜、フレーズ・デ・ボワのフォンダン

森田一頼 🔹 リベルターブル

フォンダン・ショコラ・ブラン（作りやすい分量）
ビスキュイ・ショコラ・ブラン
- 卵黄 … 10g
- 卵白 … 30g
- グラニュー糖 … 25g
- ホワイトチョコレート（ルカカカオ社 シエラ カカオ分45％）… 80g
- バター … 50g
- 薄力粉 … 20g

フレーズ・デ・ボワとショウガのガナッシュ
- ホワイトチョコレート（ルカカカオ社 シエラ カカオ分45％）… 50g
- 野イチゴのピュレ … 25g
- フランボワーズのピュレ … 20g
- ショウガのコンフィ（市販品） … 適量
- 野イチゴ（ホール）… 適量

ショウガのムース・ショコラ・ブラン（作りやすい分量）
生クリーム（乳脂肪分35％）… 195g
ショウガ … 20g
牛乳 … 25g
卵黄 … 10g
グラニュー糖 … 5g
板ゼラチン … 3g
ホワイトチョコレート（ルカカカオ社 シエラ カカオ分45％）… 80g
ショウガの搾り汁 … 20g

ソルベ・プードル・ショコラ・ブラン（作りやすい分量）
ホワイトチョコレート（ルカカカオ社 シエラ カカオ分45％）… 60g
カカオバター … 30g
水 … 225g
生クリーム（乳脂肪分35％）… 70g
グラニュー糖 … 20g

仕上げ
ソルベ・ショコラ・ブラン《P.261》
ショウガのグラニテ《P.261》
野イチゴ（ホール）
フランボワーズのピュレ
食用花

フォンダン・ショコラ・ブラン

1 ビスキュイ・ショコラ・ブランを作る。
① 卵黄、卵白、グラニュー糖を合わせてすり混ぜる。
② チョコレートとバターをそれぞれ溶かして合わせ、①に加える。
③ ②に薄力粉を加えてさっくりと混ぜる。
2 フレーズ・デ・ボワとショウガのガナッシュを作る。
① 湯煎にかけて溶かしたチョコレート、軽く温めた野イチゴのピュレとフランボワーズのピュレを合わせて練り、バットに流す。
② ショウガのコンフィと野イチゴを①の上に散らし、冷蔵庫で冷やす。
3 直径4.5cmのセルクルを用意し、半分程度の高さまで**1**のビスキュイ・ショコラ・ブランを絞り入れる。**2**のガナッシュを丸く抜いたものを詰め、さらに**1**を絞り入れる。
4 **3**を160℃のオーブンで12分間加熱する。

ショウガのムース・ショコラ・ブラン

1 生クリーム170gにすりおろして水気をきったショウガを合わせ、2時間程度香りを移す。漉してハンドミキサーで泡立てる。
2 牛乳と生クリーム25gを合わせて沸かす。
3 卵黄とグラニュー糖を合わせてすり混ぜ、**2**を注ぎ入れる。火にかけ、かき混ぜながらとろみがつくまで加熱する。もどした板ゼラチンを加える。
4 溶かしたチョコレートと**3**を合わせて練り、ショウガの搾り汁を加える。
5 **1**を**4**に加えて混ぜ、冷蔵庫で一晩保管する。

ソルベ・プードル・ショコラ・ブラン

1 チョコレートとカカオバターを合わせて溶かす。
2 水、生クリーム、グラニュー糖を合わせて沸かし、**1**に加えてガナッシュを作る要領で練る。
3 **2**をパコジェットの専用容器に入れて冷凍し、提供直前にパコジェットにかける。

仕上げ

1 器にフォンダン・ショコラ・ブラン、クネル形にとったショウガのムース・ショコラ・ブラン、ソルベ・ショコラ・ブラン、ショウガのグラニテを盛りつけ、野イチゴ、フランボワーズのピュレ、食用花を散らす。
2 ソルベ・プードル・ショコラ・ブランをかける。

ガトーショコラロワイヤル

都志見セイジ ❖ ミラヴィル インパクト

粉を使わない生地を低温で湯煎焼きにし、ほろほろと口の中で崩れてとろけるガトーショコラに。オーソドックスな組合せであるヴァニラアイスをあえて合わせ、シンプルながらも奥深いおいしさを味わってもらう。仕上げにフルーツを散らし、華やかに。

滑らかなタルトショコラに エピスの香りを添えて ミルクのアイスとともに

奥村充也 ❖ レストラン タテル ヨシノ 銀座

やわらかく焼き上げたチョコレートのアパレイユを提供前にフィユタージュと重ね、口の中で溶けるほどやわらかく炊いた洋ナシのコンフィを合わせる。スパイスを加えて泡立てた牛乳のソースが軽やかな風味とエキゾチックな香りを添える。

トリュフィーヌ

都志見セイジ ❖ ミラヴィル インパクト

トリュフに見立てたチョコレートがけのパイ生地にナイフを入れると、中からコニャックに漬け込んだマロングラッセとトリュフの香りがあふれ出す贅沢なデザート。トリュフ風味のコニャックを入れたホットミルクを添えて供する。

ガトーショコラロワイヤル

都志見セイジ ❖ ミラヴィル インパクト

ガトーショコラ（20人分）
（6.5×7×30cmのテリーヌ型2台分）
ブラックチョコレート（ヴァローナ社 カライブ カカオ分66％）… 410g
バター … 100g
卵黄 … 8個分
グラニュー糖 … 130g
生クリーム（乳脂肪分38％）… 250cc
卵白 … 5個分

ソース・アングレーズ（20人分）
卵黄 … 12個分
グラニュー糖 … 100g
牛乳 … 1ℓ
ヴァニラビーンズ … 2本

ヴァニラアイスクリーム（20人分）
卵黄 … 12個分
グラニュー糖 … 450g
牛乳 … 1ℓ
ヴァニラビーンズ … 2本
生クリーム（乳脂肪分38％）… 500cc

ガトーショコラ

1 チョコレートとバターを合わせて湯煎にかけ、溶かす。
2 卵黄とグラニュー糖65gを白っぽくなるまで混ぜ、**1**に加え混ぜる。
3 生クリームを六分くらいに泡立てる。卵白は少し立ててグラニュー糖65gを2〜3回に分けて加え、メレンゲを作る。
4 **2**に泡立てた生クリーム、メレンゲを順に加え、気泡をつぶさないように混ぜる。
5 180℃のオーブンで22分間焼き、150℃に下げて14分間焼く。

ソース・アングレーズ

1 卵黄とグラニュー糖を白っぽくなるまで混ぜる。
2 鍋に、牛乳とヴァニラビーンズを入れて沸かし、**1**に加え混ぜる。
3 再び鍋に戻して弱火で加熱し、卵に火が入る直前（少しとろみがでてきた程度）で火からおろし、漉す。氷水にあてて冷ます。

ヴァニラアイスクリーム

ソース・アングレーズの**1**〜**3**と同様にし、完全に冷めたら六分立てにした生クリームを加え混ぜ、アイスクリームマシンにかける。

滑らかなタルトショコラに
エピスの香りを添えて　ミルクのアイスとともに

奥村充也 ❖ レストラン タテル ヨシノ 銀座

パート・フイユテ（20人分・60×40cmの天板2台分）
A ┌ 薄力粉 … 500g
　├ 強力粉 … 500g
　├ 塩 … 20g
　├ バター … 50g
　└ 水 … 500g
バター（折り込み用）… 80g

アパレイユ（20人分）
生クリーム（乳脂肪分35％）… 1ℓ
牛乳 … 400g
ブラックチョコレート（ヴァローナ社 カラク カカオ分56％）… 1kg
卵白 … 150g
卵黄 … 100g

マルムラード・オランジェ（20人分）
オレンジ … 7個
レモン … 1個
グラニュー糖 … 500g
水飴 … 100g
水 … 500g

洋梨のコンフィ（20人分）
洋ナシ … 5個
バター … 300g

ソース・ヴァニーユ（20人分）
生クリーム（乳脂肪分35％）… 100g
ヴァニラビーンズ … 1/4本
卵黄 … 35g
グラニュー糖 … 20g

ソース・ショコラ（20人分）
水 … 150g
グラニュー糖 … 250g
カカオパウダー … 100g
生クリーム（乳脂肪分35％）… 150g
ゼラチン … 15g

エピス風味の牛乳の泡（20人分）
牛乳 … 500g
グラニュー糖 … 35g
ゼラチン … 9g
キャトルエピス … 適量

グラス・レ・コンサントレ（20人分）
牛乳 … 500g
脱脂粉乳 … 440g
生クリーム（乳脂肪分35％）… 600g
水飴 … 175g
トリモリン（転化糖）… 150g

パート・フイユテ

1 **A**でデトランプをつくり、折り込み用のバターを折り込んで三つ折りを6回する。
2 厚さ2mmにのばし、10cm×2cmの棒状にカットして180℃のオーブンで15分焼く。焼いてから、スライスして土台と飾りに分ける。

アパレイユ

1 生クリームと牛乳を沸かし、溶かしたチョコレートに加え混ぜ、乳化させる。卵白と卵黄を加え、スティックミキサーでしっかりと撹拌し、漉す。
2 フレキシパンに約1cmの厚さに流し、100℃のオーブンで1時間焼く。10cm×2cmの棒状に切り分ける。

マルムラード・オランジェ

1 鍋にオレンジ、レモン、水（分量外）を入れ、苦みがなくなるまでゆでる。
2 別の鍋にグラニュー糖、水飴、水を入れて加熱し、シロップを作る。
3 **2**の鍋に**1**のオレンジとレモンを入れ、弱火で30分間煮る。
4 冷めてからミキサーにかけ、漉す。

洋梨のコンフィ

洋ナシは皮と芯を除いて、適宜に切り分ける。鍋にバターを

ソース・ヴァニーユ

1 鍋に生クリームとヴァニラビーンズを入れて沸かす。
2 卵黄とグラニュー糖を泡立てた中に **1** を加え混ぜ、鍋に戻して加熱する。シノワで漉して冷ましておく。

ソース・ショコラ

1 水とグラニュー糖を沸騰させ、カカオパウダーを加え1〜2分間煮る。
2 生クリームを加えて再度沸騰させ、最後にもどしたゼラチンを加えて溶かし、漉す。

エピス風味の牛乳の泡

1 牛乳にグラニュー糖、もどしたゼラチンを加えて溶かし、バットなどに流して冷やし固める。
2 注文ごとにミキサーで泡立て、キャトルエピスを加え、軽く混ぜる。

グラス・レ・コンサントレ

1 すべての材料を混ぜ合わせ、水飴とトリモリンを溶かす。
2 パコジェットの専用容器に入れて冷凍し、提供直前に粉砕する。

仕上げ

1 皿にソース・ヴァニーユとソース・ショコラを流し、マルムラード・オランジェをぬる。
2 土台のパート・フイユテにアパレイユをのせ、100℃のオーブンで5分間ほど温めて皿に盛る。洋梨のコンフィも同様にして温めて添える。
3 ピスタチオ（分量外）をソースの周りにふり、エピス風味の牛乳の泡をタルトの端から流れるように添える。アパレイユの上に飾りのパート・フイユテをずらしてのせ、グラス・レ・コンサントレをクネル形にとって添える。

トリュフィーヌ

都志見セイジ ❖ ミラヴィル インパクト

トリュフ風味のマロングラッセ
（作りやすい分量）

トリュフ … 100g
コニャック … 100cc
マロングラッセ … 8個

クレーム・ダマンド
（作りやすい分量）

バター … 400g
粉糖 … 400g
全卵 … 400g
アーモンドパウダー … 400g

トリュフ風味のコニャックミルク
（各適量）

牛乳
シロップ
トリュフを漬けたコニャック
カカオパウダー

トリュフィーヌ（1人分）

ガトーショコラ《左ページ》 … 10g
トリュフ風味のマロングラッセ（上記） … 10g
トリュフ … 1cm四方の角切り1個 ＋みじん切り適量
クレーム・ダマンド … 20g
クレーム・パティシエール（解説省略） … 10g
バター … 適量
フイユタージュ（市販） … 1枚（50g）

仕上げ

グラサージュ・ショコラ（解説省略）
ホワイトチョコレート
（カカオバリー社 カカオ分34％）
シュクレフィレ（飴細工。解説省略）
├ 水飴 … 2
├ グラニュー糖 … 3
└ 水
カダイフ
セルフイユ
金箔
チョコレートのプレート（解説省略）

トリュフ風味のマロングラッセ

1 アルコール消毒した空瓶に、トリュフとコニャックを入れて数日間漬けこむ。
2 別の空瓶にマロングラッセを入れ、**1**のコニャックを入れて数日間漬けこむ。

クレーム・ダマンド

1 ポマード状にしたバターに粉糖を加えて混ぜる。
2 ときほぐした卵を少しずつ加え混ぜ、アーモンドパウダーを加えて混ぜ合わせる。

トリュフ風味のコニャックミルク

牛乳にシロップ、トリュフを漬けていたコニャック各少量を加えて沸かす。器に注ぎ、カカオパウダーをふる。

トリュフィーヌ

1 ラップフィルムにガトーショコラを平らにつぶして置き、トリュフ風味のマロングラッセと角切りのトリュフを包んで冷蔵庫で冷やしてしめる。
2 クレーム・ダマンドとクレーム・パティシエールを合わせ、トリュフのみじん切りを加え混ぜる。
3 ラップフィルムに**2**を広げ、冷やしておいた**1**を包み、再度冷蔵庫で冷やし固める。
4 アルミ箔にバターをぬり、8cm四方に切ったフイユタージュをのせて**3**を包む。さらにアルミ箔で包み、冷蔵庫で冷やしておく。

仕上げ

1 トリュフィーヌを220℃のオーブンで20分間焼く。グラサージュ・ショコラを全体にかけ、溶かしたホワイトチョコレートを少量かける。
2 カダイフをセルクルで抜いてオーブンで焼き、皿に置いてその上にトリュフィーヌをのせる。トリュフィーヌに丸めたシュクレフィレをのせ、セルフイユと金箔を散らす。チョコレートのプレートをシュクレフィレに挿し、トリュフ風味のコニャックミルクを添える。

パンフォルテ
辻 大輔 ❖ コンヴィヴィオ

「強いパン」という意味のトスカーナ州シエナの伝統菓子。ドライフルーツやナッツが詰まったどっしりとした生地が特徴だ。スパイスをきかせたネーロ、香辛料抜きのマルゲリータがあるが、これはチョコレート味に仕立てたもの。

ム・パナティッギ
星山英治 ❖ ヴィルゴラ

シチリアのラグーザ・モディカ地区の伝統菓子として伝わる、牛肉入り焼き菓子を再現。ほとんど甘みのないチョコレートでナッツと牛肉を和えてスパイスで香りづけし、サクサクとした生地で包んで焼き上げる。酸味のあるドライプルーンを赤ワインで煮てソースとし、甘い芳香の洋ナシを添える。

サラーメ・ディ・チョッコラート

辻 大輔 :• コンヴィヴィオ

チョコレートやバターなどに砕いたクッキーを混ぜてサラミを模した伝統菓子。この家庭的な菓子にトスカーナを意識したアレンジを加え、レストランのデザートに。クッキーはトスカーナパンにかえ、交易などによる繁栄でスパイスをふんだんに使えたトスカーナの歴史を踏まえ、サフランで色づけしたソース・アングレーズを添える。

パンフォルテ

辻 大輔 ❖ コンヴィヴィオ

パンフォルテ（20cm×25cmの型1台分）

チョコレート（カカオバリー社ミアメール カカオ分58%）… 100g
ハチミツ（クリ）… 115g
グラニュー糖 … 80g
水 … 25g
中力粉 … 55g
シナモンパウダー … 10g
ココアパウダー … 大さじ1
イチジク（乾燥）… 90g
オレンジの皮（砂糖漬け）
クルミ … 適量
ヘーゼルナッツ … 適量
アーモンド（皮なし）… 適量

仕上げ

粉糖
イチジク（乾燥）
ヘーゼルナッツ
クルミ
ローズマリーの葉

パンフォルテ

1 ボウルに細かくきざんだチョコレート、ハチミツ、グラニュー糖、水を入れ、湯煎にかけて溶かす。
2 別のボウルに中力粉、シナモンパウダー、ココアパウダーを加えて混ぜ合わせる。
3 **1**に細かくきざんだイチジクとオレンジの皮、クルミとヘーゼルナッツとアーモンド、**2**を順に加えてそのつど混ぜる。
4 20cm×25cmの長方形の型にオーブンペーパーを敷き、**3**を流し入れる。160℃のオーブンで45分間焼く。

仕上げ

パンフォルテを型からはずす。3cm×15cmほどの大きさにカットし、粉糖をふって皿に盛る。周囲にイチジクとナッツ類を飾りつけ、ローズマリーの葉を添える。

ム・パナティッギ

星山英治 ❖ ヴィルゴラ

ム・パナティッギ（10人分）

生地
├ 強力粉 … 500g
├ グラニュー糖 … 125g
├ 全卵 … 1個
├ ラード … 100g
└ 水 … 約100cc

リピエノ
├ アーモンド（皮なし）… 200g
├ クルミ（皮なし）… 100g
├ 牛肉（腿肉など赤身の部位）… 200g
├ ブラックチョコレート（大東カカオ社カカオマス カカオ分97%）… 100g
├ グラニュー糖 … 100g
├ クローヴパウダー … 2粒分
└ シナモンパウダー … 5g

卵白 … 適量

ソース・アングレーズ（作りやすい分量）

卵黄 … 5個分
グラニュー糖 … 100g
牛乳 … 500cc

プルーンのペースト（作りやすい分量）

ドライプルーン … 500g
赤ワイン … 700cc
グラニュー糖 … 70g
シナモンスティック … 適量
ヴァニラビーンズ … 1本
レモン … 1個

仕上げ

粉糖
洋ナシ（ラ・フランス）
シナモンパウダー

ム・パナティッギ

1 生地を作る。
① ボウルに強力粉、グラニュー糖、全卵、溶かしたラードを入れて混ぜ、水を少しずつ加えてかたさを調整しながら中速のミキサーで10～15分間こねる。やわらかめのパスタ生地くらいのかたさを目安にこね上げる。
② ①を丸くまとめてラップフィルムで包み、常温で1時間やすませる。
③ ②を2～3mmの厚さにのばし、直径8cmのセルクルで丸く抜く。
2 リピエノを作る。
① アーモンドとクルミをそれぞれフード・プロセッサーにかけ、細かく砕く。
② 牛肉をフード・プロセッサーにかけて細かくきざむ。
③ ボウルに①と②、湯煎で溶かしたチョコレート、グラニュー糖、クローヴパウダー、シナモンパウダーを合わせてムラがなくなるまで手で混ぜる。

3 セルクルで抜いた**1**の生地の片面に溶いた卵白をぬり、リピエノをのせて半折りにして包み、生地の弧の部分をフォークで押しつぶすようにして接着させる。生地の具が包まれている部分に長さ2〜3mmの切れ目を入れる。
4 **3**を180℃に熱したオーブンで20分間焼く。

ソース・アングレーズ

1 ボウルに卵黄とグラニュー糖を入れ、白っぽくなるまですり混ぜる。
2 鍋に牛乳を入れて火にかけ、沸騰直前まで温める。
3 **1**に**2**を少しずつ加えて混ぜ、漉す。鍋に移して火にかける。
4 **3**を木ベラで混ぜながらとろみが出るまで加熱する。

プルーンのペースト

1 鍋にドライプルーン、赤ワイン、グラニュー糖、シナモンスティック、ヴァニラビーンズ、皮をむいて輪切りにしたレモンを入れて火にかけ、プルーンがやわらかくなるまで煮る。
2 やわらかくなったプルーンを取り出してフード・プロセッサーにかけ、裏漉しする。

仕上げ

1 180℃のオーブンにム・パナティッギを入れて温め、粉糖をふる。
2 器にソース・アングレーズを敷き、**1**を盛る。
3 **2**に、プルーンのペーストと皮をむいて拍子木に切った洋ナシを添え、シナモンパウダーをふる。

サラーメ・ディ・チョッコラート
辻 大輔 ● コンヴィヴィオ

サラーメ・ディ・チョッコラート（直径6cm×長さ12cmのサラミ形1本分）

トスカーナパン（解説省略）… 30g
ヴィンサント* … 適量
ブラックチョコレート（カカオバリー社ミアメール カカオ分58%）… 40g
バター … 40g
グラニュー糖 … 40g
卵黄 … 1個分
ココアパウダー … 60g
エスプレッソ … 30cc
生クリーム（乳脂肪分36%）… 適量

仕上げ（1人分）

サフランソース
├ ソース・アングレーズ（解説省略）… 20g
├ サフラン（粉末）… 1g
ラム … 10g
干しブドウのラム酒漬け … 5g
サフランパウダー … 適量

＊：トスカーナを代表するデザートワイン

サラーメ・ディ・チョッコラート

1 トスカーナパンを角切りにし、ヴィンサントに軽く浸す。
2 ボウルに細かくきざんだチョコレートを入れ、湯煎で溶かしておく。
3 別のボウルで、常温にもどしたバターとグラニュー糖を混ぜ合わせる。
4 **3**に卵黄をなじませた後、**2**とココアパウダーを順に入れて混ぜ合わせる。エスプレッソ、生クリームを加えて混ぜ合わせ、最後に**1**を入れてざっくりと混ぜる。
5 **4**をラップフィルムの上に置いてサラミ形に成形し、冷蔵庫に一晩おく。

仕上げ

1 サフランソースを作る。ソース・アングレーズにサフランパウダー、ラムを加えて混ぜ合わせる。
2 皿の中央に**1**のソースを、その周辺に干しブドウのラム酒漬けとその漬け汁を配す。
3 中央に、約1cmの厚さに切ったサラーメ・ディ・チョッコラートを置く。サフランをふる。

ビスキュイ・クーラン・ショコラ

鎧塚俊彦 ❖ トシ ヨロイヅカ ミッドタウン

ビスキュイの中にはユズのクーリをしのばせ、ナイフを入れるとトロッとしたチョコレートが流れ、さわやかな柑橘の香りが立ちのぼる仕立てに。コアントロー風味のミカンのソース、オレンジの果肉、ユズとチョコレートの2種のアイスクリーム、チョコレートのラングドシャを添えて提供。

マール酒の香る
クリームムースチョコレート
オレンジ
グリオットチェリー風味

高井 実 ❖ レストラン ヴァリエ

イメージしたのは「軽やかなフォンダン・ショコラ」。ごく薄いテュイルの中にクレーム・ブリュレと気泡たっぷりのチョコレートムースを重ねている。テュイルの底にはマールをたっぷりと含ませたパート・ダマンドを敷き、酒好きのお客にもアピールする一品に。

Fujiyaの
ボンボンチョコレート
藤原哲也 ❖ Fujiya 1935

約15皿で構成する夜のコースの最後の3〜4皿で提供する小菓子。できたてのボンボンショコラの口溶け感、香りを表現すべく、30℃に温めたガナッシュをレアな状態に固め、口に入れた瞬間に溶ける趣向に。

オペラオランジュ
田中督士 ❖ サンパ

重くなりがちなチョコレート菓子をオレンジの風味で軽快な仕立てに。ビスキュイに挟むバタークリームにイタリアン・メレンゲを合わせ、オレンジピールのコンフィを加えている。仕込みには手間がかかるが、切って盛るだけなので、忙しいときでもブレない味わいを提供できる。《レシピ→P.258》

チョコレート | *107*

ビスキュイ・クーラン・ショコラ

鎧塚俊彦 ❖ トシ ヨロイヅカ ミッドタウン

ビスキュイ（30人分）
ブラックチョコレート（カオカ社 サントメ カカオ分66％）… 475g
発酵バター … 450g
全卵 … 15個
グラニュー糖 … 750g
薄力粉 … 225g

ユズのクーリ（作りやすい分量）
ユズのピュレ（解説省略）… 1kg
レモン果汁 … 100cc

チョコレートのアイスクリーム（約40人分）
牛乳 … 1.8ℓ
生クリーム（乳脂肪分32％）… 200g
脱脂粉乳 … 95g
グラニュー糖 … 230g
転化糖（トレモリン）… 180g
安定剤（イナゲルC−200）… 12g
ブラックチョコレート（カオカ社 サントメ カカオ分66％）… 490g

ユズのアイスクリーム（12人分）
ソース・アングレーズ《P.166》… 300g
ユズのピュレ … 80g

チョコレートのラング・ド・シャ（100人分）
発酵バター（ポマード状）… 100g
グラニュー糖 … 100g
卵白 … 100g
薄力粉 … 70g
ココアパウダー … 30g

ミカンのソース（30人分）
ミカン … 3個
シロップ（水2：砂糖1）… 50g
オレンジ果汁 … 80g
コアントロー … 10g

仕上げ
オレンジ（果肉）
ココアパウダー
アマナツのパウダー（市販品）
粉糖

ビスキュイ
1 チョコレートと発酵バターを合わせ、湯煎にかけて溶かす。
2 全卵を溶き、グラニュー糖をすり混ぜて人肌まで温める。
3 2に1を合わせ、ふるった薄力粉を加えて粉っぽさがなくなるまでさっくりと混ぜる。

ユズのクーリ
ユズのピュレにレモン果汁を加え、フレキシパンに流して冷凍庫で固める。

チョコレートのアイスクリーム
1 牛乳、生クリーム、脱脂粉乳を鍋に入れて火にかけ、30℃になったらグラニュー糖の半量と転化糖を加える。45℃になったら、残りのグラニュー糖に安定剤を混ぜたもの、チョコレートを加え、約82〜85℃まで温度を上げる。
2 1をハンドミキサーでよく混ぜ合わせ、火からおろして粗熱をとる。冷蔵庫で12時間ほどねかせてから、ソルベマシンにかける。

ユズのアイスクリーム
ソース・アングレーズにユズのピュレを合わせ、ソルベマシンにかける。

チョコレートのラング・ド・シャ
1 発酵バターにグラニュー糖を加えてよく混ぜる。
2 1に、人肌くらいに温めた卵白を少しずつ加える。
3 2に薄力粉とココアパウダーを合わせてふるったものを加えて混ぜ合わせる。
4 3をシャブロン型にすり込み、160℃のコンベクションオーブンで10〜12分間焼く。

ミカンのソース
1 ミカンはヘタを取って、水から3回ゆでこぼす。
2 1とシロップをフード・プロセッサーにかけ、オレンジ果汁とコアントローを加えてよく混ぜ合わせる。

仕上げ
1 直径5.5cmのセルクルにオーブンペーパーを敷き、ビスキュイを1/3の高さまで絞る。
2 1の上にユズのクーリを入れ、上からビスキュイを絞り、200℃のコンベクションオーブンで7分30秒間焼く。
3 皿にミカンのソースを敷いて、細かく切ったオレンジの果肉をのせる。
4 ソースの周囲にココアパウダー、アマナツのパウダーをふる。
5 焼き上がった2に粉糖をふって皿の中心に置き、チョコレートのアイスクリームとユズのアイスクリームを添える。アイスクリームの上に、粉糖をふったチョコレートのラング・ド・シャをのせる。

マール酒の香るクリームムースチョコレート オレンジ グリオットチェリー風味

高井実 ❖ レストラン ヴァリエ

チョコレートテュイルケース（作りやすい分量）
A ┌ 卵白 … 3個分
  │ 粉糖 … 150g
  │ 薄力粉 … 50g
  └ 溶かしバター … 125g
B ┌ 粉糖 … 250g
  │ 薄力粉 … 60g
  └ ココアパウダー … 20g
C ┌ オレンジ果汁 … 95cc
  └ 溶かしバター … 90g

クレーム・ブリュレ（作りやすい分量）
卵黄 … 4個分
グラニュー糖 … 180g
牛乳 … 250cc
生クリーム（乳脂肪分46％）… 250cc
水 … 少量

クレーム・ダマンド（作りやすい分量）
バター（ポマード状にする）… 400g
粉糖 … 320g
サワークリーム … 40g
ヴァニラオイル … 4g
全卵 … 216g
卵黄 … 40g
アーモンドパウダー … 480g
干しブドウ … 適量

チョコレートムース（作りやすい分量）
牛乳 … 480cc
卵黄 … 4個分
ゼラチン … 6g
ブラックチョコレート（カカオバリー社 ルノートル・コンコルド66 カカオ分66％）… 280g
ココアパウダー … 20g
リキュール（チェリーマルニエ）… 60cc
生クリーム（乳脂肪分46％）… 360cc

仕上げ
マール
グリオットチェリー
オレンジのコンフィ（解説省略）
ミント
オレンジシュガー*

*：グラニュー糖に、細かくすりおろしたオレンジの皮を加え混ぜたもの

チョコレートテュイルケース

1　ボウルに**A**の溶かしバター以外の材料すべてを入れて混ぜる。
2　全体がムラなく混ざったら、溶かしバターを加え混ぜてやすませる。
3　別のボウルに**B**の材料すべてを入れて混ぜ、**C**を加えてやすませる。
4　**2**と**3**を混ぜ合わせ、長方形に流して155℃のスチコンで7分間焼く。
5　焼き上がったら、熱いうちにセルクルなどに巻きつけて筒状にする。

クレーム・ブリュレ

1　ボウルに卵黄とグラニュー糖60gを入れて混ぜ、白っぽくなるまですり混ぜる。
2　鍋に牛乳と生クリームを合わせて入れ、火にかけて温める。**1**にゆっくりと加えながら混ぜる。
3　別鍋に水とグラニュー糖120gを入れて火にかけ、溶けて透明になったらバットに流し入れ、冷やし固める。
4　**3**に**2**を流し入れ、83℃のスチコンで加熱する。

クレーム・ダマンド

1　ボウルにバターと粉糖を入れて混ぜ、白っぽくなるまですり混ぜる。
2　**1**にサワークリームとヴァニラオイルを加えて混ぜる。
3　別のボウルで全卵と卵黄を合わせて混ぜ、室温にする。これを**2**に少しずつ加え、混ぜながら乳化させる。
4　**3**にアーモンドパウダーを加え混ぜ、冷蔵庫で1日やすませる。
5　**4**をバットに広げて干しブドウをのせ、160℃のスチコンで15分間焼く。

チョコレートムース

1　鍋に牛乳と卵黄を入れて混ぜ、弱火にかけ木ベラで混ぜながら83℃まで加熱する。
2　**1**にもどしたゼラチンを加えて裏漉しし、きざんだチョコレートを少量ずつ加えて溶かす。
3　**2**にカカオパウダーとリキュールを加えた後、しっかりと冷ます。
4　生クリームを十分立てにして、半量を**3**に加えて混ぜる。ムラなく混ざったら、残りの生クリームを加えて混ぜ、容器に入れて冷蔵庫で冷やし固める。

仕上げ

1　クレーム・ダマンドにマールを打ち、チョコレートテュイルケースに詰める。
2　**1**の上にチョコレートムースを詰め、グリオットチェリーをのせ、さらにチョコレートムースを重ね入れる。
3　スライスしたオレンジのコンフィの表面をバーナーであぶり、カラメリゼする。
4　**3**の上にクレーム・ブリュレを入れ、最後に**3**のコンフィをのせて蓋にし、ミントを添える。
5　器に**4**を盛り、オレンジシュガーを添える。

Fujiyaのボンボンチョコレート

藤原哲也　Fujiya 1935

ガナッシュ（約20個分）

卵黄 … 1 1/2個分
粉糖 … 25g
生クリーム（乳脂肪分47%）… 65g
ヴァニラビーンズ … 1/2本
ブラックチョコレート（チョコビック社タラカン　カカオ分75%）… 75g
ミルクチョコレート（チョコビック社ナヤリット　カカオ分37%）… 75g
バター … 25g
カルヴァドス … 25g

仕上げ

ブラックチョコレート（ヴァローナ社エクストラ・ビター　カカオ分61%）

ガナッシュ

1　ボウルに卵黄と粉糖を入れてすり混ぜる。
2　生クリーム、ヴァニラビーンズのさやとこそげた種を鍋に入れ、温める。
3　**1**に**2**の半量を加えて混ぜ、全体が混ざったら残りを加え混ぜる。
4　**3**を**2**の鍋に戻し、火にかけて煮詰める。
5　**4**に軽くとろみがついて80℃まで温度が上がったら火からおろす。チョコレート2種をきざみ、湯煎にかけて半分くらい溶けた状態のものを加えて乳化させる。
6　ボウルに**5**を移し、温度が50〜60℃に下がったら、バターを加え混ぜ、全体が均一に乳化した状態になったらカルヴァドスを加えて混ぜる。
7　**6**を保温庫に入れ、30℃に保温する。

仕上げ

1　ガナッシュをスプーンでゆるやかな山状にすくい取り、液体窒素に浸して固める。中まで完全に固めず、中心はトロリとした状態とする。
2　ブラックチョコレートを溶かして保温しておき、そこに**1**をくぐらせる。余分なチョコレートを落とし、再び液体窒素に浸して表層を冷やし固める。
3　**2**を半分に切って器に盛る。

チョコレート
基礎技術講座

チョコレートはレストランのデザートに欠かせない素材。
ここでは菓子工房オークウッドの横田秀夫氏に、
なめらかな口溶けに欠かせないテンパリングと
飾りチョコレートの作り方をご指導いただく。

チョコレートのテンパリング

飾り用チョコレートなど、チョコレートそのものを固めて使うときに必要なテンパリングは、チョコレートの結晶をきれいにそろえるためには欠かせない作業。失敗すると、ザラついた舌ざわりでツヤのない仕上がりになってしまう。小規模な厨房では、ボウルを氷水にあてながら温度調節する手法がおすすめ。温度はカカオの含有量や銘柄などにもよるので、あくまで目安に。余ったチョコレートは次にテンパリングするときに半量を目安に混ぜるといい。

1 ブラックチョコレートを細かくきざんでボウルに入れ、約60℃の湯せんにかけて溶かす。

2 1のボウルを氷水にあて、木ベラでまんべんなく混ぜ続ける。縁のほうから固まってくるので、削りとるようにしながら混ぜていく。

3 底でチョコレートが固まり出し、木ベラで混ぜてもボウルの底が見えなくなったら、氷水からはずして混ぜ続ける。底や縁以外は温度が高いので、また溶けてくる。

4 さらに2〜3を何回かくり返しながら、チョコレートの温度を27〜28℃まで下げる。全体的にもったりと固まりかけている状態になる。

5 このままではどんどん固まってしまうので、直火の遠火にボウルの底を軽くあて、30〜32℃まで温度を上げてから使用する。

ホワイトチョコレートのテンパリング

ホワイトチョコレートの場合は、26〜27℃まで温度を下げ、27〜29℃に上げてから使う。ちなみに、ミルクチョコレートの場合は、27〜28℃まで温度を下げ、29〜30℃に上げてから使う。

チョコレート飾りを作る

チョコレートの飾りは15〜20℃の室温で3ヵ月をめどに保存できる。チョコレートは湿度を嫌うので、保管は基本的には室温が望ましいが、夏場など厨房が30℃を超える場合には、冷蔵庫で保管を。その際は湿度を避けるため、必ず密封容器に入れること。

シート状

1 天板をひっくり返して底を使う。すべり止めにアルコールスプレーを吹きかけてから、OPPシート(フィルム)を敷く。
2 テンパリングしたチョコレートを適量流し、L字パレットでごく薄くのばす。向こう側、手前…とくり返して均一にのばしていく(写真a〜c)。
3 できる限り薄くのばしたら、上からOPPシートを空気が入らないようにかぶせ、カードでさらにむらなくのばす(写真d)。1mm厚さくらいを目安に。このまま常温(15〜20℃)で固める。
4 OPPシートをはがし、適当な大きさに割る(写真e)。

うずまき形

1 天板をひっくり返して底を使う。すべり止めにアルコールスプレーを吹きかけてから、OPPシートを敷く。
2 OPPシートでコルネをつくり、テンパリングしたチョコレートを入れる。
3 コルネの先端をハサミで細くカットし、シートの上に直径5cmのうずまき形に絞り出す(写真f)。このまま常温で固める。
4 OPPシートからはがして使う(写真g)。

ハート形

1 テンパリングしたホワイトチョコレートを上記の「シート状」の工程1〜3を参考にシート状にする(写真h・i)。
2 シートをはがし、適度な大きさにカットする(写真j・k)。
3 ハート形のぬき型の縁をガスバーナーで温め、抜く(写真l・m)。

チョコレートを使いつくす

多彩な味わいを生み出すことが可能なチョコレート。
その使い分けについて菓子工房オークウッドの横田秀夫氏にうかがった。
あわせて、菓子工房オークウッドに併設のカフェ オークウッドの人気デザートセット
「アフタヌーンティー」をアレンジし、チョコレートづくしのデザートセットをご紹介いただく。

チョコレートアフタヌーンティー
《レシピ→P.114》

チョコレートを使った7品を盛り合わせたアフタヌーンティーセット。ブラック、ミルク、ホワイトチョコレートを使い分けて苦みから甘みまで味わいに幅を持たせ、氷菓やホッとドリンクを入れることで温度差を出し、すべて異なる食感の菓子で構成。チョコレートを飽きずに楽しく食べられるように工夫をこらしている。

チョコレートは多彩な味わいや役割をもつ素材です。いわゆる、「チョコレート味」のなかには、苦みや甘み、酸味が混在していて、そこに香りもからんできます。だからこそ、一素材でも、今回ご紹介したようなチョコレートづくしのセットメニューが作れます。

チョコレートをデザートにうまく使うには、まず「ブラック」「ミルク」「ホワイト」の3つの特徴をつかむといいでしょう。「ブラックチョコレート」は苦みが強いので、それを生かしながらも食べやすくするために、砂糖をバランスよく配合する必要があります。ブラックチョコレートを使った苦みの強いデザートほど、じつは砂糖の配合量も多かったりするのです。苦みを調整するためには、生クリームを合わせて油脂分でまろやかに感じさせるのも一つの手段です。

「ミルクチョコレート」はブラックに比べると甘みがあるので、そのためにキレが悪く中途半端な味になることがあります。これを避けるためには、組み合わせる素材を工夫すること。今回は「ミルクチョコレートとコーヒーのクレームブリュレ」で使いましたが、一例として、苦みを補強する素材としてコーヒーを組み合わせると味のバランスがとれます。

また「ホワイトチョコレート」はミルキーなもち味を大切にしつつも、甘ったるいだけの印象にならないようにしなければなりません。フランボワーズのように酸味の強いフルーツを合わせたり、食感も楽しめるように薄く成形したりするといいでしょう。ほかのチョコレートに比べて凝固力がやや弱いので、ムースなどに使うときにはゼラチンを若干多めに配合します。

心地よい苦みと感じてもらえるか、苦すぎと思われてしまうか。濃厚でチョコレートのおいしさを堪能できるか、それとも、ヘビーと思われてしまうか。これはチョコレートのデザートの分かれ道。チョコレートの個性を発揮させながら、どこかに食感や香ばしさといったアクセントやキレを表現することを忘れないようにしてください。(横田氏)

A ホットチョコレート
《レシピ→P.114》

あらかじめ仕込んでおいたガナッシュを温かい牛乳で溶けたもの。チョコレートデザートには、この他にコーヒーや濃い目のアッサムのミルクティーなどがおすすめ。

B チョコマカロン
(解説省略)

生地、サンドするガナッシュともにカカオ分55%のブラックチョコレートを使用。チョコの油脂がマカロン生地の気泡を消すので、メレンゲは多めに配合している。

C チョコプティシュー
《レシピ→P.114》

チョコレート味のクレーム・パティシエール(カスタードクリーム)は、意外に作る人が少ない。それは、クレーム・パティシエール自体が甘いため、カカオ分の高いチョコレートを配合しても甘ったるい味になりがちだから。これを解消するために、カカオマスを使ってチョコレートの苦みのみを生かす。シュー生地にはカカオパウダーでつくったチョコマカロン生地で香ばしさをプラス。

D チョコとジャンドゥージャのケーキ
(解説省略)

カカオ分70%のブラックチョコレートと卵を蒸し焼きした、ねっちりと濃厚な焼き菓子。中心にはジャンドゥーヤ&フイヤンティーヌと、ミルクチョコレートのガナッシュが。

E チョコレートムースアイスとピスタチオのアイスクリーム
《レシピ→P.114》

メレンゲと生クリーム、パータ・ボンブの気泡をたっぷり含んだ「ムースアイスクリーム」ならば、冷凍しても適度にやわらかく、すぐに盛り付けられる。日もちするので、まとめて仕込みもできる。カカオ分70%の苦みのあるチョコレートを使っているが、生クリームや卵の油脂で緩和されて味わいはおだやか。

皿盛りデザートにアレンジ

2層仕立てにしていたピスタチオアイスを、スプーンでクネル形にとってチョコレートムースアイスの上に盛り付ける。ピスタチオのソースを敷き、チョコレートのシートを飾る。

F ミルクチョコとコーヒーのクレーム・ブリュレ
《レシピ→P.115》

カカオ分40%のミルクチョコレートで、やさしい味わいの誰にでも食べやすいクレーム・ブリュレに。ただしミルクチョコレートはブラックチョコレートに比べて、甘みがあるぶんキレが悪い印象になりかねない。苦みの強いインスタントコーヒーを加えると、不思議なほどにチョコレートの香りや苦みが引き立ち、味わいに奥行きが出る。

皿盛りデザートにアレンジ

「ミルクチョコとコーヒーのクレームブリュレ」の底にカラメルを入れて作り、型から抜いて皿に盛る。下にアングレーズとアマレット酒のソースを流してフルーツをちらし、うずまき型のチョコを飾る。

G ホワイトチョコとフランボワーズのミルフイユ
(解説省略)

ホワイトチョコとフランボワーズのミルフイユは、ホワイトチョコレートそのものを味わえる、プチチョコレート感覚の一品。ホワイトチョコレートはミルキーで甘みがまったりとしているので、フランボワーズのように酸味の強い素材と組み合わせるとおいしい。

皿盛りデザートにアレンジ

ハート形に抜いたホワイトチョコレート、クレーム・シャンティイ、フランボワーズを重ね、フランボワーズのソースとフレッシュをあしらう。

チョコレートアフタヌーンティー
《写真→P.112》

ホットチョコレート《P.113-Ⓐ》

ブラックチョコレートのガナッシュ80gを、エスプレッソマシンのスチーマーで温めた牛乳90㏄で溶かす。

チョプティシュー 《P.113-Ⓒ》

チョコマカロン生地（約60個分）
アーモンドパウダー … 50g
粉糖 … 90g
カカオパウダー … 3g
卵白 … 50g

シュー生地（直径3cm70個分）
A ┌ 牛乳 … 125g
　├ 水 … 125g
　├ バター … 113g
　├ グラニュー糖 … 5g
　└ 塩 … 2.5g
薄力粉 … 138g
全卵 … 250g

チョコレート・クレーム・パティシエール（30個分）
ヌガー
　┌ グラニュー糖 … 100g
　└ アーモンドダイス … 50g
牛乳 … 200g
ヴァニラビーンズ … 1/5本
B ┌ 卵黄 … 32g
　├ グラニュー糖 … 50g
　├ 薄力粉 … 9g
　└ プードル・ア・クレーム* … 9g
パート・ド・カカオ（ベルコラーデ社）… 55g
クレーム・シャンティイ（乳脂肪分45%）… 110g

*：クレーム・パティシエール用のパウダー。

チョコマカロン生地
1 ふるったアーモンドパウダーと粉糖、カカオパウダーをボウルに入れ、泡立て器で混ぜる。溶いた卵白を加えて均一に混ぜる。口径5mmの丸口金をつけた絞り袋に入れる。

シュー生地
1 鍋にAを入れて火にかけ、沸騰させてバターを溶かす。薄力粉を加えて練り混ぜ、全体が均一になったら火にかける。絶えず混ぜ続け、鍋底に薄い膜が張るようになったら、火からおろす。すぐに溶いた全卵を少しずつ加えて練り混ぜる。
2 口径10mmの丸口金をつけた絞り袋に入れ、天板に直径3cmに絞り出す。フォークを水でぬらし、上部を軽く押さえる。チョコマカロン生地を上にうずまき状に絞り出す。180℃のオーブンで約40分間焼く。冷ましてから、上部1/3でカットする。

チョコレート・クレーム・パティシエール
1 ヌガーをつくる。グラニュー糖を焦げ茶色になるまで加熱し、アーモンドダイスを加えて火を止める。シルパットに広げてほぐして冷ます。これを28g使う。
2 鍋に牛乳とヴァニラビーンズを入れて火にかける。
3 ボウルにBを合わせてすり混ぜ、**2**の牛乳を加えて混ぜる。鍋に戻し入れて炊く。
4 濃度がついたら、さらに1～2分炊く。すぐに漉してボウルに移し、泡立て器で混ぜてなめらかにする。ここにパート・ド・カカオを加え、溶けて均一になるまで混ぜる。急冷する。
5 4を泡立て器で混ぜてなめらかにし、クレーム・シャンティイをひとすくい加えて全体をのばし、残りは3回に分けて加えて混ぜる。**1**のヌガーを加える。

仕上げ
チョコレート・クレーム・パティシエールを丸口金をつけた絞り袋に入れ、カットしたシュー生地に絞り入れる。上の生地をのせ、カカオパウダーをふる。

チョコレートムースアイスとピスタチオのアイスクリーム《P.113-Ⓔ》

（33cm×8cm×高さ4cmのカードル4台分）

ビスキュイ・サンミッシェル
卵白 … 135g
トレハロース … 21g
グラニュー糖 … 21g
アーモンドパウダー … 50g
ヘーゼルナッツパウダー … 35g
粉糖 … 57g
薄力粉 … 9g
粉糖 … 適量

チョコレートムースアイス
ブラックチョコレート（ヴェイス社アカリグア カカオ分70%）… 170g
生クリーム（乳脂肪分38%）… 500g
卵白 … 175g
グラニュー糖 … 90g
パータボンブ
　┌ 卵黄 … 140g
　├ グラニュー糖 … 50g
　└ 水 … 50g
ラム（ダーク）… 20g
ブランデー … 20g

ピスタチオアイスクリーム
牛乳 … 750g
生クリーム（乳脂肪分38%）… 225g
A ┌ 卵黄 … 120g
　├ グラニュー糖 … 165g
　├ トレハロース … 75g
　├ ハローデックス（林原商事）* … 45g
　└ ピスタチオペースト … 45g
アマレット … 23g

仕上げ
カカオパウダー
ピスタチオのクラックラン（解説省略）
＊：トレハロースの構造を含む水飴。

ビスキュイ・サンミッシェル

1 卵白とトレハロースを七分立てに泡立て、グラニュー糖を加えてさらに八分立てにする。
2 **1**に合わせてふるったアーモンドパウダーとヘーゼルナッツパウダー、粉糖、薄力粉を加えてよく混ぜる。
3 天板に厚さ8mmにのばし、粉糖をふる。200℃のオーブンで約13分間焼く。冷ましてから、カードルのサイズに合わせてカットする。

チョコレートムースアイス

1 チョコレートはきざんで湯煎にかけて溶かし、50℃に温度を調整する。
2 生クリームを七分立てに泡立てる。卵白とグラニュー糖を八分立てに泡立ててメレンゲを作る。
3 パータ・ボンブをつくる。ボウルに卵黄とグラニュー糖、水を入れて湯せんにかけ、泡立て器で混ぜて温度を上げる。縁のほうから固まりやすいので、円を描いて混ぜながら。泡が完全になくなったら、湯せんからはずして漉し、ミキサーボウルに入れる。ホイッパーを装着して高速で、持ち上げるとリボン状にたれるようになるまで泡立てる。卵黄が多いので濃厚なパータ・ボンブができる。
4 **1**のチョコレートに**2**の生クリームを2すくいくらい加えて泡立て器で混ぜ、次に**3**のパータ・ボンブを加えて混ぜる。
5 **2**の残りの生クリームにラムとブランデーを加え、ここに**4**を加えて混ぜる。さらに**2**のメレンゲを加えて混ぜる。
6 ムラなく混ぜ終わったら絞り袋に入れ、カードルに半分の高さまで絞り入れ、表面をならし、冷凍庫で冷やし固める。

ピスタチオアイスクリーム

1 牛乳と生クリームを沸騰直前まで加熱する。
2 ボウルに**A**を入れ、白くもったりするまで泡立て器で混ぜる。
3 **2**に**1**を少しずつ加えて混ぜる。漉して鍋に戻し、とろみがつくまで加熱する。アマレットを加える。アイスクリームマシンにかける。

仕上げ

1 ピスタチオのアイスクリームを絞り袋に入れ、チョコレートムースアイスを入れたカードルに7分目まで絞り入れ、表面をならす。ビスキュイ・サンミッシェルをのせる。冷凍庫で冷やし固める。
2 **1**のカードルの上下を返し、カードルをガスバーナーでさっと熱し、台に一度打ちつけてから抜く。波刃包丁で縦半分にカットしてから、4cm幅にカットする。
3 冷凍庫にいったん戻してしっかり固めてから、ラップフィルムをかける。冷凍庫（マイナス20℃）で1ヵ月間保存できる。

4 提供する際、カカオパウダーをふり、くだいたピスタチオのクラックランを飾る。

ミルクチョコとコーヒーの
クレームブリュレ《P.113-Ⓕ》

（直径6.5cm高さ3.3cmのココット8個分）
ミルクチョコレート（ヴァローナ社ジヴァララクテ カカオ分40％）… 80g
生クリーム（乳脂肪分38％）… 240g
牛乳 … 160g
ヴァニラビーンズ … 1/3本
インスタントコーヒー … 1.5g
卵黄 … 55g
全卵 … 40g
グラニュー糖 … 60g+適量

1 チョコレートをきざんでボウルに入れる。
2 生クリーム、牛乳、ヴァニラビーンズを合わせて沸騰させ、火を止めてインスタントコーヒーを加える。網で漉す。
3 **2**の1/4量を**1**のボウルの端のほうに注ぎ入れ、その周辺からチョコレートを溶かしながら泡立て器で混ぜていく。ガナッシュ状に完全につながったら、残りのうちの半量を加えて混ぜ、さらに残りを加える。
4 卵黄と全卵、グラニュー糖をすり混ぜる。
5 **4**に**3**の半量を加えて混ぜ、残りも加えて混ぜる。プリンはなるべく気泡を入れたくないので、必要以上に混ぜないように。
6 ふたたび網で漉す。ラップフィルムをピンと張って液面に浸してはずし、表面に浮いた気泡を取り除く。もう一度くり返して完全に気泡を取る。
7 ココットに流し入れ、天板に並べる。天板にココットの1/3の高さまで湯を張って150℃のオーブンに入れ、35〜40分間湯煎焼きする。焼き上がったら冷やしておく。
8 オーダーが入ったら、グラニュー糖をまんべんなくふり、ガスバーナーでキャラメリゼする。

カフェ、サロンの
チョコレートデザートアイデア

ジャンジャンブル
堀利弘・堀美佳 ❖ カフェカフェ

絹ショコラ
板橋恒久 ❖ アルチザン パティシェ イタバシ

デセール イヴェール
～ホワイトチョコレートタルトのエスプーマ仕立て～
八木美紗穂・藤田健太 ❖ ラスルセス

ブール・ネージュ
三枝俊介 ❖ パレ ド オール TOKYO

洋梨のキャラメリゼ ショコラのクレームと ベイリーズ風味のアイスクリーム
宿院幹久 ❖ サロン ド テ ジャマン

アマレット風味の チョコレートプリン "ボネ"と 柚子のジェラートのパフェ
森 直史 ❖ トラスパレンテ

ショコラ パッショネ
鎧塚俊彦 ❖ トシ・ヨロイヅカ ミッドタウン店

エッセンツァ
藤田統三 ❖ ラトリエ モトゾー

ジャンジャンブル
堀利弘・堀美佳 ❖ カフェカフェ

すりおろしたショウガを入れたガトーショコラ。香りとカカオ分のバランスを考慮し、2種のチョコレートをブレンドしている。粉をいっさい使っていないので、ビターなチョコレートの味がそのまま楽しめる。添えるのはホイップした生クリームと、ヨーグルトを入れてさっぱりとした味わいに仕上げた自家製のバナナアイスクリーム。食感に変化をもたせるためにゴマのチュイルを飾る。

1 ブラックチョコレート2種(いずれもペック社アメリカオ カカオ分72%、スーパー・グアキル カカオ分64%)を同量ずつ使用し、すりおろしたショウガを混ぜ込んだガトーショコラを皿に置き、電子レンジで約20秒温める。
2 ガトーショコラに自家製のヨーグルト入りバナナアイスクリームとクレーム・シャンティイ(乳脂肪分40%)を添える。
3 円を描くようにキャラメルソースをかけ、ガトーショコラにゴマのチュイルを飾る。粉糖をふる。

絹ショコラ
板橋恒久 ❖ アルチザン パティシェ イタバシ

絹のように、すっとなめらかな口溶けのガトーショコラを、ココア入りのチュイルとクレーム・シャンティイでシンプルに飾る。ペルー・アプリマク産チョコレートの風味と口溶けのよさを生かすべく、130℃の低温で50～60分かけてじっくり湯煎焼きしている。また、カカオの風味を引き立てるため、砂糖のうち2割は独特の風味と甘みをもつ鹿児島産の黒砂糖を使用。味わいに奥行きをプラスする。

1 チョコレートのチュイルを作る。卵白に粉糖、薄力粉、カカオパウダーを順に加えて混ぜて、冷蔵庫でやすませたのち、テフロン樹脂加工の天板、もしくはオーブンシートに、直接指で薄い円形(直径7cm)にのばして190℃で2分間焼く。焼き上がったら、熱いうちにチュイルの下にヘラなどを差し込み、波形にする。
2 エスプレッソ風味のソースを皿に丸く描く。
3 皿の中央にカットした「絹ショコラ」

(ブラックチョコレート〈ドモリ社アプリマク カカオ分75%〉、卵、バター、カカオパウダー、グラニュー糖、黒砂糖を合わせ、130℃で50～60分間、湯煎焼きする)を置き、上にクレーム・シャンティイを絞る。
4 **1**のチョコレートのチュイルを飾り、粉糖をかける。

デセール イヴェール
〜ホワイトチョコレートタルトの
エスプーマ仕立て〜
八木美紗穂・藤田健太 ❖ ラスルセス

レモン風味のホワイトチョコレートのガナッシュは、煮立てた生クリームにレモンの皮を入れ、すぐに取り出すだけだが、後味にレモンの風味がしっかり残る。エスプーマを使ったフランボワーズクリームは軽やかな食感で、ホワイトチョコレートとアーモンドクリームが詰まったタルトの重い食感と好対照。エスプーマは、その食感の面白さと、作りたてを食べられる皿盛りデザートならではの道具なので、積極的にとり入れているという。

1 タルト型にサブレ生地をごく薄く敷いて焼く。生クリームとハチミツを煮詰めたクリームをピーカンナッツ、アーモンド、パンプキンシード、レーズンにからめたものを中に入れる。
2 アーモンドクリームをセルクルに入れて焼き、ガナッシュ(ホワイトチョコレート〈ヴァローナ社イボワール/カカオ分35%〉、レモンの皮で風味をつけた生クリームを2:1の割合で混ぜて作る)を上に詰めて冷やし固め、**1**のサブレ生地に詰める。
3 フランボワーズのクリームと生クリームを同割で合わせたものをサイフォンに詰め、**2**の上に絞り出す。
4 イチゴとフランボワーズ、ブルーベリーを飾り、フランボワーズのパウダーを皿にふる。飴細工をのせ、ミントを飾る。

ブール・ネージュ
三枝俊介 ❖ パレ ド オール TOKYO

"雪玉"のネーミングそのままの球形のシャンパン・アイスクリームに、同じシャンパンでつくったソースをとろりと全体にまとわせる。ふくよかな風味のアイスクリームの中にはミルクチョコレートを使用した、なめらかなチョコレートのクリーム。まろやかだがはっきりとしたカカオの風味が、シャンパンのボリュームに負けない存在感だ。甘酸っぱいベリー、繊細な食感の飴細工を添えていっそうエレガントな仕上がりに。

1 半球型にアイスクリーム(卵黄、砂糖、シャンパン、生クリーム)を詰め、チョコレート(カカオ分50%)と生クリーム(乳脂肪分35%)でつくったチョコレート・クリームを詰める。この半球型アイスクリームを2つ合わせて球形にし、冷やし固めておく。
2 シャンパンと砂糖を軽く火にかけ、もどした少量のゼラチンを溶かして冷やす。シャンパンのゼリーがゆるく固まったら、かき混ぜてとろりとさせ、一部を皿に流す。
3 **1**の球形アイスクリームに**2**のソースをかけておおい、皿の上に置く。
4 皿にイチゴとフランボワーズを散らし、さらにアイスクリームの上にもフランボワーズをのせて粉糖をかける。
5 飴を一度くだいて粉状にする。オーブンシートの上にふるい、乾燥焼きしたイチゴやピスタチオをのせて再度焼き、薄い板状の飴を作る。**4**にのせる。
6 パレットで羽根状にのばして固めたホワイトチョコレートを、アイスクリームに飾る。さらにベリー類のピュレと赤ワインでつくったソースを流す。

洋梨のキャラメリゼ
ショコラのクレームと
ベイリーズ風味のアイスクリーム
宿院幹久 ❖ サロン ド テ ジャマン

フルーティーなチョコレートを使うことで洋ナシのやわらかな芳香をアピール。チョコレートは口溶けのよさを追求してクレームに仕立て、カリカリのヌガティーヌ、温かい洋ナシ、冷たいアイスクリーム、サクサクとはかない食感のアラブ菓子の薄い生地「パータ・ブリック」で五感を刺激する一皿に。

1 洋ナシをグラニュー糖、シナモン、ヴァニラビーンズでキャラメリゼし、そのソースを皿に敷き、キャラメリゼしたヘーゼルナッツをちらす。
2 皿の中央にクルミのヌガティーヌを置き、チョコレートのクレーム(生クリーム、卵黄、グラニュー糖を湯煎にかけ、溶かしたチョコ

レート〈エルレイ社シュルデルラゴ カカオ分70％〉を加えて六分立てにして冷やし固める）を重ねる。

3 1の洋ナシをココットに入れ、170℃で約7分間焼き、茶せん状にカットする。2に重ねてピックでとめる。

4 アイスクリーム（生クリーム、牛乳、ヴァニラビーンズ、砂糖、ベイリーズ）をのせる。

5 パータ・ブリック（タイムと粗挽きコショウをちらして焼成したもの）と細い棒状のチョコレートを飾る。

アマレット風味のチョコレートプリン"ボネ"と柚子のジェラートのパフェ
森直史 ❖ トラスパレンテ

ピエモンテの郷土菓子「ボネ（チョコレートプリン）」が主役のパフェ。ボネには、中のアマレッティの風味に負けないよう、濃厚なヴァローナのカカオパウダーを使用。さらに、イタリアでもよく使われているというユズをセミフレッドにして添えている。軽くて口溶けのよいセミフレッドと、ねっとり濃厚なボネとの対比が面白い。多彩なフレッシュフルーツやナッツや、フイヤンティーヌなども盛り込み、満足感の高い1品に。

1 ボネを作る。全卵と卵黄、砂糖を泡立てたところにカカオパウダー（ヴァローナ社）を加え、温めた牛乳と生クリームを合わせる。砕いたアマレッティとナッツ（ヘーゼルナッツ、アーモンド、カシューナッツ）を加え、120℃のオーブンで30分間湯煎焼きにして冷やす。

2 ボネをスプーンですくってグラスに盛りつける。

3 フルーツ（ブルーベリー、イチジク、洋ナシ）を盛り、ナッツ（アーモンド、カシューナッツ、ヘーゼルナッツ、プラリネ）、砕いたパート・フイユテをふり、ブドウ、オレンジをのせる。

4 三角形にカットしておいたユズのセミフレッド（パータ・ボンブに泡立てた生クリームとユズペーストを加えて撹拌し、冷凍庫で冷やし固めたもの）を添える。

5 飾りのテンパリングチョコレート（カカオバリー社エクストラビター）をのせ、ピスタチオとフリーズドライのフランボワーズパウダーをふり、セルフイユを添える。

ショコラ パッショネ
鎧塚俊彦 ❖ トシ・ヨロイヅカ ミッドタウン店

まろやかな印象を強調するため、味わいのやわらかなベルギーのカレボー社とフリューベル社のチョコレートを使い、口溶けよく仕上げている。ビターチョコレート、少量の砂糖、コアントローを加えてキリッと仕上げたアイスクリームと、ミルクチョコを多めに配合したチョコレートムースは同じ固さに仕上げ、チョコレートの風味の違いを強調する。

1 ビスキュイ・ショコラ（卵、砂糖、バンホーテン社のカカオパウダー、薄力粉）を直径8cmにぬき、同サイズのセルクルに敷き込む。上にチョコレートムース（ブラックチョコレート〈カレボー社／カカオ分70％〉とミルクチョコレート〈フリューベル社／カカオ分34％〉を3:7で合わせたもの、生クリーム〈乳脂肪分40％〉で作る）を流して冷やし固めておく。

2 1をセルクルからはずして皿に置き、パッションフルーツのピュレに砂糖を加えたソースを周囲に流す。

3 長方形のラングドシャ（バター、砂糖、卵白、バンホーテン社のカカオパウダー、薄力粉）をのせる。

4 ローストして、細かくきざんだナッツ（アーモンド、ピスタチオ、ヘーゼルナッツ）をムースとラングドシャの上にちらす。

5 コアントロー風味のチョコレートアイスクリーム（ブラックチョコレート〈フリューベル社／カカオ分72〜74％〉使用）をのせる。

6 アイスクリームの上に2と同じパッションソースをかけて、ナッツをちらす。

7 ヘーゼルナッツ付きの飴細工と三角形のラングドシャを飾り、カカオパウダーをふる。

エッセンツァ
藤田統三 ❖ ラトリエ モトゾー

イタリア菓子専門店らしい冬のデザートは、定番イタリア菓子のティラミスを藤田氏流の解釈で再構築したもの。カカオの香りを強烈に感じる「トスカーノ・ブラック」（アメデイ社）を加えたマスカルポーネと黒トリュフ風味のクレーム・ブリュレに、ココアのブラウニー、さらに「ガーナ」（カレボー社）を練り込んでパリパリに焼き上げた自家製パスタをのせた。ザバイオーネソース代わりの口溶けのいいジェラートともマッチ。

1 チョコレート風味のクレーム・ブリュレ（牛乳と同量のマスカルポーネチーズ、ブラックチョコレート〈アメデイ社トスカーノ・ブラック〉を加え、仕上げにトリュフオイルで香りづけする）を皿に敷いて湯煎焼きし、冷蔵庫で冷やす。注文ごとに表面にグラニュー糖をふり、バーナーであぶる作業を3回くり返す。

2 器の周囲に挽いたコーヒー豆とコーヒー豆のチョコレートがけを飾る。

3 ブリュレの上に菊型に抜いたブラウニーを置き、チョコレート風味のタリオリーニ（セモリナ粉、マニトバ種と国産小麦の強力粉、カカオパウダー、グラニュー糖、卵、ブラックチョコレート〈カレボー社オリジンチョコレート ガーナ／カカオ分60.4％〉、塩をこね、パスタマシンにかけて幅約2mmの平打ち麺を作る。手で丸くふんわりと形づくり、160℃で20分間焼く）をのせる。

4 マルサラ酒をきかせたザバイオーネ風味のジェラートをのせ、表面に塩、コショウ風味のクルミのカラメリゼ、ピスタチオの糖衣がけをのせ、S字形の飴細工を飾る。

Fruits

第 **3** 章

果 物

イチゴのミルフィーユ

鎧塚俊彦 ❖ トシ ヨロイヅカ ミッドタウン

イチゴとともにコアントロー風味のクレーム・パティシエールをフイユタージュで挟み、ピスタチオのアイスクリームをのせる。フイユタージュは粉糖をふってカラメリゼしたもの。ソースはイチゴと白ワインのエスプーマ。皿の縁にはピスタチオをあしらっている。

イチゴのミルフィーユ

鎧塚俊彦 ❖ トシ ヨロイヅカ ミッドタウン

フイユタージュ（作りやすい分量／1人分2枚使用）

A
- 薄力粉 … 900g
- 強力粉 … 900g
- グラニュー糖 … 40g
- 発酵バター … 200g

氷水 … 450cc
塩 … 40g
牛乳 … 450g
バター（折り込み用）… 1.8kg
粉糖 … 適量

クレーム・コアントロー（作りやすい分量）

クレーム・シャンティイ
- 生クリーム（乳脂肪分45%）… 50g
- 生クリーム（乳脂肪分38%）… 50g
- グラニュー糖 … 7g
- ヴァニラペースト … 0.25g

クレーム・パティシエール《P.261》… 500g
コアントロー（アルコール54%）… 12.5g

ピスタチオのアイスクリーム（20人分）

ソース・アングレーズ《P.166》… 800g
ピスタチオペースト … 50g

イチゴのソース（9人分）

イチゴ … 120g
白ワイン … 80cc
グラニュー糖 … 70g
水 … 30g
板ゼラチン … 3g
ゲル化剤 … 総重量の1%

仕上げ

粉糖
イチゴ（スライス）
ピスタチオ（細かく砕く）

フイユタージュ

1 **A**をボウルに入れて混ぜ合わせる。
2 氷水に塩を溶かして、冷たい牛乳を加え、**1**を加えて練る。
3 **2**をまとめ、中心部に十文字の切り目を入れ、ラップ紙で包んで一晩ねかせる。直径27cmの正方形にのばす。
4 バター（折り込み用）を叩いてのばし、直径19.5cmの正方形にする。
5 **3**で**4**を包んでのばす。三つ折りにしてのばすことを2回くり返し、2時間やすませる。再び、三つ折りにしてのばすことを2回くり返して2時間やすませ、再度三つ折りにしてのばし、一晩やすませる。
6 **5**を2.7mm程度の厚さにのばし、直径8.5cmの丸型で抜いて、1時間やすませる。
7 天板に**6**をのせて上に金網をのせ、200℃のオーブンで約12分間焼く。薄いキツネ色になったらオーブンから取り出し、金網をはずして粉糖をふり、オーブンの温度を190℃に下げて約10分間焼く。

クレーム・コアントロー

1 クレーム・シャンティイを作る。2種類の生クリームを合わせ、グラニュー糖、ヴァニラペーストを加えて九分程度まで泡立てる。
2 クレーム・パティシエールをボウルに入れてよくほぐし、**1**のクレーム・シャンティイとコアントローを加えてよく混ぜる。

ピスタチオのアイスクリーム

ソース・アングレーズにピスタチオペーストを合わせてソルベマシンにかける。

イチゴのソース

1 イチゴのヘタを取り、白ワインと合わせてハンドミキサーで撹拌し、液状にする。
2 鍋にグラニュー糖と水を入れて火にかけてシロップを作り、もどした板ゼラチンを加えて溶かす。
3 **1**に**2**を加えてよく混ぜ合わせ、裏漉しする。
4 **3**にゲル化剤を加え、サイフォンに詰める。

仕上げ

1 フイユタージュのうち1枚は半分の厚さにスライスし、そのうちの1枚に粉糖をふる。
2 **1**のスライスしていないフイユタージュにクレーム・コアントローを絞り、イチゴを4切れのせる。
3 半分にスライスしたフイユタージュ（粉糖をふっていないもの）にも、**2**と同様にクレーム・コアントローを絞り、イチゴをのせる。
4 皿の縁にピスタチオをふり、中央にイチゴのソースを絞る。
5 皿の中心に**2**、**3**の順に重ね、いちばん上に粉糖をふったフイユタージュをのせる。
6 ピスタチオのアイスクリームをフイユタージュの上に盛る。

ヨモギと春苺

《写真→P.124》

藤原哲也 ・ Fujiya 1935

ヨモギ蒸しパン（直径約15cmの丸型1台分）

薄力粉 … 75g
ベーキングパウダー … 4g
パインソフト*1 … 5g
全卵 … 1個
粉糖 … 70g
オリーブオイル … 25g
ヨモギのピュレ*2 … 60g

ホワイトチョコレートのムース（20人分）

生クリーム（乳脂肪分35%）… 225g
ホワイトチョコレート（チョコヴィック社セルヴァティカ クーベルチュール ハイネ カカオ分32.3%）… 100g

キャラメルムース（40人分）

カラメル
├ グラニュー糖 … 45g
├ 生クリーム（乳脂肪分47%）… 200g
└ 牛乳 … 65g
卵黄 … 80g
グラニュー糖 … 20g

板状の飴（作りやすい分量）

フォンダン … 100g
水飴 … 50g
イソマルト糖 … 50g
抹茶（粉末）… 2g

ヨモギのジェラート（パコジェットの専用容器1つ分）

ヨモギのピュレ*2 … 160g
ホウレンソウのピュレ*3 … 80g
ヨーグルト … 450g
きび砂糖 … 200g

仕上げ

イチゴ
ブルーベリー
フランボワーズ
オレガノ

*1：澱粉加工を得意とする松谷化学による、食品用澱粉。粘弾性食品中の水分を保つため、これを用いると生地のべたつきが抑えられ、かつ保形性が高まる
*2：沸騰した湯でヨモギの葉をやわらかくなるまでゆでてミキサーにかけ、シノワで軽く水分をきったもの
*3：ホウレンソウをやわらかくなるまでゆでてミキサーにかけ、シノワで濾したもの

ヨモギ蒸しパン

1 薄力粉、ベーキングパウダー、パインソフトを合わせてふるいにかける。
2 ボウルに全卵を割りほぐして粉糖を加え混ぜ、オリーブオイルとヨモギのピュレ、1を加えてさっくりと混ぜる。
3 円筒形の型に流し入れ、100℃に熱したスチコンで30分間蒸す。

ホワイトチョコレートのムース

1 生クリーム70gを鍋に入れて火にかけ、温まったら火からおろしてきざんだチョコレートに加え混ぜて、乳化させる。
2 1に生クリーム75gを加えて再び乳化させ、一晩おく。
3 2に生クリーム80gを加え、七〜八分立てにする。

キャラメルムース

1 カラメルをつくる。鍋にグラニュー糖を入れて火にかけ、カラメル状になったら生クリームと牛乳を加え、火からおろして冷ます。
2 ボウルに卵黄とグラニュー糖を入れてすり混ぜる。
3 1のカラメルと2を合わせて混ぜ、アルミ缶に流し入れて150℃に熱したコンベクションオーブンで70分間湯煎焼きにする。
4 3を冷やしてシノワで漉し、クリーム状にする。

板状の飴

1 鍋にフォンダンと水飴、イソマルト糖を合わせて混ぜ、火にかけて160℃に熱する。
2 1を火からおろし、140〜150℃に下がったら抹茶を加え混ぜ、飴を固める。この段階で約200gの固まりができる。
3 天板にシルパットを敷き、2を使う分だけ砕いてのせ、上からシルパットをかぶせる。
4 3を160℃のコンベクションオーブンに入れ、やわらかくなったら取り出す。シルパットで挟んだまま麺棒で薄くのばし、冷まして5mm角くらいに割る。

ヨモギのジェラート

1 ボウルにすべての材料を入れて混ぜる。
2 1をパコジェット専用の容器に入れて冷凍する。

仕上げ

1 ヨモギ蒸しパンは表面の薄い皮をそいで半分に切り、半分はほぐし、ヨモギのジェラートの一部と和える。
2 ヨモギ蒸しパンの残りは薄切りし、80℃のオーブンで1時間半〜2時間乾燥させ、フード・プロセッサーで粗く砕く。
3 器に1を盛り、その上と周囲に2をまぶしかけ、ホワイトチョコレートのムースとキャラメルムースを小さく絞る。キャラメルムースに板状の飴をのせる。
4 3にヨモギのジェラートをクネル形にとって添え、半分に切ったイチゴ、ブルーベリー、フランボワーズをのせ、オレガノを散らす。

ヨモギと春苺
藤原哲也 🍴 Fujiya 1935

15皿ほどで構成するコースのうち、最後の3皿はデザート。これはデザートの山場となる2皿目に提供している品。幼少の記憶に残る春の風景"ヨモギが群生するイチゴ畑"をイメージしたもの。ヨモギはしっとりなめらかな蒸しパンとジェラートに。蒸しパン生地で作ったパウダーを芽吹きの大地に見立てて敷き詰め、その上にイチゴなどをのせ、ジェラートを添える。《レシピ→P.123》

温かいフランボワーズのクーリが流れ出すココナッツ風味のスノーボール
山本聖司 🍴 ラ・トゥーエル

ココナッツのピュレをメレンゲなどと合わせて球状に凍らせ、中に温かいフランボワーズのクーリをしのばせている。割ると色鮮やかな液体がとろりと流れ出る仕立て。イチゴのフレッシュとマリネ、ショウガをきかせた白キクラゲのシロップ煮を添える。

苺と赤ワインのほんのり温かいスープ イル・フロタント仕立て 苺のグラニテとともに

サンス・エ・サヴール ❖ 長谷川幸太郎

伝統的なデザートであるイル・フロタントを軽やかで現代的な仕立てに。ソース・アングレーズはイチゴと赤ワインの温かいスープに置きかえ、メレンゲに加えて牛乳のムースやイチゴのグラニテを浮かべる。

温かいフランボワーズのクーリが流れ出す ココナッツ風味のスノーボール

山本聖司 ❖ ラ・トゥーエル

スノーボール
ボール（15人分）
- ココナッツのピュレ（市販品）… 200g
- イタリアンメレンゲ（解説省略）
  - 卵白 … 70g
  - 砂糖 … 140g
  - 水 … 25g
- 板ゼラチン … 4g
- 生クリーム（乳脂肪分38％）… 300g
- ライムの皮（すりおろし）… 1/2個分
- ココナッツのリキュール … 15g
- ココナッツパウダー … 35g

温かいフランボワーズのクーリ（10人分）
- フランボワーズのピュレ（市販品）… 200g
- 砂糖 … 70g
- フランボワーズヴィネガー … 15g
- 水 … 10g

白きくらげのシロップ煮（20人分）
白キクラゲ … 50g
水 … 300g
砂糖 … 80g
レモン果汁 … 30g
ショウガの搾り汁 … 50g

イチゴのマリネ（10人分）
イチゴ … 20個
キルシュ … 適量
コニャック … 適量
粉糖 … 適量

イチゴのクーリ（20人分）
イチゴのピュレ … 120g
フランボワーズのピュレ（市販品）… 30g
シロップ … 20g
フレーズ・デ・ボアのリキュール … 20g

仕上げ
粉糖
レモンバーム
イチゴ
飴細工（解説省略）

スノーボール
1 ボールを作る。材料を混ぜ合わせて半球形の型に流し、冷凍庫で凍らせる。
2 1が固まりきる前に、くり抜き器で中をくり抜いてドーム状にする。1つは厚み7mm～1cmの状態に、もう1つは厚み5mmくらいとし、前者の上に後者を重ねてくっ付け、つなぎ目を指でこすって球体を作る。再度冷凍庫で凍らせる。くり抜いた中身は取りおく。
3 温かいフランボワーズのクーリを作る。材料をすべて合わせて、ひと煮たちさせる。
4 提供直前に、2の球体の頂点に温めたじょうごを刺し、中に3を注ぐ。くり抜いた中身で穴を埋める。

白きくらげのシロップ煮
2時間ほど流水にさらした白キクラゲを適宜に切り、水、砂糖、レモン果汁と一緒に鍋に入れ、やわららかくなるまで煮る。仕上げにショウガの搾り汁を加えて風味づけする。

イチゴのマリネ
イチゴを半割にし、キルシュ、コニャック、粉糖をふりかけ、常温にしばらくおく。

イチゴのクーリ
材料をすべて混ぜ合わせる。

仕上げ
1 皿の手前にスノーボールをのせて粉糖をふりかける。
2 1の奥に、白きくらげのシロップ煮、イチゴのマリネを盛りつけ、イチゴのクーリを点描する。レモンバーム、切り目を入れたイチゴ、飴細工を飾る。

苺と赤ワインのほんのり温かいスープ イル・フロタント仕立て 苺のグラニテとともに

サンス・エ・サヴール ❖ 長谷川幸太郎

スープ・フレーズ（約5人分）
スープのベース … 下記より100g
- 赤ワイン … 1.5ℓ
- グラニュー糖 … 200g
- ヴァニラビーンズ … 2本
- スターアニス … 2個
- シナモンスティック … 1本
- 白粒コショウ … 3粒
- 甘草 … 1本
- オレンジの皮 … 3個分
- レモンの皮 … 3個分

イチゴ … 100g
グラニュー糖 … 適量
レモン果汁 … 適量

牛乳のムース（約20人分）
牛乳 … 120g
コンデンスミルク … 90g
生クリーム（乳脂肪分42%） … 90cc
生クリーム（乳脂肪分36%） … 90cc

イチゴのグラニテ（約20人分）
イチゴ … 50g
イチゴのピュレ … 50g
ミネラルウォーター … 200cc
シロップ … 適量
水 … 適量

メレンゲ（12人分）
卵白 … 60g
グラニュー糖 … 30g

バトン・ブラン（約100人分）
薄力粉 … 300g
粉糖 … 50g
ビール … 220cc
全卵 … 2個
溶かしバター … 50g

シュクルクリスタル（約100人分）
イソマルト糖 … 125g
フォンダン … 250g
水飴 … 125g
水 … 適量

スープ・フレーズ
1 スープのベースを作る。赤ワインを1/3量まで煮詰め、残りの材料を加えて5分間おいて香りを移し、漉す。
2 イチゴを大きめの角切りにし、**1**と合わせる。グラニュー糖、レモン果汁を加えて味をととのえる。

牛乳のムース
すべての材料を合わせてサイフォンに入れ、ガスを注入して冷蔵庫で保存する。

イチゴのグラニテ
1 イチゴとイチゴのピュレ、ミネラルウォーターを合わせてミキサーで撹拌する。糖度が15度になるようシロップと水で調整する。
2 **1**をバットに流して冷凍庫に入れる。途中、適宜かき混ぜてグラニテとする。

メレンゲ
1 材料を合わせて泡立て、球状に成形する。
2 90℃のコンベクションオーブンで3分間加熱し、冷蔵庫で保存する。

バトン・ブラン
1 薄力粉と粉糖を合わせてふるい、ビールと全卵を混ぜ合わせたものを少しずつ加える。
2 溶かしバターを加え混ぜて絞り袋に入れ、シルパットに細い棒状に絞り出す。
3 160℃のオーブンで4分間焼き、前後を返してさらに2分間焼く。

シュクルクリスタル
1 すべての材料を鍋に入れ、160℃まで温める。
2 **1**をシルパットに流して冷ます。フードプロセッサーでパウダー状にする。
3 茶漉しを使ってシルパットに**2**を広げ、170℃のオーブンに1〜2分間入れて溶かす。冷まして適当な大きさに割る。

仕上げ
1 提供直前にスープ・フレーズを温める。とろみが足りなければコーンスターチ（分量外）で調整する。温めた器に注ぐ。
2 セルクルに牛乳のムースを高さ1/2まで絞り入れ、上にイチゴのグラニテを詰める。
3 **1**の中心に**2**をおいてセルクルをはずし、メレンゲにバトン・ブランとシュクルクリスタルを挿したものを上にのせる。

イチゴ入りフォンダンショコラ
渋谷圭紀 ❖ ラ・ベカス

イチゴとチョコレートは人気の組合せ。ここでは、イチゴを丸ごとフォンダン・ショコラの生地に挿し込んで焼き、シンプルな作り方だが大胆なビジュアルの菓子に。粗くつぶしたイチゴをソースとし、添える。

ベリー類のデザート
渋谷圭紀 ラ・ベカス

ベリーのスープとゼリー、さまざまなベリー類を華やかに取り合わせ、春の野を思わせる一皿に。ゼリーは、果実とともに食べてなじむようかための食感に。ゼリーと異なる温度、食感のパン・デピスを添えてアクセントに。

イチゴ入りフォンダンショコラ

渋谷圭紀 ❊ ラ・ベカス

イチゴ入りフォンダンショコラ（1人分）
ブラックチョコレート（ヴァローナ社グアナラ カカオ分70％）…130g
バター …100g
全卵 …150g
砂糖 …150g
薄力粉 …40g
カカオパウダー …15g
イチゴ …1個

ソース（1人分）
イチゴ …2個

仕上げ（1人分）
イチゴ …1個
粉糖

イチゴ入りフォンダンショコラ
1 ボウルに適当に砕いたチョコレートを入れ、湯煎にかけて溶かす。
2 1に溶かしたバターを加えてムラがなくなるまで混ぜ、ほぐした全卵、砂糖を加えて混ぜる。
3 2に薄力粉とカカオパウダーを合わせてふるい入れて混ぜ、ムラなく混ざったら紙を敷いたセルクルに流し入れる。
4 生地の中央に丸のままのイチゴを挿し入れる。
5 180℃に熱したオーブンで8分間焼く。

ソース
ヘタを取り除いたイチゴをボウルに入れ、フォークの背で押すようにして粗くつぶす。

仕上げ
器に焼き上がったフォンダンショコラを盛り、粉糖をふる。周りにソースを流し入れ、カットしたイチゴを添える。

ベリー類のデザート

渋谷圭紀 ❊ ラ・ベカス

カシスのゼリー（5人分）
砂糖 …30g
アガー …6g
熱湯 …100cc
カシスのピュレ（DGF社）…250g

ブラックベリーのスープ　各適量
ブラックベリー
シロップ

パン・デピスのカラメリゼ　各適量
グラニュー糖
水
パン・デピス（市販品）

仕上げ
イチゴ
レッドカラント
ブルーベリー
ブラックベリー
ラズベリー
粉糖

カシスのゼリー
1 ボウルに砂糖とアガーを入れて混ぜ、熱湯を注ぎ入れて溶かす。
2 カシスのピュレに1を加えてムラなく混ぜ合わせ、バットに流して冷蔵庫で冷やし固める。

ブラックベリーのスープ
ブラックベリーとシロップを合わせてミキサーにかけ、ゆるいピュレ状にする。

パン・デピスのカラメリゼ
1 フライパンにグラニュー糖と水を入れて火にかける。グラニュー糖が溶けて沸騰したら、6cm×0.5cmの棒状に切ったパン・デピスを入れる。
2 カラメル状になったらパン・デピスを取り出し、バットに並べて冷ます。

仕上げ
1 カシスのゼリーを皿に盛り、ブラックベリーのスープを流し入れ、適宜に切ったフルーツ5種を散らす。
2 パン・デピスのカラメリゼの表面に粉糖をふってサラマンドルで焼き、1に添える。

赤い果実のミニドーナツ
《写真→P.133》

藤原哲也 ∵ Fujiya 1935

メレンゲ（約40個分）
乾燥卵白 … 30g
乾燥卵白（アルブミナ*1）… 2.8g
水 … 85g
ビーツの搾り汁*2 … 20g
卵白 … 70g

イチゴクリーム（40個分弱）
イチゴのピュレ（市販品）… 110g
粉ゼラチン … 2g
グラニュー糖 … 20g
ホワイトチョコレート（チョコヴィック社セレクション クーベルチュール オパル カカオ分30.3%）… 40g
クリームチーズ（フランス・ベル社製「キリ」）… 40g
キルシュ … 10g

アイシング（作りやすい分量）
卵白 … 20g
粉糖 … 75g
レモン果汁 … 適量

仕上げ（1人分）
フランボワーズ … 1個
粉糖

*1：スペイン・ソーサ社製の製菓材料。卵白に多く含まれるタンパク質「アルブミン」を抽出精製したもの
*2：皮をむいたビーツをミキサーにかけて漉したもの

メレンゲ
1　ボウルに乾燥卵白2種と水を入れて混ぜ、冷蔵庫で一晩おく。
2　ビーツの搾り汁を火にかけて沸かし、氷水をあてて冷ます。
3　1にほぐした卵白と塩（分量外）を加えて泡立て器で混ぜ、しっかりとしたかためのメレンゲを作る。最後に2を加え、ゴムベラで混ぜ合わせる。
4　3をドーナツ形の口金で天板に絞り出す。100℃弱のオーブンで70〜80分間焼成する。

イチゴクリーム
1　鍋にイチゴのピュレと、粉ゼラチン、グラニュー糖を合わせて火にかけ、ゼラチンが溶けたら火からおろす。
2　1にきざんだチョコレートを加え混ぜ、乳化させる。
3　2に室温でやわらかくしたクリームチーズを加え、全体にムラがなくなるまで混ぜる。漉してキルシュを加えて混ぜる。

アイシング
ボウルに卵白と粉糖を入れて混ぜ、レモン果汁を加えて混ぜる。

仕上げ
1　メレンゲにアイシングをかけて乾かす。
2　1のメレンゲの中央の穴にイチゴクリームをできるだけ多く詰め、中心にフランボワーズをのせる。粉糖をふる。

ハスカップのスープ

田中督士 ❖ サンパ

ハスカップはブルーベリーのような独特の酸味と苦みを持つ北海道特産の果実。これにクレーム・ド・カシスやシロップを加えてスープを作り、ドーム型のホワイトチョコレートに詰めている。スープの中には、ホワイトチョコレートでコーティングしたミント風味のメレンゲをしのばせて、食感と風味のアクセントに。

ズッケロフィラートを載せたパネトーネ、ピスタチオクレーマ、ミルキージェラート、女峰のクァルテット

筒井光彦 ❖ リストランテ キメラ

ハレの食事を意識した、華やかなデザート。イタリアのクリスマスには欠かせないパネトーネのスライスに、ピスタチオのフラン、練乳入りの牛乳のジェラートを重ね、フレッシュのイチゴ、雪に見立てたミントとレモン風味のズッケロフィラート（綿飴）を盛る。

赤い果実のミニドーナツ
藤原哲也 ・Fujiya 1935

イチゴのピュレにホワイトチョコレートやクリームチーズを加えてクリームを作り、ビーツの搾り汁で色づけした一口サイズのメレンゲで挟む。メレンゲは甘みを加えず、軽やかに焼き上げたもの。頬張ると口いっぱいにイチゴの味が広がり、メレンゲがはかなく消える。《レシピ→P.131》

ハスカップのスープ

田中督士 ● サンパ

ハスカップのスープ（6個分）
ハスカップ*1 … 400g
クレーム・ド・カシス … 10g
シロップ
├ 水 … 20g
└ グラニュー糖 … 26g
レモン果汁 … 適量

ミント風味のメレンゲ（作りやすい分量）
卵白 … 120g
粉糖 … 180g
ミントリキュール … 20cc
ホワイトチョコレート（カカオバリー社ピストール・ブランサタン カカオ分30％）… 適量

ホワイトチョコレートのドーム　適量
ホワイトチョコレート（カカオバリー社ピストール・ブランサタン カカオ分30％）

ガトーショコラ（縦17cm×横7cmの型2台分）
卵黄 … 5個分
グラニュー糖 … 100g
ブラックチョコレート（カカオバリー社ミアメール カカオ分58％）… 120g
バター … 100g
生クリーム（乳脂肪分38％）… 80g
メレンゲ
├ 卵白 … 5個分
└ グラニュー糖 … 100g
ココアパウダー … 80g
薄力粉 … 80g

ハスカップの飴がけ（1個分）
グラニュー糖 … 30g
水飴 … 5g
水 … 10g
ハスカップの砂糖漬け*2 … 1粒

甘口ワインのジュレ（作りやすい分量）
白ワイン（甘口）… 100cc
水 … 100cc
グラニュー糖 … 20g
レモン果汁 … 5cc
板ゼラチン … 適量

仕上げ
ブラックチョコレート（カカオバリー社ミアメール カカオ分58％）
クレーム・シャンティイ

＊1：北海道から本州中部以北の高冷地に分布するスイカズラ科のベリー類。和名はクロミノウグイスカグラ。青みがかった黒色の果実は、独特の酸味とほろ苦さがあり、生食の他、果実酒やジャムなどに用いられることも多い。ハスカップは「枝の上になるもの」という意味のアイヌ語。
＊2：100gのハスカップに対して、50gのグラニュー糖をまぶして、1晩以上おいたもの

ハスカップのスープ
1 ハスカップとクレーム・ド・カシスをミキサーに入れ、粗めに撹拌する。
2 鍋に水とグラニュー糖を入れて火にかけてシロップを作り、**1**にレモン果汁とともに加えて味をととのえる。

ミント風味のメレンゲ
1 卵白を泡立てる。途中、粉糖を3回にわけてふり入れ、さらにミントリキュール加えて泡立てて、しっかりとしたメレンゲにする。
2 **1**を口径10mmの丸口金で、オーブンペーパーに長さ5cmに絞り出し、120℃のオーブンで3時間焼く。
3 **2**が冷めたら1cmの長さに切り分け、湯煎で溶かしたチョコレートで表面をコーティングする。

ホワイトチョコレートのドーム
チョコレートを湯煎で溶かし、直径6.5cmの半球型に流して冷まし、ドーム形に成型する。

ガトーショコラ
1 卵黄にグラニュー糖を加え、白っぽくなるまですり混ぜる。
2 別のボウルにチョコレートとバターを入れて湯煎で溶かし、**1**を少しずつ加えながら混ぜ込む。さらに、混ぜながら人肌に温めた生クリームを加える。
3 卵白に、グラニュー糖を少しずつ加えながら泡立てて、メレンゲを作る。
4 **2**に**3**をさっくりと混ぜ込む。ココアパウダーと薄力粉を加えて混ぜ合わせる。
5 **4**を17cm×7cmの型に流し込み、180℃のオーブンで30分間焼く。

ハスカップの飴がけ
鍋にグラニュー糖と水飴、水を合わせて火にかけ、160℃になるまで煮詰めたら火を止める。ハスカップの砂糖漬けを加えて粗熱をとり、1粒ずつ引き上げて、彗星形にする。

甘口ワインのジュレ
鍋に白ワイン、水、グラニュー糖を合わせて火にかけ、グラニュー糖を煮溶かす。火からおろしてレモン果汁を加え、もどした板ゼラチンを加えて冷やし固める。

仕上げ
1 ホワイトチョコレートのドームにハスカップのスープを注ぎ、ミント風味のメレンゲを入れる。湯煎で溶かしたチョコレートを接着材代わりにして、ガトーショコラで蓋をする。
2 **1**を逆さにして器に盛る。崩した甘口ワインのジュレを周囲に流し、クレーム・シャンティイをドームの頂点に絞り出し、その上にハスカップの飴がけを飾る。

ズッケロフィラートを載せたパネトーネ、ピスタチオクレーマ、ミルキージェラート、女峰のクァルテット

筒井光彦 ❖ リストランテ キメラ

ピスタチオクレーマ（作りやすい分量）
牛乳 … 350cc
生クリーム（乳脂肪分47％）… 700cc
ヴァニラビーンズ … 1本
卵黄 … 15個分
グラニュー糖 … 125g
ピスタチオのペースト（市販品）… 230g
ハチミツ（アカシア）… 25g

ミルキージェラート（作りやすい分量／1人分約50gを使用）
牛乳 … 650cc
加糖練乳 … 480g
トレハロース … 50g
脱脂濃縮乳 … 100cc

ソースA
イチゴ（女峰）… 適量
アガペシロップ*1 … 適量

ソースB
イチゴワイン*2 … 適量

仕上げ
パネトーネ（イタリア製）… 適量
イチゴ（女峰）… 1人分2〜3個
ズッケロフィラート（綿飴。解説省略）
├ グラニュー糖 … 適量
├ レモン … 少量
└ ミントエキス … 少量

*1：中南米を中心に生えているアガペ（リュウゼツラン）の根茎から作るシロップ。クセのないすっきりとした甘みを持つ
*2：オーストリア産。通常のワインと同じ製法で、100％イチゴを原料に造った、無加糖、無着色のアルコール

ピスタチオクレーマ
1 鍋に牛乳と生クリーム、ヴァニラビーンズを入れ、沸騰直前まで温める。
2 卵黄とグラニュー糖をボウルですり混ぜ、白っぽくなったら1を少しずつ加え混ぜる。
3 2を鍋に入れ、よく混ぜながら加熱する。とろみが出てきたらピスタチオのペーストとハチミツを加えて混ぜ合わせる。
4 3を漉し、直径7cmの丸い型に2cmの深さになるよう流し入れる。115℃のオーブンで30分間蒸し焼きにし、冷蔵庫で冷やす。

ミルキージェラート
1 すべての材料を合わせて軽く熱し、パコジェットの専用容器に入れて冷凍庫で凍らせる。
2 提供直前に、1をパコジェットにかける。

ソースA
イチゴの表面の赤色の濃い部分を削り取って、そこだけミキサーにかける。漉して種を除き、アガペシロップを加え混ぜる。

ソースB
イチゴワインを、とろみがついて適度な甘さとなるまで煮詰める。

仕上げ
1 パネトーネを厚さ2cm、直径7cmの円形に抜いて皿に置く。上に、型をはずしたピスタチオクレーマをのせ、ミルキージェラートを直径7cmのセルクルに詰めて重ねる。
2 1の上に、一口大に切ったイチゴを盛り、周囲にソース**A**、**B**を配する。イチゴの上に、ズッケロフィラートをこんもりとのせる。

苦枝とビワ

高田裕介 ∴ ラ・シーム

繊細なビワの甘みを苦みによって際立たせることを狙った一品。ビワは低温でコンポートにしてみずみずしい歯ごたえを残し、セルフイユの茎にモルト、ココア、ゴーヤという3種の苦い粉末をまとわせた"苦枝"とカラメルソースを添える。ビワの下にはそぼろ状のサブレ生地、ホワイトチョコレートのクリーム、メレンゲのチップス、とタイプの異なる食感の軽やかなパーツ3つを敷いている。

黄金桃すり流し 巨峰 じゅんさい 針レモン

末友久史 ❖ 祇園 末友

黄金桃のシロップ煮をすり流しにし、ツルリとした食感のブドウとジュンサイを添える。黄金桃は香りがとばないよう、加熱時間を3分にとどめ、ブドウはみずみずしい果汁が口の中で弾けるよう、フレッシュを用いる。レモンピールのシロップ煮を天にのせ、柑橘のさわやかな香りを添える。

イチゴのクロッカン

永野良太 ❖ エテルニテ

飴がけ、ソルベ、スープ――3種の仕立てのイチゴを取り合わせた、春のアヴァン・デセール。スープは、イチゴと白ワインなどをミキサーにかけ、トニックウォーターで割って爽快感のある仕上がりに。肉料理の後口をさっぱりとさせるため、イチゴはほどよく酸味のある品種を選ぶ。

苦枝とビワ

高田裕介 ラ・シーム

ビワのコンポート（4人分）
ビワ … 6個
シロップ … 50g
アスコルビン酸 … 少量
ライムの皮（すりおろし）… 1/2個分

ホワイトチョコのクリーム（作りやすい分量／1人分40gを使用）
ホワイトチョコレート（ヴァローナ社イヴォワール カカオ分35%）… 180g
生クリーム（乳脂肪分35%）… 240g
板ゼラチン … 2g
アマレット … 10cc

メレンゲチップス（作りやすい分量／1人分3枚を使用）
卵白 … 60g
砂糖 … 60g
レモン果汁 … 1個分
粉糖 … 60g

セルフイユの枝（作りやすい分量）
卵白 … 50g
粉糖 … 50g
セルフイユの茎 … 適量
モルトパウダー … 30g
ココアパウダー … 30g
ゴーヤパウダー（解説省略）… 30g

仕上げ
サブレ生地（解説省略）
燻製風味のヨーグルト*
カラメルソース（解説省略）
ココアパウダー

＊：ヤギ乳製のヨーグルトに軽く燻香をまとわせたもの

ビワのコンポート
1 ビワの皮をむいて半分に切り、種を除く。
2 鍋でシロップを沸かしてアスコルビン酸を入れ、1を浸けて冷ます。
3 2を液体ごと真空パックにし、35℃のウォーターバスで30分間熱する。冷蔵庫で冷やす。
4 3の袋からビワを取り出し、提供直前に、表面にライムの皮をふる。

ホワイトチョコのクリーム
1 チョコレートをきざんで湯煎で溶かし、冷ます。
2 生クリーム80gを沸騰させ、もどした板ゼラチンを加え混ぜ、40〜45℃にする。
3 1、2と七分立てにした生クリーム160gを合わせる。アマレットを加え混ぜ、冷蔵庫で冷やす。

メレンゲチップス
1 卵白と砂糖、レモン果汁を合わせてメレンゲを作り、粉糖を混ぜる。
2 厚紙に直径2cmの円をいくつもあけて作った型を板にのせ、穴の部分に1をぬり込む。
3 2の型をはずし、野菜乾燥器で乾燥させる。

セルフイユの枝
1 卵白と粉糖を混ぜ、セルフイユの茎をくぐらせる。
2 モルトパウダー、ココアパウダー、ゴーヤパウダーを混ぜ合わせ、1にまとわせる。野菜乾燥器で乾燥させる。

仕上げ
1 皿に、そぼろ状にしたサブレ生地を盛りつけ、上にホワイトチョコのクリームとメレンゲチップス、ビワのコンポートをのせる。
2 1のメレンゲチップスに燻製風味のヨーグルトを点描し、皿にカラメルソースをたらす。セルフイユの枝を散らし、ココアパウダーをふる。

黄金桃すり流し　巨峰　じゅんさい　針レモン

末友久史 ❖ 祇園 末友

黄金桃すり流し
モモ（黄金桃*）2個
シロップ … 300cc
板ゼラチン … 適量

針レモン
レモンの皮 … 10g
黄金桃すり流しの煮汁 … 150cc

仕上げ
ブドウ（巨峰）… 2粒
ジュンサイ … 50g
針レモンの煮汁

＊：モモの一品種。黄金色の果肉を持ち、弾力ある食感、強い香りと甘みが特徴

黄金桃すり流し
1 モモは半割りにして皮をむき、種を取り除き、皮は取りおく。
2 鍋にシロップを入れて火にかけ、沸騰したら**1**のモモの果肉と皮を入れて3分間煮る。
3 **2**を火からおろし、皮を除く。煮汁は針レモン用に取りおく。
4 **3**を熱いうちにミキサーにかけて、もどした板ゼラチンを加え混ぜる。

針レモン
1 レモンの皮は針に切る。
2 黄金桃すり流しの煮汁を沸かして**1**を入れ、さっと煮て取り出す。
3 **2**の煮汁を水飴状になるまで煮詰め、針レモンの煮汁とする。

仕上げ
1 器に黄金桃すり流しを入れる。湯むきし、種を取り除いたブドウと、湯通しして鮮やかな緑色にしたジュンサイを添える。
2 針レモンの煮汁をかけ、針レモンを添える。

イチゴのクロッカン

永野良太 ❖ エテルニテ

イチゴのスープ（6人分）
イチゴ（さちのか）… 115g
白ワイン … 35g
グラニュー糖 … 15g
フランボワーズリキュール … 5g
トニックウォーター … 適量

イチゴのソルベ（6人分）
イチゴのピュレ（市販品）… 500g
シロップ* … 大さじ2
フランボワーズリキュール … 大さじ1/2

イチゴのクロッカン（6人分）
カラメル … 各適量
├ グラニュー糖
└ 水
イチゴ … 6個
ブルーベリー … 6個

＊：水とグラニュー糖を4：1で合わせたもの

イチゴのスープ
1 イチゴのヘタを取り、白ワイン、グラニュー糖、フランボワーズリキュールとともにミキサーにかけ、シノワで漉す。
2 **1**とトニックウォーターを合わせる。

イチゴのソルベ
イチゴのピュレとシロップ、フランボワーズリキュールを合わせてソルベマシンにかける。

イチゴのクロッカン
1 鍋にグラニュー糖と水を入れて火にかけ、カラメルを作る。
2 イチゴをピックに刺し、**1**にくぐらせて表面を飴がけにし、冷やし固める。先端にブルーベリーを刺す。

仕上げ
1 イチゴのスープをハンドミキサーで軽く撹拌し、器に流し入れる。
2 **1**の中心にイチゴのソルベを盛り、その上にイチゴのクロッカンをのせる。

パール柑のカラメリゼ ミルフィーユ仕立て
小滝 晃 ❋ レストラン オーベルジーヌ

充分に火を入れたサクサクのフイユタージュで、ジューシーなパール柑のカラメリゼとクリーミーなジャスミンのアイスクリームを挟む。食感の変化を楽しみつつ、香ばしさやさわやかさといった風味の調和を堪能できる構成だ。フイユタージュを使う品は小滝氏の長年のスペシャリテ。

堀田の金柑 タルトレット
小笠原圭介 ❋ エクイリブリオ

運ばれてきた瞬間、フワッと立ち上るキンカンのフレッシュな香りが印象的な品。アラミニッツで仕上げることがポイントだ。パート・ブリゼは薄く焼いてサクサクと軽い食感に。キンカンは果汁の多い高知県産5Lサイズのものを使用。水分はほとんど加えず、素材のみずみずしさや繊細な風味を強調する。

ブラッドオレンジのタルト
渋谷圭紀 ラ・ベカス

ブラックベリー入りのタルト生地にブラッドオレンジを重ね、周りにブラッドオレンジのジュレを流す。タルト生地はブラックベリーに少量の生地をつなぎ程度に加えて、焼き固めたもの。焼くことで凝縮されたブラックベリーの甘みが、ブラッドオレンジの酸味と鮮やかなコントラストをなす。

パール柑のカラメリゼミルフィーユ仕立て

小滝 晃 ❖ レストラン オーベルジーヌ

パール柑のカラメリゼとソース（3人分）

パール柑* … 1個
グラニュー糖 … 適量
水 … 適量

フイユタージュ（作りやすい分量／1人分約40g）

バター … 500g
薄力粉 … 500g
塩 … 10g
ぬるま湯 … 230cc

グラス・ジャスマン（作りやすい分量／適量を使用）

ジャスミン茶の葉（球形）… 15g
牛乳 … 1ℓ
卵黄 … 8個分
グラニュー糖 … 100g

＊：ブンタンの仲間で、玉は大きく、黄色い皮は厚い。熊本県が主な産地

パール柑のカラメリゼとソース

1 パール柑は外皮をむいて房に分ける。
2 鍋にグラニュー糖を入れてカラメリゼし、水を加えて濃度を調整する。熱いうちに **1** を入れ、予熱で冷ます。
3 冷めたらパール柑を取り出し、残り汁は煮詰めてソースとする。

フイユタージュ

1 バターのうち125gは2cm角に切る。残りは室温にもどしてクリーム状にし、23cm角の容器に詰めて冷やし固める。
2 薄力粉、**1** の2cm角に切ったバター、塩、ぬるま湯を合わせて手早く混ぜる。
3 **2** を麺棒で十文字になるようにのばし、中心に **1** の23cm角に固めたバターをのせる。左右、手前、奥の順に生地を折りたたんでバターを包む。
4 **3** を麺棒でのばし、四つ折りにする。90度回転させてさらにのばし、四つ折りにする。これをもう1セットくり返す。約15分間冷蔵庫でやすませる。
5 **4** を3mmほどの厚さにのばして、適宜の大きさに切る。オーブンシートを敷いた天板に並べる。
6 150℃のオーブンに **5** を入れ、約15分間焼く。火を止めたらそのまま30分間、余熱で加熱する。

グラス・ジャスマン

1 ジャスミン茶の葉と牛乳を合わせて温め、香りを移す。
2 卵黄とグラニュー糖をすり混ぜたところに **1** を注ぎ入れて混ぜ合わせ、漉す。鍋に入れて83～85℃になるまで加熱し、冷やしてソルベマシンにかける。

仕上げ

1 皿にフイユタージュを盛りつけ、グラス・ジャスマンをのせる。パール柑のカラメリゼを添え、フイユタージュをもう一枚のせる。
2 パール柑のソースを流す。

堀田の金柑 タルトレット

小笠原圭介 ❖ エクイリブリオ

パート・ブリゼ（作りやすい分量／1人分30gを使用）

薄力粉 … 500g
グラニュー糖 … 75g
塩 … 10g
発酵バター … 375g
牛乳 … 200g
卵黄 … 1個分

フラン（約10人分）

牛乳 … 200g
生クリーム（乳脂肪分41％）… 100g
全卵 … 3個
グラニュー糖 … 65g
薄力粉 … 25g

金柑のピュレ（1人分）

キンカン（5Lサイズ）… 1個
水 … 適量

パート・ブリゼ

1 冷やしておいた薄力粉をボウルに入れ、グラニュー糖、塩、2cm角に切った発酵バターを加え、粒が大きめなそぼろ状になるまで手ですり混ぜる。
2 牛乳と卵黄を溶き合わせ、**1** に加え混ぜて一つにまとめる。真空パックにして冷蔵庫で1日以上ねかせる。
3 **2** に打ち粉（分量外）をして、麺棒で厚さ1mmほどにのばす。直径10cmほどの円に切り出し、直径8.5cmのタルトリングに敷き込む。冷蔵庫で1～2時間冷やす。

フラン

1 鍋に牛乳、生クリームを入れて沸騰させる。
2 ボウルに全卵、グラニュー糖、薄力粉を入れてよく混ぜる。
3 **1** を **2** に加えて混ぜ合わせ、**1** の鍋に戻し、粉っぽさがなくなるまで弱火で炊く。裏漉しする。

金柑のピュレ

キンカンは種を抜き、提供直前に水とともにミキサーにかけ、ピュレとする。水の量はキンカンの水分量を見ながら調整する。

仕上げ

1 主菜の提供前にパート・ブリゼの底面をピケしてオーブンペーパーを敷き、タルトストーンで重しをして180℃のオーブンで20分間空焼きする。
2 **1** のタルトストーンとオーブンペーパーをはずし、生地の表面に水溶き卵（分量外）をぬり、さらに10分間焼く。
3 焼き上がったパート・ブリゼにフランを流し、180℃のオーブンで10分間焼く。
4 **1** の表面に金柑のピュレをのせる。

ブラッドオレンジのタルト

渋谷圭紀 ♣ ラ・ベカス

ブラッドオレンジのジュレ(4人分)
ブラッドオレンジの果汁 … 2個分
砂糖 … 少量
板ゼラチン … 果汁の1%

タルト生地(4人分)
全卵 … 15g
グラニュー糖 … 10g
薄力粉 … 10g
ベーキングパウダー … 0.5g
溶かしバター … 7g
ブラックベリー … 8個

仕上げ(4人分)
ブラッドオレンジ … 1個
ナパージュ・ヌートル … 適量

ブラッドオレンジのジュレ
1 ボウルにブラッドオレンジの果汁と砂糖を入れ、湯煎にかける。もどした板ゼラチンを加えて溶かす。
2 バットに流して常温まで冷ました後、冷蔵庫に入れて冷やし固める。

タルト生地
1 溶いた全卵にグラニュー糖を加えて撹拌する。ツヤが生まれ、たらした時にゆるめのリボン状になるまで泡立てる。
2 薄力粉とベーキングパウダーを合わせてふるい、**1**に少しずつ加え、ゴムベラでボウルの底からすくい上げるようにしてしっかりと混ぜ合わせる。
3 **2**に常温に冷ました溶かしバターを加えて、ゴムベラでボウルの底からすくうようにしてムラがなくなるまで混ぜる。
4 紙を敷いた丸いマンケ型に**3**を流し入れ、ブラックベリーを埋め込むように全体に並べる。
5 180℃に熱したオーブンで18分間焼成する。

仕上げ
1 器にタルト生地を敷き、上に外皮をむいて薄い輪切りにしたブラッドオレンジをのせ、ナパージュ・ヌートルをぬる。
2 周囲にブラッドオレンジのジュレを流す。

日向夏のシブストと
シャルトリューズの
クレームグラッセ
蕗の薹の香り

今帰仁 実 ❖ ロドラント ミノルナキジン

日向夏を用い、シブストをさわやかにアレンジ。果汁を加えたクレーム・シブスト、シロップで和えた果肉、シロップ煮にした皮を盛り込んでいる。さらに、シャルトリューズとフキノトウを加えたアイスクリーム、チョコレートソースを添え、清涼感のある香り、苦み、コクを加える。

柚子のシブスト

小滝 晃 ❖ レストラン オーベルジーヌ

シブストのクレームのなめらかさにフォーカスした一品。ユズの皮を加えたクレームのみで構成し、やわらかな口あたりを強調するため、カラメリゼはしない。ユズの皮と果汁で作ったさわやかなソースを添える。《レシピ→P.159》

タルトシトロン

石井真介 ● シンシア

定番のフランス菓子である「タルトシトロン」を現代的に。レモンクリームは、クリーミーさをブランマンジェに、柑橘の風味をグレープフルーツのジュレとグラニテ、フレッシュの日向夏に分解して表現。タルト生地はクランブルに置きかえ、アールグレイのアイスクリームを添える。奥には小型のタルトシトロンを置き、皿のテーマを強調する。

日向夏のシブストとシャルトリューズの クレームグラッセ 蕗の薹の香り

今帰仁 実 ❖ ロドラント ミノルナキジン

日向夏のシブスト（30人分）
卵黄 … 100g
グラニュー糖 … 35g
コーンスターチ … 10g
生クリーム（乳脂肪分35%）… 150g
日向夏の果汁 … 225g
レモン果汁 … 75g
板ゼラチン … 6g
イタリアン・メレンゲ
├ グラニュー糖 … 25g
└ 卵白 … 2個分

日向夏のマリネ　各適量
日向夏の果肉
シロップ（ボーメ30°）

日向夏のピール　各適量
日向夏の皮
シロップ（ボーメ30°）

クレーム・グラッセ（20人分）
卵黄 … 8個分
グラニュー糖 … 90g
牛乳 … 500g
フキノトウ … 2個
シャルトリューズ … 50cc
生クリーム（乳脂肪分35%）… 250g

オパリーヌ（20人分）
グラニュー糖 … 100g
水 … 25cc
水飴 … 25g

ソース・ショコラ（作りやすい分量）
牛乳 … 210g
グラニュー糖 … 75g
ヴァニラビーンズ … 1/4本
ココアパウダー … 35g
ブラックチョコレート（ヴェイス社ノワール・アメール・ソコト カカオ分62%）
　… 50g

仕上げ
粉糖
パンジーの花びら
金箔

日向夏のシブスト
1　ボウルに卵黄とグラニュー糖を入れてよく混ぜ合わせ、コーンスターチを加える。
2　鍋に生クリーム、日向夏の果汁、レモン果汁を入れて温める。**1**を加え、中火で炊く。
3　**2**にもどした板ゼラチンを加えて溶かし、氷水をあてて冷まます。
4　イタリアン・メレンゲを作る。
①　鍋にグラニュー糖を入れ、115℃まで加熱する。
②　泡立てた卵白に①を少しずつ流し入れながら、さらに泡立てる。
5　**4**のイタリアンメレンゲの粗熱をとり、25℃くらいまで温度を下げたら、**3**を混ぜ合わせて直径8cmのセルクルに流す。

日向夏のマリネ
日向夏の果肉に熱いシロップをかけ、そのまま冷ます。

日向夏のピール
1　日向夏の皮は白い部分を取り除き、2〜3回ゆでこぼし、細切りにする。
2　**1**に熱いシロップをかけ、そのまま冷ます。

クレーム・グラッセ
1　ボウルに卵黄とグラニュー糖を入れてよく混ぜる。
2　鍋で牛乳を温め、**1**を加えてとろみが出るまで炊き、粗熱をとる。
3　フキノトウをみじん切りにして下ゆでする。
4　**3**の水気をきって冷まし、シャルトリューズ、生クリームと混ぜ合わせる。**2**と混ぜ、ソルベマシンにかける。

オパリーヌ
1　すべての材料を鍋に入れて火にかけ、150℃くらいまで加熱し、粗熱をとる。
2　**1**が冷めたらミルサーにかけ、直径8cmのセルクルに入れる。表面をバーナーであぶる。

ソース・ショコラ
すべての材料を鍋に入れて火にかける。沸騰して全体がなじんだら、軽く煮詰めて濃度を調整する。

仕上げ
1　器に半割にした日向夏のシブストを盛りつける。日向夏のマリネを上にのせ、オパリーヌを飾って粉糖をふる。
2　**1**のシブストの間にクレーム・グラッセをクネル形にとって盛り、ソース・ショコラをかける。
3　器の縁にパンジーの花びら、金箔、日向夏のピールを飾る。

タルトシトロン

石井真介 ❖ シンシア

ブランマンジェ（作りやすい分量／1人分40gを使用）
牛乳 … 1ℓ
アーモンドのスライス … 400g
サワークリーム … 100g
グラニュー糖 … 150g
シロップ
　┣ 水 … 200cc
　┗ グラニュー糖 … 150g
板ゼラチン … 12g
生クリーム（乳脂肪分40%）… 200cc

グレープフルーツのジュレ（作りやすい分量／1人分20gを使用）
グレープフルーツ果汁 … 200cc
グラニュー糖 … 50g
板ゼラチン … 3g

グレープフルーツのグラニテ（作りやすい分量／1人分20gを使用）
グレープフルーツ果汁 … 200cc
グラニュー糖 … 80g

アールグレイのアイスクリーム（作りやすい分量／1人分25gを使用）
牛乳 … 250cc
生クリーム（乳脂肪分38%）… 250cc
紅茶の葉（アールグレイ）… 20g
卵黄 … 8個分
グラニュー糖 … 120g

シュトロイゼル（作りやすい分量／1人分15gを使用）
バター … 60g
ヴァニラビーンズ … 1/2本
グラニュー糖 … 60g
アーモンドパウダー … 60g
薄力粉 … 60g
塩 … 少量

仕上げ
レモンクリーム《P.262》
メレンゲ《P.262》
日向夏
タルトシトロン《P.262》

ブランマンジェ
1 牛乳800ccを鍋に入れて火にかけ、沸騰してきたらアーモンドのスライスを加える。そのまま3分半煮る。
2 1にサワークリームとグラニュー糖を加え混ぜる。40秒間おき、漉してボウルに入れる。
3 シロップの材料を鍋で煮溶かし、氷水（分量外）でもどした板ゼラチンを加えて溶かす。
4 2に3を加えて混ぜる。ボウルに氷水をあてて混ぜながら冷やし、30℃になったら牛乳200cc、15℃になったら八分立てにした生クリームを加えて混ぜる。
5 4を冷蔵庫で冷やし固める。

グレープフルーツのジュレ
1 グレープフルーツ果汁とグラニュー糖を鍋に入れて沸かし、氷水（分量外）でもどした板ゼラチンを加えて溶かす。
2 1を漉し、容器に入れて冷蔵庫で冷やし固める。

グレープフルーツのグラニテ
1 グレープフルーツ果汁とグラニュー糖を鍋に入れて沸かす。
2 1を漉し、バットに薄く流し入れる。冷凍庫に入れ、固まったらフォークで崩しながら混ぜる。再び冷凍庫に入れ、固まったら混ぜる工程を2回行なう。

アールグレイのアイスクリーム
1 牛乳と生クリームを鍋に入れて沸かし、紅茶の葉を入れて蓋をし、5分間おいて香りを移す。漉して鍋に入れる。
2 ボウルに卵黄とグラニュー糖を入れ、白っぽくなるまでしっかりとかき混ぜる。
3 2に1を少しずつ加えながら混ぜ合わせる。鍋に戻し、木ベラで混ぜながら弱火にかけ、軽く濃度がつくまで煮る。
4 3をボウルに移し、氷水をあてて急冷する。ソルベマシンにかける。

シュトロイゼル
1 常温にもどしたバターをボウルに入れ、さやからこそげ取ったヴァニラビーンズの種、グラニュー糖を加えてすり混ぜる。
2 1にアーモンドパウダー、薄力粉、塩を加え、カードで混ぜ合わせる。
3 2の粉類とバターがなじんだら、少しずつ手にとって握り固める。その後、両手のひらですり合わせてほぐし、粗いそぼろ状にする。
4 3を天板に広げ、150℃のオーブンで20分間焼く。

仕上げ
1 皿の中央にグレープフルーツのジュレを敷き、奥にグレープフルーツのグラニテを盛る。ジュレとグラニテの境目に、アールグレイのアイスクリームをクネル形にとってのせる。
2 1のジュレの手前に、ブランマンジェとレモンクリームをすくってのせる。さらに手前に、グレープフルーツのグラニテを盛りつける。
3 アールグレイのアイスクリームとブランマンジェの上にメレンゲをのせる。シュトロイゼルをグラニテ周辺に散らし、適宜切った日向夏の果肉をジュレの横に盛りつける。
4 皿の奥に、タルトシトロンをのせる。

ラビオリジラソーレ　季節の柑橘のマチェドニア
井上裕一 アンティカ ブラチェリア ベッリターリア

ラビオリ生地にリコッタ、せとかの皮、アカシアのハチミツを包み、ヒマワリの形に。グレープフルーツとせとかに、とろみをつけたジンジャーエールをまとわせて下に敷く。和歌山県産新生姜を使ったジンジャーエールのすっきりとした辛みが、甘酸っぱいパスタの風味をきりっと引き締める。

ポレンタ入り
日向夏のクレープ
8か月熟成した
カステルマーニョのジェラート

佐藤真一・米良知余子 ❖ イル デジデリオ

さわやかな酸味やほのかな苦みが魅力の日向夏と、独特の酸味と発酵臭が特徴的なピエモンテ特産のハードチーズ「カステルマーニョ」を組み合わせたデザート。カソナードのカラメリゼ、日向夏の皮のパウダーで苦みを添え、ポレンタ粉入りのクレープと合わせる。

ハッサクの粒々と
その皮のクリーム
ココナッツ

藤原哲也 ❖ Fujiya 1935

夜のコースは約15品で構成し、最後の3〜4品はデザート。これは、デザートの中の最初の皿。粒に分けたハッサクのつぶつぶ感とハチミツのグラニテのシャリシャリとした食感の楽しい対比が印象的。ハッサクの皮の白いワタで作ったほろ苦いソースを添える。

ラビオリジラソーレ
季節の柑橘のマチェドニア
井上裕一 ❖ アンティカ ブラチェリア ベッリターリア

ラヴィオリジラソーレ（100人分）
ラヴィオリ生地
- 強力粉（日清製粉・カメリヤ）… 460g
- セモリナ粉 … 40g
- 卵黄 … 120g
- 卵白 … 118g
- 塩 … 8g
- オリーブオイル … 12g

詰めもの
- リコッタ … 250g
- せとか*1（和歌山県産）の皮 … 1個分
- ハチミツ（アカシア）… 50g

仕上げ
グレープフルーツ
ミカン
ジンジャーエール（生姜丸しぼり和歌山ジンジャーエール*2）
増粘剤
ピンクペッパー
せとか*1の皮（すりおろし）
セルフイユ
レモンの泡*3

*1：「清見タンゴール」と「アンコールオレンジ」を掛け合わせた品種に、さらに「マーコットオレンジ」を交配した柑橘類。糖度が非常に高く、濃厚な味わい
*2：和歌山県産新生姜を皮ごと使った搾り汁を加えている。JAわかやま製
*3：レモン果汁にレシチンを溶かした水を加え、エアーポンプで泡状にしたもの

ラヴィオリジラソーレ
1 ラヴィオリの生地を作る。
① 全ての材料をボウルに入れ、そぼろ状になるまでこねる。
② ①をまとめてビニール袋に入れて空気を抜き、冷蔵庫で一晩ねかせる。
③ ②を袋のまま再度こねて、冷蔵庫で2～3時間やすませる。この工程を生地がまとまるまでくり返し、冷蔵庫で一晩ねかせる。
④ ③の袋から生地を取り出してパスタマシンで厚さ約1mmにのばし、半分に切る。

2 詰めものをつくる。
① リコッタをガーゼに包んで一晩脱水する。
② ①にせとかの皮とハチミツを加えて混ぜる。

3 ラヴィオリ生地に詰めものを詰める。
① 1の生地1枚に等間隔に詰めものを小さじ1ずつのせ、もう1枚の生地をかぶせる。
② 直径3cmのセルクルで詰めもののまわりを押さえて生地を密着させ、直径6cmのセルクルでくり抜く。
③ ②の縁を親指と人差し指でつまんでひだをつくり、斜め上に引き上げるように起こす。この作業をくり返し、全部で8個のひだを作って、ヒマワリの形に成形する。

仕上げ
1 ラヴィオリジラソーレを塩湯で6分間ゆでて冷ます。
2 グレープフルーツとミカンは外皮と薄皮を除き、小房に分ける。
3 ジンジャーエールに増粘剤を加えて、**2**とまとわせる。
4 器に**3**を盛り、**1**をのせる。砕いたピンクペッパーとすりおろしたせとかの皮を散らし、セルフイユを飾って、レモンの泡をのせる。

ポレンタ入り日向夏のクレープ
8か月熟成したカステルマーニョのジェラート
佐藤真一・米良知余子 ❖ イル デジデリオ

クレープ（20人分）
生地
- 強力粉 … 100g
- ポレンタ粉 … 20g
- 砂糖 … 40g
- 塩 … 2g
- 全卵 … 1個
- 卵黄 … 1個分
- 牛乳 … 250cc

バター … 適量

ソース
- オレンジジュース … 500cc
- レモン果汁 … 1個分
- 砂糖 … 50g

日向夏クリーム（作りやすい分量／1人分30gを使用）
日向夏のピュレ*1 … 400g
板ゼラチン … 6g
レモン果汁 … 適量
生クリーム（乳脂肪分35%）… 200g

日向夏ソース（作りやすい分量）
日向夏のピュレ*1 … 100g
コーンスターチ … 7g

カステルマーニョのジェラート（作りやすい分量／1人分30gを使用）
脱脂濃縮乳 … 1ℓ
砂糖 … 100g
カステルマーニョ*2（8ヵ月熟成）… 250g

仕上げ
チョコレートソース（解説省略）
日向夏
カソナード
日向夏の皮のパウダー *3

*1：日向夏の果肉に半量の砂糖を加えて煮て、ミキサーにかけて漉したもの
*2：イタリア・ピエモンテ州特産の牛乳のチーズ。ヤギ乳を加えることもある。麻布に入れて水分をきったカードに塩を混ぜ、型に入れて発酵させて作る。ほのかな酸味と独特の発酵臭を持ち、食感はややぼそぼそとしている
*3：日向夏の皮に熱湯をかけ、低温のオーブンで乾燥させ、ハンドミキサーで粉砕したもの

クレープ
1 生地の材料をすべて合わせ、12時間やすませる。
2 **1**をバターを敷いたフライパンに流し、直径10cm、15cmくらいの大小2サイズのクレープを焼く。
3 鍋にソースの材料を入れて沸かし、**1**の小さいサイズのクレープを入れて軽く煮る。
4 **2**の大きいサイズのクレープを、大きな半球型のシルパットに敷き、120℃のオーブンで約40分間焼いてカリッとさせる。

日向夏クリーム
1 日向夏のピュレの一部を温め、もどした板ゼラチンを加えて溶かし、レモン果汁で酸味を調整する。
2 残りの日向夏のピュレと**1**、九分立てにした生クリームを合わせる。

日向夏ソース
日向夏のピュレを沸かしてコーンスターチでとろみをつけ、冷ます。

カステルマーニョのジェラート
1 脱脂濃縮乳に砂糖、カステルマーニョを加えて温め、カステルマーニョを溶かす。
2 **1**が沸騰したら、温かいうちにミキサーにかけて漉す。粗熱をとり、ソルベマシンにかける。

仕上げ
1 皿にチョコレートソースで線を描く。ソースで煮込んだ小さいサイズのクレープを盛り、ソースをかける。
2 **1**に日向夏の果肉と日向夏クリームをのせ、カリッと焼いた大きいサイズのクレープを飾る。
3 **2**にカステルマーニョのジェラートを添える。その上にカソナードをかけて、バーナーでカラメリゼする。日向夏ソースをかけ、日向夏の皮のパウダーをふる。

ハッサクの粒々とその皮のクリーム ココナッツ
藤原哲也 ❖ Fujiya 1935

ハッサクの粒々（15人分）
ハッサク（大）… 1個

グラニテ（25cm×40cm×5cmのバット1台分）
水 … 3.3kg
ハチミツ … 525g
シロップ … 200g

ハッサクの皮のクリーム（20人分）
ハッサクの中果皮* … 80g
グラニュー糖 … 12g
バター … 60g
オレンジジュース … 適量

ココナッツのジェラート（パコジェットの専用容器2つ分）
生クリーム（乳脂肪分47%）… 100g
牛乳 … 300g
グラニュー糖 … 175g
ココナッツミルク … 500g
練乳 … 80g

仕上げ
ミント（きざむ）
＊：外皮のすぐ内側の白いワタの部分

ハッサクの粒々
ハッサクは外皮と薄皮をむき、果肉をほぐす。

グラニテ
1 鍋に水を入れて沸かし、ハチミツとシロップを加えて溶かす。粗熱をとり、容器に入れて冷凍庫で凍らせる。
2 **1**を包丁で粗削りにする。

ハッサクの皮のクリーム
1 ハッサクの中果皮を5回ゆでこぼし、苦みを抜く。最後は中果皮がトロトロにやわらかくなるまでゆでて、湯をきる。
2 **1**が温かいうちにグラニュー糖とバターとともにミキサーにかける。
3 **2**にオレンジジュースを加え、なめらかな状態になるまでミキサーでまわす。シノワで漉す。

ココナッツのジェラート
1 鍋にすべての材料を入れて火にかけ、80℃くらいまで加熱する。
2 **1**をパコジェットの専用容器に入れて冷凍する。
3 提供直前に**2**をパコジェットにかける。

仕上げ
皿にハッサクの皮のクリームを引く。横にグラニテを盛り、その上にハッサクの粒々をのせ、ミントを散らす。ジェラートをクネル形にとって添える。

温かいグリオットの クラフティ 吉田牧場リコッタ グラス

萬谷浩一 ❖ **ラ・トォルトゥーガ**

クラフティにはフランス産のサクランボのキルシュ漬けをたっぷりと。アイスクリームのベースとなるリコッタは、萬谷氏が惚れ込んだ岡山県・吉田牧場製の、しっかりとした味わいのものを使っている。キルシュ漬けとリコッタの相性のよさや温度差を楽しんでもらう一皿。

スリーズ

古賀純二・池田 舞 ❖ **シェ・イノ**

サクランボが主役の品。筒状のホワイトチョコレートの中にクリームチーズのムースとサクランボのシロップ漬けを詰め、ホワイトチョコレートのアイスクリームを添える。筒の底にはさわやかな風味のレモンクリームをしのばせ、味わいにメリハリをつけている。

サクランボのシブースト

鈴木謙太郎・田中二二朗 シェ・ケンタロウ

シブストのリンゴをグリオットに置きかえ、季節感のあるデザートにアレンジ。グリオットのクラフティの上にカラメリゼしたクレーム・シブーストをのせている。グリオットのピュレにブドウを加えたソースを添えて供する。

温かいグリオットのクラフティ 吉田牧場リコッタ グラス

萬谷浩一 ❖ ラ・トォルトゥーガ

サクランボのクラフティ

食パン … 85g
牛乳 … 85cc
バター(ポマード状) … 40g
卵黄 … 1 1/2個分
グラニュー糖 … 55g
アーモンドパウダー … 40g
サクランボのキルシュ漬け(フランス産) … 200g
レモンの皮(すりおろし) … 1/3個分
卵白 … 2個分

リコッタのアイスクリーム

クレーム・アングレーズ
├ 牛乳 … 1ℓ
├ レモンの皮 … 2個分
├ 卵黄 … 10個分
└ グラニュー糖 … 240g
リコッタ(1個400g) … 6個
グラニュー糖 … 480g
生クリーム … 672cc
牛乳 … 720cc

仕上げ

粉糖

サクランボのクラフティ

1 食パンを5mm角に切り、牛乳に浸す。
2 バターに卵黄とグラニュー糖40gを加えてすり混ぜる。混ざったらアーモンドパウダーを加え混ぜ、さらにサクランボのキルシュ漬けとレモンの皮を加える。
3 卵白にグラニュー糖15gを加えて泡立てる。
4 3を2に加え、型に入れて180℃のオーブンで20分間焼く。オーブンから取り出し、30分間おく。

リコッタのアイスクリーム

1 クレーム・アングレーズを作る。
① 鍋に牛乳とレモンの皮を入れて熱する。
② 卵黄とグラニュー糖をボウルに入れ、クリーム色になるまですり混ぜる。
③ ①が沸騰しかけたら、②に少量ずつ加えてよく混ぜる。鍋に戻し、弱火で混ぜながら、とろみがつくまで熱する。
2 リコッタにグラニュー糖を加え混ぜ、次いで1のクレーム・アングレーズを少しずつ加え混ぜる。混ざったら生クリーム、牛乳を加えて混ぜる。
3 2をパコジェットの専用容器に入れて凍らせ、使うごとにパコジェットにかける。

仕上げ

皿にクラフティをおき、手前にアイスクリームをクネル形にとって盛る。粉糖をふりかける。

スリーズ

古賀純二・池田 舞 ❖ シェ・イノ

クリームチーズのムース(約6人分)

クリームチーズ … 110g
フロマージュ・ブラン … 40g
シロップ
├ 水 … 20g
└ グラニュー糖 … 40g
卵黄 … 30g
生クリーム(乳脂肪分35%) … 80g

レモンのクリーム(約500g／1人分約10g使用)

生クリーム(乳脂肪分35%) … 120g
グラニュー糖 … 150g
全卵 … 4個
レモン果汁 … 2個分
レモンの皮(すりおろし) … 2個分

ホワイトチョコレートの板　各適量

イチゴのパウダー(フリーズドライ)
ホワイトチョコレート(ヴァローナ社フェーブ・イボワール カカオ分35%)

仕上げ

ナパージュ・ヌートル*
クランブル生地《P.262》
サクランボのシロップ漬《P.263》
サクランボ(半割。種は取り除く)
ミント
ホワイトチョコレートのアイスクリーム《P.263》
チェリー・マルニエ
グリオットのピュレ(解説省略)

＊:市販のナパージュ(マルグリット社ロイヤルミロワールヌートル)にヴァニラビーンズの種を合わせて煮詰めたもの

クリームチーズのムース

1 クリームチーズをやわらかくなるまで練り、フロマージュ・ブランと混ぜ合わせる。
2 鍋に水とグラニュー糖を入れて弱火で熱し、118℃になるまで煮詰めてシロップとする。
3 スタンドミキサーで卵黄を軽く泡立てて2を加え、粗熱がとれるまで撹拌する。
4 3に1を入れて撹拌して、八分立てにした生クリームを加えてさらに撹拌する。

レモンのクリーム

1 レモンの皮以外の材料をボウルに入れ、泡立て器で撹拌しながら湯煎で82℃まで温める。
2 1を裏漉しして粗熱をとり、レモンの皮を加えて混ぜ合わせる。

ホワイトチョコレートの板

1 フィルムの上に、イチゴのパウダーを茶漉しでふる。
2 テンパリングしたチョコレートを1の上に流して広げる。冷蔵庫で冷やす。

3 2を5cm×19cmに切り、直径5cmのセルクルに巻き付けて冷凍庫でしっかりと冷やし固める。
4 提供直前に3のフィルムをはがし、セルクルを抜く。

仕上げ

1 絞り袋に入れたナパージュ・ヌートルを皿に絞り出し、ホワイトチョコレートの板を置く。ホワイトチョコレートの板の中にクランブル生地を入れる。
2 1のクランブル生地の上から、クリームチーズのムースを半分の高さまで絞り出し、その上に、絞り袋に入れたレモンのクリームを絞り出す。
3 2のレモンのクリームの上に、種を取り除き、4等分したサクランボのシロップ漬けを置き、クリームチーズのムースを上から絞り出す。サクランボを添え、ミントを飾る。
4 3の脇にホワイトチョコレートのアイスクリームをクネル形にとって盛りつけて、チェリー・マルニエに少量のグリオットのピュレを加えて煮詰めたソースを3ヵ所に流す。左手前と奥のソースの上に、サクランボを添える。

サクランボのシブースト

鈴木謙太郎・田中二朗　●　シェ・ケンタロウ

クラフティ

パート・ブリゼ(直径6cmのタルト型10台分)
- 薄力粉 … 65g
- 強力粉 … 70g
- バター … 150g
- 水 … 33g
- 塩 … 4g
- 砂糖 … 3g

アパレイユ(作りやすい分量)
- グラニュー糖 … 50g
- 全卵 … 60g
- 卵黄 … 40g
- 牛乳 … 90cc
- 生クリーム(乳脂肪分35%) … 90g

グリオットのキルシュ漬け(市販品) … 3個

クレーム・シブースト

クレーム・パティシエール
- 牛乳 … 125cc
- ヴァニラビーンズ … 1/2本
- 卵黄 … 60g
- グラニュー糖 … 30g
- 薄力粉 … 15g
- 板ゼラチン … 6g

イタリアン・メレンゲ
- 卵白 … 60g
- グラニュー糖 … 120g
- 水 … 30g

ソース(作りやすい分量)

グリオットのピュレ(市販品) … 200g
グラニュー糖 … 200g
水 … 100g
レモン果汁 … 10g
ナパージュ・ヌートル … 適量
グリオットのキルシュ漬け … 適量
ブドウ … 適量

クラフティ

1 パート・ブリゼを作る。
① ボウルに薄力粉と強力粉、冷たいバターを入れ、カードでバターを細かく切りながら混ぜ合わせる。
② ①のバターが小豆粒大になったら、両手ですり合わせ、サラサラの状態にする。
③ 水、塩、砂糖を合わせ、②に加える。カードで混ぜ込み、生地を二つ折りにしてまとめ、冷蔵庫でやすませる。
④ ③を厚さ2mmにのばし、直径6cmのタルト型に敷き込む。
2 アパレイユを作る。
① ボウルにグラニュー糖、全卵、卵黄を入れて混ぜ合わせる。さらに牛乳を加えて混ぜ合わせる。
② ①がなめらかになったら、生クリームを混ぜ込む。
3 1のパート・ブリゼにグリオットのキルシュ漬けをのせ、2のアパレイユを流す。180℃のオーブンで20分間焼く。

クレーム・シブースト

1 クレーム・パティシエールを作る。
① 牛乳とヴァニラビーンズを鍋に入れ、沸騰直前まで温める。
② ボウルに卵黄とグラニュー糖を合わせて、すり混ぜる。薄力粉を加え、なめらかになるまで混ぜ合わせる。
③ ②に①を少しずつ加えて混ぜ合わせる。漉して鍋に戻し、焦がさないように混ぜながら煮上げる。火からおろし、熱いうちにもどした板ゼラチンを溶かし込む。
2 イタリアンメレンゲを作る。
① 卵白をミキサーで角が立つ程度に泡立てる。
② グラニュー糖と水を鍋に合わせて120℃まで加熱する。①に少しずつ加えながらミキサーにかけ、固く泡立てる。
3 2のイタリアンメレンゲが温かいうちに1のクレーム・パティシエールと混ぜ合わせ、直径6cmの型に流して冷凍庫で冷やし固める。

ソース

1 鍋にグリオットのピュレとグラニュー糖、水を合わせて火にかけ、軽く濃度がつくまで煮詰める。冷ます。
2 1にレモン果汁と1の1/2量のナパージュ・ヌートルを加える。冷ましてグリオットのキルシュ漬けと半割にしたブドウを合わせる。

仕上げ

クラフティにクレーム・シブーストをのせ、カソナード(分量外)をふってキャラメライザー(焼きゴテ)でカラメリゼし、器に盛る。ソースを流す。

ライチのヌーボラ(雲)

芝先康一 ❖ リストランテ シーヴァ

口に含むとふわっと溶けて風味が広がる、"雲"をイメージした初夏のデザート。"雲"はライチのリキュールをゼラチンとともに長時間撹拌して作る。フランボワーズのカタラーナとテュイル、ライチの果肉、バジルのソースをともに盛り、多彩な食感と風味を添える。

フレッシュマンゴーと
ヴァローナ・アラグアニ72%チョコレートのミルフィーユ、
マンゴーソルベ、マーマレード、果肉添え

小玉弘道 ❖ レストラン ヒロミチ

直線を基調とした盛りつけが印象的なマンゴーづくしのデザート。マンゴーのソルベを土台とし、マンゴー果肉とチョコレートのミルフイユ、マンゴーのマーマレードをのせる。マンゴーの甘酸っぱさや、チョコレートの苦みと酸味でさっぱりとした味わい。

ライチのヌーボラ（雲）

芝先康一 ❖ リストランテ シーヴァ

ライチのヌーボラ（約15人分）
ライチのリキュール … 200g
グラニュー糖 … 100g
板ゼラチン … 20g
冷水 … 350g

カタラーナ（約15人分）
全卵 … 1個
卵黄 … 60g
グラニュー糖 … 80g
生クリーム（乳脂肪分35％）… 250g
フランボワーズのピュレ（フランス産）… 220g
カソナード … 適量

フランボワーズのテュイル（約30人分）
バター（ポマード状）… 65g
グラニュー糖 … 100g
強力粉 … 30g
フランボワーズのピュレ（フランス産）… 50g

バジルのソース（約20人分）
バジルの葉 … 20g
牛乳 … 50g
加糖練乳 … 10g
コーンスターチ … 10g

仕上げ
ライチ … 1人分1個
オレンジピール（解説省略）
フランボワーズのピュレ（フランス産）

ライチのヌーボラ
1 鍋にライチのリキュールとグラニュー糖を入れて加熱する。
2 1に氷水（分量外）でもどした板ゼラチンを溶かし込み、ザルで漉す。
3 2と冷水を合わせてスタンドミキサーで1時間半〜2時間撹拌する。バットに流し、冷凍庫で凍らせる。

カタラーナ
1 全卵、卵黄、グラニュー糖を合わせて白っぽくなるまですり混ぜる。
2 1に生クリーム、フランボワーズのピュレを加え混ぜ、オーブンシートを敷いたバットに流す。湯煎にして150℃のオーブンで20分間加熱する。
3 2の粗熱をとり、冷凍庫で凍らせる。
4 3を直径4cmと2cmのセルクルで抜き、表面にカソナードをふってバーナーで焦がす。

フランボワーズのテュイル
1 バターとグラニュー糖を練り合わせる。
2 1に強力粉とフランボワーズのピュレを混ぜ込む。
3 2を、オーブンシートを敷いた天板にごく薄くのばし、160℃のオーブンで5〜6分間焼く。

バジルのソース
1 バジルの葉を塩ゆでし、氷水に落とす。
2 1の水気を絞り、牛乳、加糖練乳とともにミキサーにかける。
3 2を漉して鍋に入れ、加熱する。水（分量外）で溶いたコーンスターチを加えて濃度をつける。

仕上げ
1 ライチのヌーボラを1.5cm角の棒状に切り出し、器にややカーブを描くように盛りつける。
2 1にカタラーナ、適宜に割ったフランボワーズのテュイル、皮と種を取り除いてくし切りにしたライチを添える。オレンジピールを飾り、バジルのソース、フランボワーズのピュレを点描する。

フレッシュマンゴーとヴァローナ・アラグアニ72%チョコレートのミルフィーユ、マンゴーソルベ、マーマレード、果肉添え

小玉弘道 ❖ レストラン ヒロミチ

マンゴーのソルベ（10人分）
マンゴー（フィリピン産）… 2個
レモン果汁 … 40cc
シロップ（ボーメ30°）* … 30cc

マンゴーのマーマレード（10人分）
マンゴー（乾燥）… 110g
マンゴー（フィリピン産）… 1個
水 … 110cc
レモンの皮（すりおろし）… 3g
ハチミツ … 適量

仕上げ
ブラックチョコレート（ヴァローナ社アラグアニ カカオ分72%）
ミント
＊：水とグラニュー糖を1：1で合わせたものを使用

マンゴーのソルベ
1　すべての材料を合わせてミキサーにかけ、ピュレ状にする。
2　1をソルベマシンにかけ、10cm×10cm×1cmの角型に詰めて冷凍庫で冷やし固める。

マンゴーのマーマレード
1　水（分量外）でもどした乾燥マンゴー、ミキサーにかけてピュレ状にしたマンゴー、残りの材料をすべて鍋に入れ、木ベラでつぶしながら濃度が出るまで弱火で加熱する。
2　1を冷まし、冷蔵庫で保管する。

仕上げ
1　チョコレートをテンパリングし、2〜3mmの厚さにのばして冷やし固め、5cm×3cm、3cm×2cmの2種類の大きさにカットする。
2　マンゴーを1と同じ大きさに切り、それぞれ同じ大きさの1と交互に重ねる。
3　皿にソルベを置き、2種の大きさの2をのせる。マンゴーのマーマレードを盛り、ミントを飾る。

柚子のシブスト
《写真→P.144》

小滝 晃 ❖ レストランオーベルジーヌ

柚子のシブスト（45cm×30cmのバット1台分）
ユズの皮（すりおろし）… 3個分
卵黄 … 100g
生クリーム（乳脂肪分35%）… 150cc
グラニュー糖 … 62g
レモン果汁 … 75cc
コーンスターチ … 10g
板ゼラチン … 6g
卵白 … 2個分

ソース（5人分）
シロップ … できあがりより540ccを使用
├ 水 … 3
└ グラニュー糖 … 1
ユズのジュース … 大さじ5
ユズの皮（すりおろし）… 2個分
コーンスターチ … 少量
水 … 少量

柚子のシブスト
1　鍋にユズの皮、卵黄、生クリーム、グラニュー糖37gを入れて混ぜ合わせ、弱火でゆっくり火を通す。
2　別鍋にレモン果汁、コーンスターチ、もどした板ゼラチンを入れて火にかけ、ゼラチンを溶かす。
3　1に2を加え、沸騰するまで温める。
4　卵白と残りのグラニュー糖25gを合わせ、角が立つまで泡立てる。
5　3に4を加え、バットに流す。冷めたら冷蔵庫で冷やし固める。

ソース
1　シロップを作る。少量の水とグラニュー糖を鍋に入れて火にかけ、薄く色づくまでカラメリゼする。残りの水を加えて沸かす。
2　1にユズのジュースを加え、濃度がついたら火を止めて冷ます。ユズの皮を加える。
3　水で溶いたコーンスターチを加えて濃度を調整する。

仕上げ
皿に切り分けた柚子のシブストを盛りつけ、ソースをたっぷりと流す。

パイナップルの
ロースト 金柑ソース
渋谷圭紀 ❧ **ラ・ベカス**

甘み、酸味、濃厚な芳香のあるパイナップルをローストし、ほんのりと苦みを添える。モチ米を牛乳で炊いたガトー・ド・リ、キンカンの香りや酸味、甘みをそのまま生かしたソース、カラメルアイスクリームとともに盛り込み、多様な味や食感を重ねる。

マンゴーのロースト
ココナッツムース添え
小滝 晃 ❧ **レストラン オーベルジーヌ**

香りのいいアップルマンゴーを、バターと砂糖でシンプルにロースト。表面の香ばしさと中に残るフレッシュ感のコントラストが楽しい。ヴァニラで香りづけしたココナッツのムースを添えてコクを出しつつ、奥行きのある品に。

アロマ香る 季節のフルーツの ミネストローネ

佐藤真一・米良知余子 ❖ イルデジデリオ

料理とメイン・ドルチェをつなぐプレ・ドルチェ。イチゴや柑橘などの果物の上には、透明な球が。中にはハーブ風味のほんのりと甘い水が入っており、表面のゲル状の膜を破るとフルーツスープになる仕掛け。果物には軽く炒めたセロリを混ぜ、かための歯ごたえや青い香りを添えることで皿の印象を深める。

清涼風景湯円 中国風フルーツ 白玉あんみつ仕立て

皆川幸次 ❖ 銀座アスター本店

湯円は本来、餡を包んだ団子をゆで汁とともに盛る冬のデザート。ここでは、夏の果物や亀ゼリー、杏仁風味のアイスクリームと合わせ、あんみつ風に仕立てている。近年、広東などでも流行しているスタイルだ。

果物 | 161

パイナップルのロースト 金柑ソース
渋谷圭紀 ・ラ・ベカス

パイナップルのロースト（1人分）
パイナップル … 1切れ
グラニュー糖 … 適量
バター … 適量

ガトー・ド・リ（1人分）
モチ米 … 50g
砂糖 … 少量
牛乳 … 適量
クレーム・パティシエール（解説省略）… 下記より20g
- 牛乳 … 250cc
- ヴァニラビーンズ … 1本
- 卵黄 … 50g
- グラニュー糖 … 50g
- 強力粉 … 20g

金柑ソース　各適量
キンカン
シロップ

カラメルアイスクリーム（作りやすい分量）
グラニュー糖 … 300g
牛乳 … 500cc
生クリーム（乳脂肪分42%）… 75g
卵黄 … 100g

パイナップルのロースト
パイナップルの表面にグラニュー糖をふり、耐熱器に並べてバターを散らし、180℃に熱したオーブンで約10分間ローストする。

ガトー・ド・リ
1　炊飯器に水洗いしたモチ米と砂糖を入れて、牛乳をひたひたに注ぎ、約40分間炊く。
2　鍋に1とクレーム・パティシエールを合わせて、弱火で焦げないように加熱しながら炊き合わせる。

金柑ソース
半割りにして種を取り除いたキンカンとシロップをミキサーにかけ、ピュレ状にする。

カラメルアイスクリーム
1　鍋にグラニュー糖75gを入れて強火にかけ、焦がす。
2　1に牛乳と生クリームを加えて沸かす。
3　ボウルに卵黄とグラニュー糖225gを入れて白っぽくなるまですり混ぜる。
4　3に2を少しずつ加えて混ぜ、ソルベマシンにかける。

仕上げ
器にローストしたてのパイナップルを盛り、ガトー・ド・リとソース、アイスクリームを添える。クレーム・パティシエールで使ったヴァニラビーンズを飾る。

マンゴーのロースト ココナッツムース添え
小滝 晃 ・レストラン オーベルジーヌ

マンゴーのロースト（2人分）
マンゴー（アップルマンゴー）… 1個
バター … 適量
グラニュー糖 … 適量

ココナッツのムース（2人分）
牛乳 … 70cc
ヴァニラビーンズ … 1本
ココナッツ（きざんだもの）… 30〜40g
グラニュー糖 … 70g
板ゼラチン … 11g
生クリーム（乳脂肪分35%）… 400g
メレンゲ
- 卵白 … 3個分
- グラニュー糖 … 45g

マンゴーのクーリ（2人分）
マンゴー（果肉）… 100g
砂糖 … 30〜40g
水 … 少量

マンゴーのロースト
マンゴーは皮と種を取り除き、バターとグラニュー糖を熱した鍋で色づくまで焼く。

ココナッツのムース
1　鍋に牛乳、ヴァニラビーンズ、ココナッツ、グラニュー糖を入れ、温めて香りを移す。もどした板ゼラチンを加えて冷ます。
2　八分立てにした生クリームを1に加えて手早く混ぜる。
3　卵白とグラニュー糖を合わせて泡立ててメレンゲを作り、2に加えてさっくりと混ぜる。バットに入れて冷蔵庫で冷やし固める。

マンゴーのクーリ
すべての材料を合わせてミキサーで撹拌し、裏漉しする。

仕上げ
マンゴーのローストを皿に盛りつけ、ココナッツのムースをのせ、マンゴーのクーリをかける。

アロマ香る季節のフルーツのミネストローネ

佐藤真一・米良知余子 ❖ イルデジデリオ

フルーツ類（1人分）

セロリ … 適量
オレンジ・オリーブオイル（イタリア産）*1 … 適量
塩 … 少量
フルーツ … 下記あわせて30g
├ ブンタン
├ オレンジ
├ イチゴ
├ パイナップル
├ ピンクグレープフルーツ
└ レモン

アロマのカプセル（約30人分）

アロマウォーター
├ ミネラルウォーター … 300cc
├ トレハロース … 50g
├ ハチミツ … 20g
├ ローズマリー … 5g
├ タイム … 2g
├ ミント … 10g
└ ラベンダー蜜酢* … 45cc
ゼラチン水
├ 水 … 500cc
├ 砂糖 … 50g
└ ベジタブルゼラチン《P.48》… 25g

仕上げ

パッションフルーツ
ミント
カモミール（粉末）
砂糖

*1：オリーブとオレンジを7：3で合わせて一緒に圧搾して作ったオリーブオイル
*2：リンゴ酢にラベンダーの風味や、ハチミツによる甘みをつけた商品

フルーツ類

1 セロリの皮をむいて約1.5cm角に切り、オレンジ・オリーブオイルで炒める。塩を加えて、甘みが出るまで炒めたら、ブンタンの果肉を加えてさらに炒める。果肉がバラバラになったら、火からおろして冷ます。
2 オレンジ、イチゴ、パイナップル、ピンクグレープフルーツの果肉をそれぞれ1cm角程度の大きさに切る。レモンの果肉は5mm角くらいに切る。
3 1と2を合わせる。

アロマのカプセル

1 アロマウォーターを作る。鍋にミネラルウォーター、トレハロース、ハチミツを入れて火にかけ、沸かす。
2 1にローズマリー、タイム、ミントを加えて火を止め、蓋をして冷めるまでおいて、香りと風味を抽出する。
3 2が冷めたら漉して、ラベンダー蜜酢を加える。半球形のシルパットに流して冷凍する。
4 ゼラチン水を作る。水、砂糖を鍋で沸かし、ベジタブルゼラチンを加えて溶かす。
5 3に串を刺し、4にくぐらせて表面にゼラチンの膜を作る。少し室温におき、中のアロマウォーターを溶かす。

仕上げ

1 器にフルーツ類を盛りつけ、中央にアロマのカプセルをのせる。
2 1の上にパッションフルーツの果肉と種をのせ、ミントの細切りを飾る。
3 器の縁にカモミールと粉糖をふる。

清涼風景湯円
中国風フルーツ白玉あんみつ仕立て

皆川幸次 ❖ 銀座アスター本店

湯円（12人分）

白玉粉 … 120g
水 … 約100cc
中華小豆餡（解説省略）… 120g

杏仁アイス（12人分）

南杏*1 … 35g
北杏*1 … 15g
水 … 400cc
ゼラチン … 10g
砂糖 … 80g
牛乳 … 200cc
生クリーム（乳脂肪分45％）… 200cc

仕上げ

亀ゼリー*2
スイカ
マンゴー
ドラゴンフルーツ
黒蜜
ミント

*1：南杏、北杏はいずれも杏仁で、南杏は甘く、北杏は香りはよいが苦みを持つ。薬効はそれぞれに異なるが、ともに呼吸器系統の改善、整腸効果があるとされる
*2：亀板（亀の腹側の甲羅）、植物のブクリョウなど約20種の漢方薬を煮込んで作る、広西地方発祥のデザート。ゼラチン質が多いため、冷ませば自然に固まる。解毒、暑気払い、美容に効果があるとされる

湯円

1 白玉粉と水を合わせ、耳たぶ程度のかたさに練る。
2 1の生地20gで中華小豆餡10gを包み、熱湯でゆでる。浮いたら取り出す。

杏仁アイス

1 南杏、北杏を一晩たっぷりの水に浸し、水きりして分量の水と合わせてミキサーにかける。布で漉す。
2 1を弱火にかけてしっかりと火を通し、ゼラチン、砂糖、牛乳を加える。ゼラチンと砂糖が溶けたら粗熱をとって生クリームを加え混ぜる。
3 2をソルベマシンにかける。

仕上げ

1 湯円と適宜に切った亀ゼリー、スイカ、マンゴー、ドラゴンフルーツを器に盛りつける。
2 杏仁アイスをのせて黒蜜をかけ、ミントを添える。

リンゴとアマレッティの ピエモンテ風トルタ チョコレートのスープと ヘーゼルナッツの ジェラートとともに

堀川 亮 ❖ フィオッキ

アーモンドパウダーと卵白とで作る伝統菓子のアマレッティ、リンゴ、卵、バター、薄力粉、シナモンなどを混ぜ、粗く粉砕してから低温で焼いたしっとりとした生地菓子。軽く温め、溶かしたチョコレートとジェラートを添えて提供する。

タルト・タタン

鎧塚俊彦 ❖ トシ ヨロイヅカ ミッドタウン

フイユタージュとリンゴを別々に仕上げ、注文ごとに組み立てる。リンゴはオーブンで飴色に加熱しておき、提供前にカラメリゼ。フイユタージュとリンゴの間にはクレーム・パティシエールを挟み、シナモン風味のアイスクリームをのせて仕上げる。ソースは、カラメルとラム風味の2種。皿の縁にはシナモンパウダーをふる。

りんごのオーブン焼 ローズマリーのテュイル バニラアイスクリーム

クリストフ・ポコ ❖ **ルグドゥノム ブション リヨネ**

リンゴは、形を美しく保つために、80℃のオーブンで6時間かけてじっくりと加熱する。コクのあるヴァニラアイスクリーム、ローズマリーとシャルトリューズがほのかに香るシロップを合わせ、紅玉のさわやかな酸味を楽しんでもらう。

リンゴとアマレッティのピエモンテ風トルタ チョコレートのスープとヘーゼルナッツのジェラートとともに

堀川 亮 ❖ フィオッキ

リンゴとアマレッティのトルタ（6人分）
リンゴ … 150g
バター … 15g
全卵 … 1個
グラニュー糖 … 20〜30g
薄力粉 … 10g
コーンスターチ … 5g
アマレッティ *1 … 20g
パン粉 … 大さじ3〜4
シナモンパウダー … 適量
クローヴパウダー … 適量
ナッツメッグパウダー … 適量

ヘーゼルナッツのジェラート（15人分）
牛乳 … 500cc
生クリーム（乳脂肪分42%）… 100cc
ヘーゼルナッツのペースト（市販品）… 大さじ3
卵黄 … 5個分
グラニュー糖 … 100g

仕上げ
チョコレートのソース《P.263》
リンゴのチップ*2 … 1人分1枚
ミントの葉 … 1人分1枚
粉糖

*1：アーモンド風味の小さな焼き菓子
*2：薄切りにしたリンゴに粉糖をふってシリコンマットで挟み、低温のオーブンで乾燥させたもの

リンゴとアマレッティのトルタ
1　リンゴは皮をむいて種を除き、粗くきざむ。皮はみじん切りにする。
2　1、室温にもどしたバター、その他の材料をすべて合わせ、リンゴとアマレッティの食感が残る程度にフード・プロセッサーで粉砕する。
3　直径2cmのココットの内側にバターをぬり、グラニュー糖（ともに分量外）をふる。2を詰め、130℃のスチコンで25分間焼く。
4　3を冷蔵庫で2日間ねかせる。

ヘーゼルナッツのジェラート
1　鍋で牛乳と生クリームを沸騰直前まで温め、ヘーゼルナッツのペーストを加えて混ぜる。
2　卵黄とグラニュー糖を白っぽくなるまですり混ぜたところに、1を少しずつ混ぜ合わせる。
3　2を鍋に移し、沸騰させない程度に加熱する。濃度がついたら漉して冷ます。
4　3をソルベマシンにかける。

仕上げ
器に温かいチョコレートのソースを流し、オーブンで軽く温めたリンゴのトルタを盛る。ヘーゼルナッツのジェラートをのせ、リンゴのチップを挿す。ミントの葉をのせて粉糖をふる。

タルト・タタン

鎧塚俊彦 ❖ トシ　ヨロイヅカ　ミッドタウン

リンゴの下ごしらえ（約1人分）
リンゴ（紅玉）… 1 1/2個
発酵バター … 適量
グラニュー糖 … 適量

シナモンのアイスクリーム（約20人分）
ソース・アングレーズ（作りやすい分量／1kgを使用）
　牛乳 … 800cc
　生クリーム（乳脂肪分32%）… 400cc
　卵黄 … 10個分
　グラニュー糖 … 180g
　ハチミツ … 100g
シナモンパウダー … 適量

リンゴのセッシェ（約40人分）
リンゴ（紅玉）… 3個
グラニュー糖 … 350g
水 … 700g

仕上げ
ヴァニラシュガー
フイユタージュ《P.122》
ソース・カラメル《P.263》
ソース・ラム《P.263》
シナモンパウダー
クレーム・パティシエール《P.261》
アーモンド（砕く）

リンゴの下ごしらえ
1　リンゴは皮をむいて芯を取り、くし形に4等分する。
2　直径9cmのココットにバターをぬってグラニュー糖をまぶす。1を3切れ詰めて1cm角に切った発酵バターを1個加え、表面にグラニュー糖大さじ1/2をまぶす。その上に1を3切れのせ、グラニュー糖大さじ1/2をまぶす。
3　160℃・風速4のコンベクションオーブンで45分間焼き、150℃・風速3にしてさらに約20分間、状態を確認しながら焼く。電源を切って20分間蒸らして型からはずし、きれいな円形に成形し、粗熱をとって冷蔵庫でやすませる。なお、焼成の際は、庫内の蒸気をこまめに逃がすようにする。

シナモンのアイスクリーム
1　ソース・アングレーズを作る。
①　鍋に牛乳と生クリームを入れて火にかけ、沸かす。
②　ボウルに卵黄とグラニュー糖を入れてすり混ぜ、ハチミツ

を加えてさらによく混ぜる。
③ ②に①を加えてよく混ぜてから鍋に戻し、82℃まで加熱しながら炊く。裏漉しして冷ます。
2 1のソース・アングレーズとシナモンパウダーをボウルに入れてハンドミキサーで撹拌し、よく混ぜ合わせる。
3 2をソルベマシンにかける。

リンゴのセッシェ
1 芯をくり抜いたリンゴを0.5〜1mmの厚さにスライスする。
2 鍋にグラニュー糖と水を入れて沸かし、1を加えて弱火で5分間ほど煮る。
3 シルパットに2を並べ、80℃のコンベクションオーブンで乾燥させる。

仕上げ
1 下ごしらえしたリンゴの表面にヴァニラシュガーをふり、バーナーであぶってカラメリゼする。これを2回くり返し、冷蔵庫に入れて表面の粗熱をとる。
2 皿にフイユタージュを置き、周囲にソース2種を流す。シナモンパウダーを皿の縁にふる。
3 フイユタージュの上に、クレーム・パティシエールを絞り、冷やしておいた1をのせる。その上にアーモンドをふり、アイスクリームをのせる。アイスクリームにセッシェを2枚挿す。

りんごのオーブン焼 ローズマリーのテュイル ヴァニラアイスクリーム
クリストフ・ポコ ❖ ルグドゥノム ブション リヨネ

りんごのオーブン焼（作りやすい分量）
リンゴ … 1個
バター … 15g
カソナード … 15g
シナモンパウダー … 適量
ヴァニラシュガー … 適量

ローズマリーのテュイル（作りやすい分量）
バター … 100g
ローズマリー（乾燥。みじん切り）… 適量
小麦粉 … 80g
粉糖 … 160g
ハチミツ … 80g

ヴァニラアイスクリーム（作りやすい分量）
卵黄 … 14個分
グラニュー糖 … 225g
ヴァニラビーンズ（マダガスカル産）… 2本
牛乳 … 1ℓ
生クリーム（乳脂肪分35%）… 500cc
転化糖（トレモリン）… 75g

シロップ（作りやすい分量）
ハチミツ … 250g
シャルトリューズ … 30cc
ローズマリー（乾燥。みじん切り）… 適量
水 … 100cc

仕上げ
グラニュー糖
アーモンドスライス

りんごのオーブン焼
1 リンゴの芯をくり抜き、そこにバター、カソナード、シナモンパウダー、ヴァニラシュガーを詰める。
2 1を加熱対応フィルムで包み、80℃のオーブンで6時間加熱する。

ローズマリーのテュイル
1 常温に戻してやわらかくなったバターにローズマリー、小麦粉、粉糖、ハチミツを加えて混ぜる。
2 1を薄くのばして吸水シートに挟み、冷蔵庫に一晩おく。
3 2を180℃のオーブンで10〜12分間加熱する。適宜の大きさに砕く。

ヴァニラアイスクリーム
1 卵黄とグラニュー糖を白くなるまですり混ぜ、ヴァニラビーンズを加える。
2 牛乳を沸騰させ、少しずつ1に加える。約82℃を維持しつつ、ゆっくりとかき混ぜる。
3 生クリームと転化糖を加えてよく混ぜた後、パコジェットの専用ビーカーに入れて一晩冷凍する。
4 3を提供直前にパコジェットにかける。

シロップ
1 ハチミツをカラメル状に煮詰め、シャルトリューズを加えてフランベする。
2 1にローズマリーと水を加えてさらに煮詰める。

仕上げ
1 りんごのオーブン焼を温めて皿の中央に盛り、リンゴの上にグラニュー糖とアーモンドスライスを混ぜ固めたものをのせる。上からシロップをまわしかける。
2 1のリンゴの上にヴァニラアイスクリームをのせ、ローズマリーのテュイルをあしらう。

洋梨の赤ワイン煮とパンナコッタ・クラッシカ
堀川 亮 ❖ フィオッキ

ピエモンテの名菓「洋ナシの赤ワイン煮」で「パンナコッタ」を挟んだデザート。パンナコッタは"古典的な"という意味の「クラシッカ」の語の通り、本来のかためでしっかりとした食感に仕上げている。洋ナシは小ぶりでかためのものを、ワインはタンニンが弱くて色の濃いピエモンテ産バルベーラを使う。

イチジクのタルト
鈴木謙太郎・田中二朗 ❖ シェ・ケンタロウ

主役は赤ワインで煮たイチジクのコンポート。薄切りにして、フイユタージュ、クレーム・ダマンドと同じ厚さに重ねることで、口の中で3つの要素がバランスよく合わさる。焼きたての熱々にヴァニライスクリームと4つ割にしたイチジクのコンポートをのせて提供する。

ショコラのチューブに詰めたポワール オ キャラメルとビスキュイ 柿のクーリと和梨をアクセントに
飯塚隆太 ❖ レストラン リューズ

シャルロット・オ・ポワールを現代的なガストロノミーレストランらしさと日本の秋を意識して再構築。キャラメルのような風味をもつチョコレートで作った筒には、洋ナシのカラメリゼとクリームを詰め、ビスキュイの上に置く。洋ナシのソルベとジュレに加え、カキなどの日本の秋の果物を添えて、味わいの変化をつける。

洋梨の赤ワイン煮と
パンナコッタ・クラッシカ
堀川 亮 ❖ フィオッキ

洋梨の赤ワイン煮（7〜8人分）
赤ワイン（イタリア・ピエモンテ産バルベーラ）… 800cc
水 … 400cc
グラニュー糖 … 300〜400g
シナモンスティック … 適量
クローヴ … 適量
ローリエ … 適量
白コショウ … 適量
洋ナシ（ブランデーワイン*）… 7〜8個

パンナコッタ（10人分）
A ┌ 生クリーム（乳脂肪分45%）… 500g
　├ 牛乳 … 50cc
　├ グラニュー糖 … 50g
　└ ヴァニラビーンズ … 適量
板ゼラチン … 9g
ブランデー … 適量

仕上げ
ミントの葉
粉糖

＊：洋ナシの1品種。1個150g前後と小ぶりで、熟すと洋酒のような甘い香りが漂う。甘みと酸味のバランスがよく、果汁も豊富

洋梨の赤ワイン煮
1　鍋に赤ワイン、水、グラニュー糖を入れて火にかける。グラニュー糖が溶けて沸騰したら、シナモン、クローヴ、ローリエ、白コショウを加える。皮をむいた洋ナシを入れ、沸騰するかしないかの火加減で7分間煮る。
2　煮汁に浸けたまま2日間冷蔵庫におく。

パンナコッタ
1　Aを合わせて沸騰させ、もどした板ゼラチンを加えて溶かす。
2　1を火からおろし、ブランデーを加えて冷ます。漉しながら直径4cm×深さ2cmの型に流し、冷蔵庫で冷やし固める。

仕上げ
1　洋梨の赤ワイン煮の煮汁を濃度がつくまで煮詰めてソースとする。
2　洋梨の赤ワイン煮を下から1/3ほどの高さで横に切り分け、種を抜く。切り分けた果肉で、厚さ1cmに切り出したパンナコッタを挟む。
3　器に1のソースを流し、2を盛る。ミントの葉を挿して粉糖をふる。

イチジクのタルト
鈴木謙太郎・田中二朗 ❖ シェ・ケンタロウ

イチジクのタルト
イチジクのコンポート（作りやすい分量）
┌ 赤ワイン … 400g
├ 水 … 400g
├ グラニュー糖 … 400g
└ イチジク … 1kg
パート・フイユテ（作りやすい分量）
┌ デトランプ
│　┌ 強力粉 … 1175g
│　├ 薄力粉 … 1175g
│　├ 水 … 1128g
│　└ 塩 … 35g
└ バター … 450g×5枚
クレーム・ダマンド（作りやすい分量）
┌ バター … 200g
├ 粉糖 … 200g
├ 全卵 … 180g
├ アーモンドパウダー … 200g
└ 薄力粉 … 30g
グラニュー糖 … 適量

仕上げ
アイスクリーム（解説省略）
┌ 牛乳 … 940g
├ ヴァニラビーンズ … 2本
├ バター … 90g
├ 脱脂粉乳 … 70g
├ 水飴 … 50g
├ 安定剤 … 3g
├ 卵黄 … 120g
└ グラニュー糖 … 150g
イチジクのコンポート（上記）
チョコレート
ハチミツ

イチジクのタルト
1　イチジクのコンポートを作る。鍋に赤ワイン、水、グラニュー糖を合わせて沸騰させ、イチジクを加えて再び沸騰させる。粗熱をとり、冷蔵庫に一晩おく。
2　パート・フイユテを作る。
①　まず、デトランプを作る。ボウルに強力粉と薄力粉を合わせ、塩を溶かした水を一気に加えて、指先を使って手ばやく混ぜ合わせる。手で軽く練り、なめらかになったら丸くまとめる。十文字に切り込みを入れ、ラップフィルムで包んで冷蔵庫で一晩やすませる。
②　バターを麺棒で叩きのばし、①と同じかたさにする。20cm×25cmの長方形に切り整える。
③　①の切り込みを開き、②のバターを包み込む。
④　③をのばし、幅の3倍の長さの長方形にする。向こう側と手前側から三つ折りにする。角度を90度変えて同じようにのばし、四つ折りにする。冷蔵庫で1時間やすませる。

⑤ ④の作業をもう1度くり返し、パート・フイユテとする。
3 クレーム・ダマンドを作る。
① ボウルにやわらかくしたバターと粉糖を入れ、泡立て器ですり混ぜる。
② ①に溶いた全卵を少しずつ加えながら、しっかりと混ぜ込む。アーモンドパウダーと薄力粉を加えて混ぜ合わせる。
4 **2**のパート・フイユテを厚さ2mmにのばし、ピケして直径12cmのタルト型で抜く。**3**のクレーム・ダマンドを薄く絞る。
5 **1**のイチジクのコンポートを輪切りにして、**4**の上に敷き詰め、グラニュー糖をふる。200℃のオーブンで30～40分間焼く。

仕上げ
器にイチジクのタルトを盛り、アイスクリームと4つ割にしたイチジクのコンポート3切れをのせる。グラニュー糖をまぶしたチョコレートを添え、上からハチミツをかける。

ショコラのチューブに詰めたポワール オ キャラメルとビスキュイ 柿のクーリと和梨をアクセントに

飯塚隆太 ❖ レストラン リューズ

チョコレートの筒
チョコレート（ヴァローナ社ドゥルセ* カカオ分35%）… 適量

洋梨のキャラメリゼ（6人分）
洋ナシ … 1個
砂糖 … 適量
レモン果汁 … 適量

クレーム・ポワール（15人分）
牛乳 … 250g
洋ナシのピュレ（フランス・ポワロン社）… 250g
ヴァニラビーンズ … 1/4本
卵黄 … 60g
砂糖 … 20g
板ゼラチン … 7g
洋ナシのブランデー … 40g
生クリーム（乳脂肪分38%）… 200g

ポワール・ウィリアムスのジュレ（作りやすい分量）
水 … 375g
砂糖 … 75g
洋ナシのブランデー（ポワール・ウィリアムス）… 50g
板ゼラチン … 7g
レモン果汁 … 20g

仕上げ
ビスキュイ・ア・ラ・キュイエール《P.264》
クレーム・パティシエール《P.264》
和ナシ（果肉の角切り）
カキ（果肉を棒状に切る）
洋梨のソルベ《P.264》
カキのピュレ*2
カキの皮の粉末*3
ミント

＊1：ヴァローナ社が開発したブロンド色のクーベルチュール。ビスケットのような風味とほのかな甘みの他、ほのかな塩気がある
＊2：熟したカキの果肉をミキサーでまわし、レモン果汁で味をととのえたもの
＊3：カキの皮を細かくすりおろして乾燥させたもの
＊4：チョコレートの加工用プラスティックシート。やや厚みがあってチョコレートをはがしやすく、チョコレートに美しいツヤが出る

チョコレートの筒
1 8cm×10cmに切ったギターシート*4に、溶かしたチョコレートを薄く均一にのばす。
2 **1**が固まりはじめたら、シートごと直径3cmの筒に巻き付け、冷蔵庫で一晩冷やし固める。筒とシートを取りはずす。

洋梨のキャラメリゼ
1 洋ナシの皮をむいて芯を除き、4等分する。
2 フライパンに**1**の洋ナシと砂糖を入れて火にかけ、カラメリゼしたら、色止めにレモン果汁を加える。1切れを6等分する。

クレーム・ポワール
1 鍋に牛乳、洋ナシのピュレ、縦に割いたヴァニラビーンズを入れ、火にかけて温める。
2 **1**に溶いた卵黄、砂糖を加えて混ぜながら84～85℃まで温度を上げ、ソース・アングレーズのような状態にする。
3 **2**に氷水（分量外）でふやかした板ゼラチンを加えて溶かし、氷水をあてて冷やす。
4 **3**に洋ナシのブランデーを加え、六～七分立てにした生クリームを加える。

ポワール・ウィリアムスのジュレ
1 鍋に水と砂糖を入れて火にかけ、砂糖が溶けたら洋ナシのブランデーを加えて沸かす。
2 氷水（分量外）でふやかしておいた板ゼラチンを**1**に加えて溶かし、氷水をあてて冷やす。
3 **2**にレモン果汁を加えてバットに流し、冷蔵庫で一晩冷やし固める。

仕上げ
1 皿にビスキュイ・ア・ラ・キュイエールを盛り、上にクレーム・パティシエールをぬる。
2 チョコレートの筒の中に洋梨のキャラメリゼとクレーム・ポワールを詰めて**1**の上にのせる。
3 やや崩したポワール・ウィリアムスのジュレ、和ナシ、カキを散らし、クネル形にとった洋梨のソルベを添える。カキのピュレを流し、カキの皮の粉末をふり、ミントを飾る。

トリハと洋ナシのエラード

本多誠一 ● **スリオラ**

「トリハ」はスペイン版のフレンチトースト。本来はシナモンや柑橘の皮を加えた牛乳や白ワインにパンを浸してから卵液にくぐらせ、多めの油で揚げ焼きする。ここではアレンジを加え、卵は使わず、揚げ焼きもせずに、カラメリゼして軽やかな食感に。噛むとアパレイユがジュワッとしみ出るジューシーな仕立て。洋ナシのエラード（ソルベ）とコンポート、カカオのソースとクランブルを添えて。

洋梨のコンポート ライム風味のウッフ・ア・ラ・ネージュ
中多健二 ポワン

オーソドックスなメニュー名とモダンな仕立てとのギャップを楽しませる一品。洋ナシのコンポートにウッフ・ア・ラ・ネージュ、カラメルのアイスクリームを重ね、板状に焼いたメレンゲを挿している。洋ナシは真空パックにすることで、火を入れずにシロップを浸透させたもの。客席でソース・アングレーズを注ぐ。

トリハと洋ナシのエラード

本多誠一 ❖ スリオラ

トリハ

ブリオッシュ（作りやすい分量）
- 強力粉 … 500g
- 砂糖 … 50g
- 塩 … 10g
- 牛乳 … 50cc
- ドライイースト … 8g
- 全卵 … 6個
- バター（ポマード状）… 250g

アパレイユ（作りやすい分量）
- 生クリーム（乳脂肪分35%）… 250cc
- 牛乳 … 100cc
- 砂糖 … 40g
- レモンの皮 … 1/2個分
- オレンジの皮 … 1/2個分
- ヴァニラビーンズ … 1/2本
- シナモンスティック … 1本

E.V.オリーブオイル … 適量
カソナード … 適量

洋梨のエラード（20人分）

A
- 洋ナシのピュレ（市販品）… 500g
- ブドウ糖（粉末）… 50g
- 転化糖（トレモリン）… 50g
- 砂糖 … 50g
- 水 … 200g
- ヴァニラビーンズ … 1本

安定剤 … 5g

洋梨のコンポート（作りやすい分量／1人分1切れを使用）

シロップ
- 水 … 200cc
- 砂糖 … 135g
- 洋ナシのブランデー … 20cc

洋ナシ … 1個

ソース（作りやすい分量）
- ココアパウダー … 30g
- 水 … 60cc
- 砂糖 … 40g

クランブル（作りやすい分量）
- 砂糖 … 50g
- 薄力粉 … 50g
- バター … 50g
- アーモンドパウダー … 50g

仕上げ
- オクサリス
- ヴィオラの花

トリハ

1 ブリオッシュを作る。
① 強力粉、砂糖、塩、牛乳、ドライイーストをスタンドミキサーで軽く混ぜ、全卵を加えて4分間まわす。
② ①にバターを加え、速度を上げてさらに約4分間、生地がまとまるまでまわす。
③ ②を丸くひとまとめにしてボウルに移し、ラップフィルムで覆って冷蔵庫で一晩ねかせる。
④ ③を食パン型に入れ、36℃くらいの場所で1時間発酵させる。
⑤ ④を200℃のオーブンで40分間焼く。
⑥ ⑤の型からブリオッシュを出して冷ます。クラストを切り落とし、2.5cm×2.5cm×4.5cmの直方体に切る。

2 アパレイユの材料をすべて鍋に入れて沸かし、蓋をして火からおろす。1時間ほどおいて香りをしっかり移してから漉す。

3 2のアパレイユに1のブリオッシュを2〜3時間浸け込む。

4 フライパンにE.V.オリーブオイルとカソナードを入れて火にかけ、カラメリゼする。

5 4に、直前までアパレイユに浸け込んでおいた3のブリオッシュを入れ、全面に香ばしい焼き色とカラメルをまとわせる。

洋梨のエラード（ソルベ）

1 Aを鍋に入れて火にかけ、40℃まで温める。
2 1に安定剤を加えて80℃まで熱したら火からおろし、氷水にあてて粗熱をとり、冷蔵庫で4〜8時間やすませる。
3 2を漉し、パコジェットの専用容器に入れて冷凍する。
4 提供直前に、3をパコジェットにかける。

洋梨のコンポート

1 シロップを作る。鍋に水、砂糖を入れて沸かし、火からおろして洋ナシのブランデーを加えて冷ます。
2 皮をむいてくし切りにした洋ナシを、1とともに容器に入れてそのまま真空器にかける。2〜3回真空器にかけることで、シロップをよく浸透させる。

ソース

鍋にソースの材料を入れて沸かす。

クランブル

1 砂糖、薄力粉、バター、アーモンドパウダーをしっかり混ぜ合わせ、オーブンシートに薄くのばす。180℃のオーブンで10分間ほど焼き色がつくまで加熱する。
2 1の粗熱をとってボウルに入れ、粗く崩す。

仕上げ

皿にソースでラインを引き、クランブルをふる。トリハ、クネル形にとった洋梨のエラード、洋梨のコンポートを盛り、オクサリス、ヴィオラの花を飾る。

洋梨のコンポート
ライム風味のウッフ・ア・ラ・ネージュ

中多健二 ポワン

洋梨のコンポート（20人分）
洋ナシ … 4個
シロップ … 200cc
レモン果汁 … 小さじ1

ウッフ・ア・ラ・ネージュ（20人分）
卵白 … 150g
グラニュー糖 … 120g
ライムの皮（すりおろし）… 1/2個分

キャラメルアイスクリーム（20人分）
キャラメル
― グラニュー糖 … 100g
― 水 … 100g
― 生クリーム（乳脂肪分47%）… 200g
― バター … 50g
― 塩 … 5g
ソース・アングレーズ
― 卵黄 … 200g
― グラニュー糖 … 60g
― ヴァニラビーンズ … 1本
― 牛乳 … 1ℓ
― 転化糖（トレモリン）… 25g

板メレンゲ（作りやすい分量）
卵白 … 100g
グラニュー糖 … 100g
粉糖 … 100g

ソース・アングレーズ（作りやすい分量）
卵黄 … 40g
グラニュー糖 … 60g
ヴァニラビーンズ … 1/2本
牛乳 … 250g
レモンの皮（表面のみをすりおろす）… 小さじ1

仕上げ
食用花の花びら

洋梨のコンポート
洋ナシを半割にして種を抜き、シロップ、レモン果汁と合わせて袋に入れ、真空にかけて丸1日おく。

ウッフ・ア・ラ・ネージュ
1 ボウルに卵白とグラニュー糖を入れて泡立て、きめ細かなメレンゲになったらライムの皮を加えて混ぜる。
2 1を深めのバットに流し入れ、90℃のスチコンで7分間加熱して冷ます。冷えたら直径6.5cmのセルクルで高さ2～3cmの円盤状に抜く。

キャラメルアイスクリーム
1 キャラメルを作る。鍋にグラニュー糖と水を入れて火にかけ、褐色になるまで加熱する。火からおろして生クリームとバター、塩を加えて混ぜる。
2 ソース・アングレーズを作る。
① ボウルに卵黄とグラニュー糖を入れ、白っぽくなるまですり混ぜる。
② 鍋にヴァニラビーンズのさやとしごき出した種、牛乳、転化糖を入れて火にかけ、沸騰直前まで温める。
③ ①に②を少しずつ注ぎ入れて溶きのばす。鍋に戻して火にかけ、ヘラで混ぜる。62℃になったら火からおろして漉す。
3 2のソース・アングレーズに1のキャラメルを加えてよく混ぜ、パコジェットの専用容器に入れて冷凍する。
4 提供直前に3をパコジェットにかける。

板メレンゲ
1 ボウルに卵白を入れてほぐし、グラニュー糖を加えて泡立てる。ふんわりとしてきたら粉糖を加え、さらに泡立ててメレンゲを作る。
2 オーブンペーパーの上に1をごく薄い板状にのばし、70℃のスチコンで丸1日焼く。

ソース・アングレーズ
キャラメルアイスクリームの工程2を参考にして作り、漉した後、氷水にあてて冷ます。

仕上げ
1 洋梨のコンポートの皮をむき、5mm角に切る。
2 器の中央に1をおき、ウッフ・ア・ラ・ネージュ、アイスクリームを重ねる。
3 適当な大きさに割った板メレンゲを添え、食用花の花びらを散らす。
4 ソースピッチャーにソース・アングレーズを入れて3に添え、かけて食べるようにすすめる。

Ice Cream, Sorbet, Gelato, Granité

第 **4** 章

アイスクリーム、ソルベ、
ジェラート、グラニテ

もものマリネ、ソルベ、グラニタ、アーモンドソース
伊藤延吉 ❖ リストランテ ラ・バリック トウキョウ

モモをマリネやソルベなど多様な形に仕立て、一皿に。甘すぎない大人のデザートを目指し、マリネにはカンパリで苦みを、コアントローでオレンジの風味を加えている。アーモンドソースを合わせたのは、モモの種の中の"仁"のイメージ。

もものマリネ、ソルベ、グラニタ、アーモンドソース

伊藤延吉 ❖ リストランテ ラ・バリック トウキョウ

モモのマリネ（10人分）
モモ … 5個
マリネ液
├ 白ワイン … 700cc
├ カンパリ … 160cc
├ コアントロー … 50cc
├ グラニュー糖 … 100g
└ レモン果汁 … 1個分

モモのソルベ（20人分）
モモ … 3個
レモン果汁 … 少量
シロップ* … 300cc

モモのグラニタ（30人分）
水 … 300cc
グラニュー糖 … 60g
モモのリキュール … 80cc

アーモンドソース（作りやすい分量）
卵黄 … 4個分
グラニュー糖 … 50g
牛乳 … 250cc
生クリーム（乳脂肪分46％）… 50cc
アーモンドスライス … 25g
アマレット … 200cc

モモのチップ（作りやすい分量）
モモ … 適量
トレハロースシロップ（解説省略）
├ トレハロース … 30g
└ 水 … 100cc

仕上げ
ミント

＊：砂糖と水を2：3で合わせたもの

モモのマリネ
1　マリネ液の材料を合わせて弱火にかけ、アルコール分がとんだら火からおろして冷ます。
2　半割りにして種を除いたモモを**1**に漬ける。1時間後に返し、さらに1時間漬け込む。

モモのソルベ
1　モモをひと口大に切ってレモン果汁をふり、パコジェットの専用容器に入れる。シロップを注ぎ入れる。
2　**1**を冷凍し、提供前にパコジェットにかける。

モモのグラニタ
材料を合わせて冷凍し、30分間おきに何度かかき混ぜてグラニタとする。

アーモンドソース
1　卵黄とグラニュー糖をすり混ぜる。
2　牛乳、生クリーム、アーモンドスライスを合わせて人肌程度に温め、アーモンドの香りを移す。
3　**1**、**2**、アルコール分をとばしたアマレットを合わせて漉し、鍋に入れてとろみが出るまで混ぜながら炊く。

モモのチップ
1　モモは薄くスライスし、トレハロースシロップに1時間漬け込む。
2　モモをシロップから取り出し、90℃のオーブンで2時間加熱する。

仕上げ
1　スープ皿にアーモンドソースを流し、モモのマリネを盛りつける。
2　モモのソルベとグラニタをのせ、モモのチップとミントを飾る。

ビーツのグラニテ、青りんごのジュレ

《写真→P.180》

金山康弘
ハイアット リージェンシー 箱根 リゾート＆スパ
レストラン ベルス

ビーツのグラニテ（作りやすい分量／1人分約7gを使用）
ビーツ … 1個

青りんごのジュレ（作りやすい分量／1人分約15gを使用）
青リンゴ（グラニースミス）… 2個
板ゼラチン … 2g

仕上げ
クリーム
├ 生クリーム（乳脂肪分35％）
└ サワークリーム
ウイキョウの葉
プティ・オゼイユ

ビーツのグラニテ
1　ビーツの皮をむいてジューサーにかけ、漉す。
2　1のジュースをパコジェットの専用容器に入れ、冷凍庫で凍らせる。
3　提供直前に、2をパコジェットにかけて粉砕する。

青りんごのジュレ
1　青リンゴの皮をむいて芯を取り、ジューサーにかけて、漉す。
2　1のジュースの一部を小鍋に取って熱し、もどした板ゼラチンを加え、完全に溶かす。
3　2と1のジュースの残りを合わせ、提供用の器に薄く流し、冷蔵庫で冷やし固める。

仕上げ
1　三分立てにした生クリームとサワークリームを同量ずつ混ぜ合わせてクリームを作る。絞り袋に詰め、固まった青りんごのジュレの中央に一直線状に絞る。
2　1のクリームを挟んで右側にビーツのグラニテを盛りつけ、左側にウイキョウの葉とプティ・オゼイユを飾る。

ビーツのグラニテ、青りんごのジュレ

金山康弘 ❖
ハイアット リージェンシー
箱根 リゾート＆スパ
レストラン ベルス

「ビーツ畑の近くにリンゴがなっていた」という、金山氏が滞仏中に見た光景からヒントを得た取合せ。グラニースミスのジュレにビーツのグラニテとサワークリームを加えた軽い酸味のクリームとをのせ、清涼感のあるハーブを添える。ビーツは生で使い、リンゴはゼラチンを溶かすのに最低限の加熱にとどめ、いずれも加糖せず、素材の味と香りを生かしている。《レシピ→P.179》

リコッタチーズのセミフレッド アメリカンチェリーの温かいソース

濱本直希 ❖ フェリチェリーナ

リコッタの味わいをストレートに生かした冷たいセミフレッドに、熱々のソースをたっぷりかけて、アッフォガートのような仕立てに。ソースは短時間の加熱でアメリカンチェリーのフレッシュ感を残し、煮詰めたヴィネガーでコクを出す。最後にパッションフルーツを散らして酸味と食感を、コショウを挽いてキレを加える。

八宝飯雪糕
八宝飯、アイスクリーム添え
皆川幸次 ❖ 銀座アスター本店

八宝飯は、8種のドライフルーツと豚の背脂などをモチ米に混ぜて蒸し上げ、甘いシロップをかけて食べる江南の定番デザート。本来は温かい状態で提供する。ここでは常温とし、ココナッツのアイスクリームをのせ、甘さを引き締める黒酢のソースをかけて仕上げている。

イチゴとヴェルヴェーヌのジュレ、ホワイトチョコレートのグラスとハチミツとタイムのグラニテ
中田雄介 ❖ シャントレル

ヴェルヴェーヌのジュレにイチゴ、ホワイトチョコレートのグラス、ハチミツとタイムのグラニテをのせた清涼感あふれる品。スプーンでかき混ぜながら"かき氷感覚"で食べてもらう。イチゴはしっかりとした酸味のある栃木産とちおとめを使用。イチゴの酸味がグラスとグラニテの甘みを際立たせる。

リコッタチーズのセミフレッド
アメリカンチェリーの温かいソース
濱本直希 ❖ フェリチェリーナ

リコッタチーズのセミフレッド（約20人分）
リコッタ … 500g
グラニュー糖 … 200g
生クリーム（乳脂肪分38％）… 500g
グラッパ … 30g

アメリカンチェリーの温かいソース（2人分）
ハチミツ … 5g
バルサミコ酢 … 10g
シェリーヴィネガー … 10g
赤ワインヴィネガー … 10g
赤ポルト … 60g
赤ワイン … 60g
バター … 5g
アメリカンチェリー … 100g

仕上げ
パッションフルーツ
コショウ

リコッタチーズのセミフレッド
1 リコッタとグラニュー糖100gを泡立て器で混ぜる。
2 生クリームとグラニュー糖100gを合わせて七〜八分立てにする。
3 1に2をさっくりと合わせて、グラッパで風味づけする。テリーヌ型に入れ、冷凍庫で凍らせる。

アメリカンチェリーの温かいソース
1 鍋にハチミツを入れて熱し、カラメリゼする。
2 1にバルサミコ酢、シェリーヴィネガー、赤ワインヴィネガーを加え、酸味をとばしながら煮詰める。
3 2に赤ポルト、赤ワイン、バターを加え混ぜ、さらに半分に切って種を除いたアメリカンチェリーを加えて軽く熱する。

仕上げ
1 リコッタチーズのセミフレッドを型からはずして厚さ2cmほどに切り、皿に盛る。
2 1にアメリカンチェリーの温かいソースをかけ、パッションフルーツの果肉と種を散らす。コショウを挽きかける。

八宝飯雪糕
八宝飯、アイスクリーム添え
皆川幸次 ❖ 銀座アスター本店

八宝飯（10人分）
モチ米 … 500g
ドライフルーツ（レーズン、クランベリー、パイナップル、パパイヤ）
　… 計350g
豚の背脂 … 50g
氷砂糖 … 120g

ココナッツアイスクリーム（10人分）
ココナッツミルク … 200cc
牛乳 … 300cc
砂糖 … 80g
ゼラチン … 10g
生クリーム（乳脂肪分45％）… 300cc

香醋ソース
香醋（黒酢）
ミネラルウォーター
ガムシロップ
コーンスターチ

八宝飯
1 一晩浸水したモチ米を適宜にきざんだドライフルーツと合わせ、かために蒸す。
2 1に細かく切った豚の背脂と氷砂糖を加え、2時間蒸した後、しっかりと混ぜる。

ココナッツアイスクリーム
1 ココナッツミルク、牛乳、砂糖、もどしたゼラチンを合わせて火にかけ、砂糖とゼラチンが溶けたら火からおろして粗熱をとる。
2 1に生クリームを加え、ソルベマシンにかける。

香醋ソース
1 香醋をミネラルウォーターでのばし、ガムシロップを加えて甘みをととのえる。
2 1を軽く温めてコーンスターチを加え、とろみをつけて冷ます。

仕上げ
常温に冷ました八宝飯を約70gずつ皿に盛りつけ、アイスクリームをのせ、ソースをかける。

イチゴとヴェルヴェーヌのジュレ、ホワイトチョコレートのグラスとハチミツとタイムのグラニテ

中田雄介 ❖ シャントレル

ヴェルヴェーヌのジュレ（10人分）
白ワイン … 160cc
水 … 400cc
砂糖 … 125g
ヴェルヴェーヌの葉（乾燥）… 1.5g
レモンのスライス … 2枚
板ゼラチン … 6g

ホワイトチョコレートのグラス（10人分）
牛乳 … 1ℓ
水飴 … 100g
砂糖 … 50g
ホワイトチョコレート（ヴェイス社ネヴェア カカオ分29％）… 550g

ハチミツのグラニテ（20人分）
水 … 900cc
白ワイン … 300cc
タイムの葉 … 2枚
ハチミツ … 360g
レモン果汁 … 100cc

仕上げ
イチゴ
ミント

ヴェルヴェーヌのジュレ
1 鍋に白ワイン、水、砂糖、ヴェルヴェーヌの葉、レモンのスライスを入れて沸かす。火からおろし、2時間程度おいて香りを移す。漉す。
2 1にもどした板ゼラチンを加えて混ぜる。冷蔵庫で冷やし固める。

ホワイトチョコレートのグラス
1 鍋に牛乳、水飴、砂糖を入れて沸かす。
2 1に湯煎で溶かしたチョコレートを加え混ぜ、ミキサーに移してなめらかになるまで混ぜ合わせる。
3 2をソルベマシンにかける。

ハチミツのグラニテ
1 鍋に水、白ワイン、タイムの葉を入れて沸かす。
2 1にハチミツを入れて溶かし、レモン果汁を加える。
3 2をバットに流して粗熱をとり、冷凍庫に入れて冷やし固める。

仕上げ
1 器にヴェルヴェーヌのジュレを敷き、ホワイトチョコレートのグラス、ヘタを取ったイチゴをのせる。
2 1の上にミントをのせ、ハチミツのグラニテをフォークで砕いて盛りつける。

マスクメロンクリームソーダ
浅井 努 ❖ トム クリオーザ

「クリームソーダをおいしいメロンで作ってみたらどうだろう」と考えて生まれたグラスデザート。マスクメロンの果肉のみで作ったシャーベット、ヴァニラアイスクリーム、果肉、練乳ソース、炭酸を加えた果汁を重ねる。スプーンで下からすくい混ぜ、一体感を楽しんでもらう。

シンガポールスリング…?
山根 大助 ❖ ポンテベッキオ

カクテルのシンガポールスリングをプレドルチェにアレンジ。パイナップルはソルベとエスプーマに、サクランボはキルシュで風味づけしてソースにする他、トッピングにも。ライムの皮を散らし、ジンを数滴ふって仕上げる。すっきりとした味わいで、メインドルチェに向けて口の中をリセットしてもらう。

テッレモート

萬谷浩一 ラ・トォルトゥーガ

「テッレモート」とはスペイン語で"地震"の意味。1985年のチリ地震の取材に訪れたドイツ人記者が、現地のカフェで「ピペーニョ」という白ワインとパイナップルのアイスクリームのデザートを食べて「テッレモート！」と叫んだ……という逸話から発想をふくらませて作った品。パイナップルとそのソルベ、ココナッツ入りの生地、白ワインのグラニテなどを組み合わせている。

アイスクリーム、ソルベ、ジェラート、グラニテ | 185

マスクメロンクリームソーダ

浅井 努 ❖ トム クリオーザ

メロンシャーベットとソーダのベース（作りやすい分量）
メロン（マスクメロン）… 1個
シロップ … 適量

ヴァニラジェラート（作りやすい分量／1人分約40gを使用）
牛乳 … 600g
脱脂濃縮乳 … 400g
ヴァニラビーンズ … 2本
卵黄 … 300g
グラニュー糖 … 300g
生クリーム（乳脂肪分47％）… 1kg

練乳ソース（作りやすい分量）
加糖練乳 … 200g
生クリーム（乳脂肪分47％）… 20g
ハチミツ … 20g

仕上げ
メロン（マスクメロン）

メロンシャーベットとソーダ
1 メロンの果肉をジューサーにかける。シロップを加えて甘みを調整する。
2 1の半量をパコジェットの専用容器に入れて冷凍する。提供直前にパコジェットにかけ、シャーベットとする。
3 1の残りをサイフォンに入れて炭酸ガスを充填し、冷蔵庫で冷やす（ソーダのベース）。

ヴァニラジェラート
1 牛乳、脱脂濃縮乳、縦に割いたヴァニラビーンズを鍋に入れ、沸騰直前まで温める。
2 卵黄とグラニュー糖を白っぽくなるまですり混ぜる。**1**を加え混ぜて鍋に移し、濃度がつくまで温める。
3 **2**を漉して、生クリームを加え、冷ます。パコジェットの専用容器に入れて冷凍する。提供直前にパコジェットにかけ、ジェラートとする。

練乳ソース
加糖練乳と生クリーム、ハチミツを合わせて軽く煮詰め、冷ます。

仕上げ
1 よく冷やしたグラスにメロンシャーベット約30gを盛りつけ、ヴァニラジェラートをのせる。一口大に切ったメロンを数個散らし、練乳ソースをかける。
2 サイフォンに詰めたソーダのベースを**1**の上にたっぷりと絞る。よく冷やしたプレートにのせて提供する。

シンガポールスリング…？

山根 大助 ❖ ポンテベッキオ

パイナップルのソルベ（作りやすい分量／1人分50gを使用）
パイナップル（果肉）… 200g
シロップ（グラニュー糖と水を1：1で合わせたもの）… 適量
液体窒素 … 適量

パイナップルのエスプーマ（作りやすい分量／1人分40ccを使用）
パイナップル（果肉）… 400g
シロップ（グラニュー糖と水を1：1で合わせたもの）… 適量
板ゼラチン … 適量

チェリーのソース（作りやすい分量／1人分小さじ2を使用）
白ワイン … 1ℓ
ハチミツ … 75g
サクランボ … 250g
キルシュ … 20g

仕上げ
サクランボ … 1人分3粒
ライムの皮
ジン

パイナップルのソルベ
1 パイナップルをミキサーにかけ、細かい目の布で漉す。
2 1にシロップを加え、ボーメ17〜18°に調節する。
3 2を液体窒素に注ぎ入れ、手早くかき混ぜながら冷やし固め、なめらかな状態にする。

パイナップルのエスプーマ
1 パイナップルをミキサーにかけ、細かい目の布で漉す。
2 1にシロップを加え、ボーメ17〜18°に調節する。
3 2にもどした板ゼラチンを少量の湯で溶かして加え、しっかりと冷やす。サイフォンに詰め、ガスを充填し冷蔵庫で冷やす。

チェリーのソース
1 鍋に白ワインとハチミツを入れて火にかけ、種を取って粗くきざんだサクランボを加えて15分間煮る。
2 1の水分がほぼなくなるまで煮詰めたら、ミキサーにかけて裏漉す。冷えたらキルシュを加える。

仕上げ
1 ガラスの器にパイナップルのソルベを盛り、サイフォンに詰めたパイナップルのエスプーマを絞り出す。
2 1にチェリーのソースをかけて、サクランボを盛りつける。ライムの皮を散らし、ジンを数滴ふりかける。

テッレモート

萬谷浩一 ❖ ラ・トォルトゥーガ

ココナッツのマルジョレーヌ

ヘーゼルナッツ … 20g
アーモンド … 30g
A ┌ アーモンドパウダー … 36g
  │ ココナッツパウダー … 32.5g
  │ グラニュー糖 … 90g
  └ 小麦粉 … 9g
メレンゲ
  ┌ 卵白 … 112.5g
  └ グラニュー糖 … 45g

シャルドネのグラニテ

水 … 130cc
砂糖 … 75g
白ワイン（シャルドネ種）… 390cc
レモン果汁 … 小さじ1

パイナップルのアイスクリーム

卵黄 … 10個分
シロップ* … 300cc
生クリーム … 500cc
パイナップルのピュレ … 1.5ℓ
ラム（ホワイト）… 少量

パイナップルのチップス　各適量

パイナップル（薄切り）
シロップ*

仕上げ

パイナップル（角切り）
ホワイトチョコレートのガナッシュ（解説省略）

＊：砂糖1に対して水2を合わせ、煮溶かして冷ましたもの

ココナッツのマルジョレーヌ

1 ヘーゼルナッツとアーモンドをフード・プロセッサーにかけてピュレにする。
2 Aを混ぜ合わせ、1を加えて練り合わせる。
3 卵白とグラニュー糖を合わせて泡立ててメレンゲを作り、2と混ぜ合わせる。
4 天板にシルパットをのせて3の生地を流し入れ、パレットナイフで平らにならす。
5 オーブンで焼く。

シャルドネのグラニテ

1 鍋に水と砂糖を入れて煮溶かし、白ワインとレモン果汁を加える。
2 バットに1を流し、時折かきまぜながら凍らせる。

パイナップルのアイスクリーム

1 卵黄に熱したシロップを加えながら泡立て器でよく混ぜる。クリーム色になるまで混ぜる。
2 1、泡立てた生クリーム、パイナップルのピュレ、ラムを混ぜ合わせ、パコジェットの専用容器に入れて凍らせる。充分に凍ったら、必要量をパコジェットにかける。

パイナップルのチップス

1 パイナップルの薄切りにシロップを刷毛でぬる。天板にシルパットをのせ、水気をきったパイナップルの薄切りを並べる。
2 1をコンベクションオーブンに入れ、180℃の温風で5分間焼き、その後80℃の温風で5分間焼く。そのまま翌朝までおいて乾燥させる。

仕上げ

1 ココナッツのマルジョレーヌを1〜1.5cm角を目安に砕く。
2 1のココナッツのマルジョレーヌ、角切りにしたパイナップル、シャルドネのグラニテを混ぜ合わせ、ホワイトチョコレートのガナッシュで和える。皿にセルクルを置き、中に詰めてからはずす。
3 2にパイナップルのチップスを1枚のせ、パイナップルのアイスクリームをのせる。さらにその上に、チップスをもう1枚のせる。

モカのパルフェ 赤いベリーのコンポート
大川 隆 :• コム シェ ミッシェル

ほんのり温かいベリーのコンポートに、テリーヌ型で固めたコーヒーのアイスクリームを盛り、甘酸っぱさとほろ苦さ、温度差の対比を楽しませる。仕上げにエスプレッソパウダーをふんだんにふり、皿全体をビターな味わいに。

イル・フロタント

石川資弘 ❖ クーリ・ルージュ

クレーム・アングレーズにメレンゲを浮かべる定番デザートをアレンジ。温かいチョコレートソースに、メレンゲとピスタチオのアイスクリームを浮かべる。メレンゲとアイスクリームは小さくくり抜いて浮かべ、ビストロらしいシンプルな美しさを演出する。

プロフィットロール

大川 隆 ❖ コム シェ ミッシェル

パート・シュクレにクレーム・パティシエールを詰め、アイスクリームを挟んだプティ・シューをのせる。アイスクリームはハチミツ、カラメル、マスカルポーネ、フランボワーズのソルベの4種。仕上げに温かいソース・ショコラを流しかける。

モカのパルフェ 赤いベリーのコンポート
大川 隆 ❖ コム シェ ミッシェル

モカのパルフェ（20人分）
卵黄 … 120g
グラニュー糖 … 100g
牛乳 … 30cc
コーヒーパウダー … 26g
ココアパウダー … 26g
生クリーム（乳脂肪分30％）… 400g

赤いベリーのコンポート（20人分）
ミックスベリー（フランス産。冷凍）* … 600g
ハチミツ … 80g

仕上げ
フイユタージュ《P.264》
ジュ・ド・ミエル《P.265》
エスプレッソパウダー
粉糖

*：フランボワーズ、赤スグリ、ブルーベリー、ブラックベリー、カシス、イチゴの6種のベリーが入った冷凍品

モカのパルフェ
1 ボウルに卵黄とグラニュー糖を入れて、泡立て器でもったりするまで撹拌する。
2 1に常温の牛乳を入れて混ぜ合わせる。湯煎にかけながら、泡立て器でどろっとした濃度になるまで撹拌する。
3 別のボウルにコーヒーパウダーとココアパウダーを入れ、少量の熱湯（分量外）を加えて溶かす。
4 3に2を加えて混ぜ合わせ、七分立てにした生クリームを加えてさっくりと混ぜ合わせる。
5 縦25cm×横5cm×高さ6cmのテリーヌ型にラップフィルムを敷き、4を流し入れる。冷凍庫に入れて冷やし固める。

赤いベリーのコンポート
鍋にミックスベリーとハチミツを入れて弱火にかけて5分間炊く。

仕上げ
1 皿に赤いベリーのコンポートを盛りつけ、中央にフイユタージュを置く。その上に型から抜いたモカのパルフェをカットして盛りつける。
2 1のモカのパルフェの周囲にジュ・ド・ミエルを流し、エスプレッソパウダーと粉糖を全体にふりかける。

イル・フロタント
石川資弘 ❖ クーリ・ルージュ

フレンチメレンゲ（作りやすい分量）
卵白 … 115g
グラニュー糖 … 35g

ピスタチオのアイスクリーム（作りやすい分量）
ソース・アングレーズ
├ 牛乳 … 500cc
├ 生クリーム（乳脂肪分38％）… 100cc
├ 水飴 … 25g
├ グラニュー糖 … 100g
└ 卵黄 … 6個分
ピスタチオペースト（市販品）… 70g

ソース・ショコラショー（作りやすい分量）
ブラックチョコレート（エルレイ社 ア パマテ カカオ分73.5％）… 140g
生クリーム … 150cc
グラニュー糖 … 90g
水 … 200cc

仕上げ
アーモンドスライス（軽くあぶる）

フレンチメレンゲ
1 卵白とグラニュー糖を混ぜ、メレンゲを作る。
2 1を適宜の大きさのカップに詰め、表面に弾力が出るまで電子レンジで約30秒間ずつ2～3回に分けて加熱する。

ピスタチオのアイスクリーム
1 ソース・アングレーズを作る。
① 牛乳、生クリーム、水飴を合わせて温める。
② グラニュー糖と卵黄を合わせ、白くなるまですり混ぜる。
③ ①と②を混ぜ合わせる。
2 1のソース・アングレーズにピスタチオペーストを加えて漉し、冷ます。
3 2をソルベマシンにかける。

ソース・ショコラショー
鍋にすべての材料を入れてよく混ぜ、とろみが出るまで沸騰させて煮詰める。

仕上げ
1 適宜の大きさにくり抜いたフレンチメレンゲとピスタチオのアイスクリームを器に盛り、熱々のソース・ショコラショーを流す。
2 上からアーモンドスライスを散らす。

プロフィットロール

大川 隆 ❖ コム シェ ミッシェル

パータ・シュー（25人分）
- 水 … 500g
- バター … 160g
- 薄力粉 … 255g
- 塩 … 適量
- 全卵 … 8個

パート・シュクレ（25人分）
- バター（ポマード状）… 70g
- 粉糖 … 50g
- アーモンドパウダー … 30g
- 全卵 … 1個
- 薄力粉 … 100g
- 塩 … 1g

ソース・ショコラ（25人分）
- 牛乳 … 50cc
- 生クリーム（乳脂肪分30％）… 50cc
- 卵黄 … 18g
- グラニュー糖 … 18g
- ブラックチョコレート（DGF社 フォンダントグアヤキル カカオ分64％）… 70g
- ココアパウダー … 4g

グラス・ミエル（25人分）
- 牛乳 … 60cc
- 生クリーム（乳脂肪分30％）… 40cc
- ハチミツ … 20g
- 卵黄 … 20g

グラス・キャラメル
- グラニュー糖 … 50g
- 生クリーム（乳脂肪分30％）… 100cc
- 牛乳 … 100cc
- 卵黄 … 38g

グラス・マスカルポーネ（25人分）
- 水 … 10cc
- グラニュー糖 … 45g
- グルコース … 10g
- マスカルポーネ … 100g
- レモン果汁 … 適量

ソルベ・フランボワーズ（25人分）
- フランボワーズ（冷凍。ホール）… 1kg
- グラニュー糖 … 250g
- レモン果汁 … 適量

仕上げ
- クレーム・パティシエール《P.265》
- ジュ・ド・ミエル《P.265》

パータ・シュー
1. 「パリ ブレスト」《P.229》のパータ・シューの工程**1**～**3**を参考にシュー生地をつくる。
2. **1**のシュー生地を天坂に直径7cmの円形になるように絞り出し、200℃のオーブンで18分間焼く。
3. **2**のオーブンの火を落とし、扉を半分開けた状態で3～4分間おく。オーブンから取り出して網にのせ、室温で冷まず。

パート・シュクレ
1. ボウルにバター、ふるった粉糖とアーモンドパウダーを入れて混ぜ合わせる。
2. **1**に溶いた全卵を少量ずつ加えながら、全体がなじむまで練る。
3. **2**にふるった薄力粉と塩を加えてさっくりと混ぜ合わせ、ラップフィルムで包んで冷蔵庫で半日間ねかせる。
4. **3**を厚さ5mmにのばし、直径8cmのタルト型にのせる。生地を型に貼り付けるように押し付け、型からはみ出した生地はパレットナイフなどで切り落とす。冷蔵庫で3～4時間ねかせる。
5. **4**を160℃のオーブンで15分間焼く。

ソース・ショコラ
1. 鍋に牛乳と生クリームを入れ、沸騰直前まで火にかける。
2. ボウルに卵黄、グラニュー糖を入れて、泡立て器で白っぽくなるまで撹拌する。
3. **2**に**1**を少量ずつ加えながら撹拌して鍋に戻す。木ベラでかき混ぜながら弱火で4分間加熱する。
4. ボウルに溶かしたチョコレートとココアパウダーを入れて混ぜ合わせる。そこに**3**を加えて混ぜ合わせる。

グラス・ミエル（25人分）
1. 鍋に牛乳と生クリームを入れて、沸騰直前まで熱する。
2. ボウルにハチミツと卵黄を入れ、泡立て器で白っぽくなるまで撹拌する。
3. **2**に**1**を少量ずつ加えながら撹拌して、鍋に戻す。木ベラでかき混ぜながら弱火で4分間加熱する。粗熱をとる。
4. **3**をパコジェットの専用容器に入れて冷凍する。

グラス・キャラメル
1. 鍋にグラニュー糖40gを入れて煮詰め、生クリームと牛乳を加えて、沸騰直前まで火にかける。
2. ボウルに残りのグラニュー糖10g、卵黄を入れ、泡立て器で白っぽくなるまで撹拌する。
3. **2**に**1**を少量ずつ加えながら撹拌して、鍋に戻す。木ベラでかき混ぜながら弱火で4分間加熱する。粗熱をとる。
4. **3**をパコジェットの専用容器に入れて冷凍する。

グラス・マスカルポーネ（25人分）
1. 鍋に水、グラニュー糖、グルコースを入れて水にかけ、シロップを作る。
2. **1**にマスカルポーネを加えて撹拌し、レモン果汁で味をととのえる。
3. **2**をパコジェットの専用容器に入れて冷凍する。

ソルベ・フランボワーズ（25人分）
1. 鍋にフランボワーズ、グラニュー糖を入れ、沸騰するまで火にかける。レモン果汁を加えて味をととのえる。
2. **1**をすりこぎで突くように裏漉しする。
3. **2**をパコジェットの専用容器に入れて冷凍する。

仕上げ
1. 型からはずしたパート・シュクレの中にクレーム・パティシエールを入れて皿に盛りつける。
2. グラス・ミエル、グラス・キャラメル、グラス・マスカルポーネ、ソルベ・フランボワーズをそれぞれパコジェットにかける。
3. パータ・シュー4個に切り込みを入れて、**2**をそれぞれスプーンですくって生地の中に詰める。
4. **1**の上に**3**を3個盛りつけ、その上に1個盛りつける。粉糖を全体にふりかけて、ソース・ショコラを流しかける。
5. **4**の周囲にソース・ショコラとジュ・ド・ミエルを流す。

第5章

野菜と花

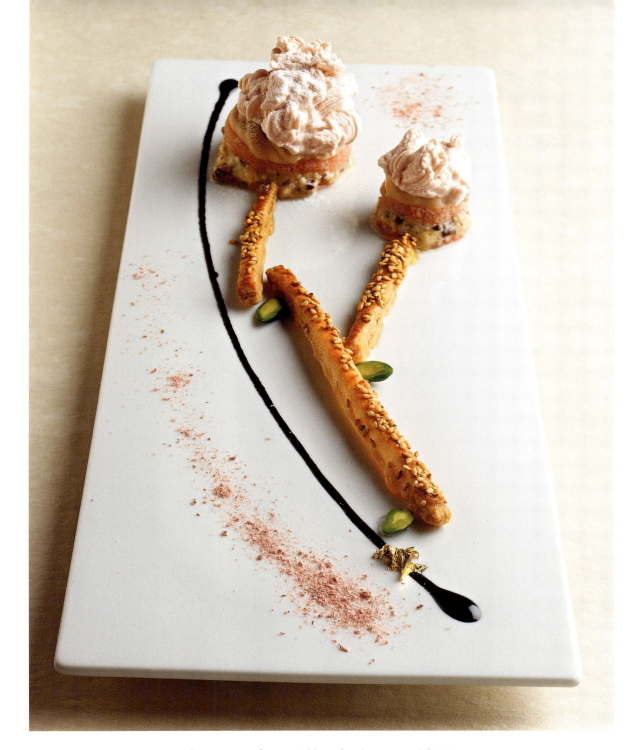

桜クリームのズッパ・イングレーゼ　香ばしく焼き上げたパイを添えて

佐藤真一・米良知余子　❖　イルデジデリオ

桜の枝を模した春爛漫のデザート。「ズッパ・イングレーゼ」に欠かせないアルケルメスと桜リキュールはスポンジ生地にしみ込ませ、クレーム・パティシエールとリコッタを混ぜて作ったクリームにはチョコレートチップや桜ペーストを加える。風味や食感に変化をつけると同時に"イタリアと日本の融合"を表現した仕立て。

野菜と花 | 193

桜クリームのズッパイングレーゼ
香ばしく焼き上げたパイを添えて

佐藤真一・米良知余子 ❖ イルデジデリオ

スポンジ生地（33cm×24cm×4cmの角型1台分）
- 全卵 … 450g
- 砂糖 … 300g
- 牛乳 … 90cc
- バター … 90g
- 強力粉 … 300g

クリーム3種
- ベースのクリーム
  - クレーム・パティシエール（作りやすい分量／600gを使用）
    - 牛乳 … 1ℓ
    - 砂糖 … 250g
    - 卵黄 … 10個分
    - 強力粉 … 100g
    - リコッタ … 250g
- ブラックチョコレート（カレボー社3815 カカオ分58.2%） … 50g
- 桜ペースト（市販品） … 150g
- 板ゼラチン … 3g
- 生クリーム（乳脂肪分35%） … 250g

シロップ（作りやすい分量）
- 桜リキュール … 100cc
- アルケルメス*1 … 50cc
- ミネラルウォーター … 50cc

仕上げ
- スティックパイ（白ゴマ付き。解説省略）
- ピスタチオ（スライス）
- カラメルソース（解説省略）
- チョコレートソース（解説省略）
- 金箔
- 桜フレーク*2

*1：イタリア特産の赤い色をしたリキュール。イタリアの伝統菓子「ズッパ・イングレーゼ」に欠かせない
*2：桜の花の塩漬けを塩抜きして、低温のオーブンで乾燥させ、粉砕したもの

スポンジ生地
1 全卵に砂糖を加えて湯煎にかけ、40℃に温めながら泡立てる。
2 牛乳とバターを合わせて溶かす。
3 1の卵が泡立ったら、強力粉と2を加えて混ぜ合わせ、角型に流す。170℃のオーブンで25分間ほど焼く。

クリーム3種
1 クレーム・パティシエールを作る。
① 牛乳に半量の砂糖を入れて火にかけ、沸かす。
② 残りの砂糖、卵黄、強力粉を混ぜ、①を加えて鍋に戻して炊き上げる。粗熱をとる。
2 1のクレーム・パティシエールにリコッタを混ぜ合わせ、ベースのクリームとする。
3 きざんだチョコレートと2のベースのクリーム300gを混ぜ合わせ、クリームAとする。
4 桜ペースト100gを温め、もどした板ゼラチンを溶かし、粗熱をとる。2のベースのクリーム300g、八立てにした生クリーム50gと混ぜ合わせ、クリームBとする。絞り袋に入れる。
5 桜ペースト50gと八立てにした生クリーム200gを混ぜ合わせ、クリームCとする。ガーゼで包む。

シロップ
桜リキュール、アルケルメス、ミネラルウォーターを鍋に入れて沸かし、冷ます。

仕上げ
1 スポンジ生地を厚さ5mmにスライスして、直径4.5cmと直径3cmの2種類のセルクルで抜く。
2 1の大小の生地を2枚ずつ、シロップ（分量外）に浸してしっかりとシロップをしみ込ませる。
3 皿に2の大小の生地を1枚ずつ並べ、上にクリームAを絞り、同じ大きさの2の生地を重ねる。
4 3の生地の上にクリームBを絞り、その上にクリームCをガーゼ越しにふわりと絞り、桜の花を模す。
5 4にスティックパイとピスタチオを桜の樹の枝と葉に見立てて添える。その際、下にカラメルソースを敷いて固定する。
6 5の横にチョコレートソースで線を描き、金箔を飾る。桜フレークを散らす。

クレープスフレ

《写真→P.197》

古賀純二・池田 舞 ❖ シェ・イノ

クレープ（12枚分）
全卵 … 1個
塩 … 1g
溶かしバター … 30g
薄力粉 … 63g
牛乳 … 125g
澄ましバター … 適量

スフレのアパレイユ（4個分）
クレーム・パティシエール（作りやすい分量／120gを使用）
├ 牛乳 … 500g
├ ヴァニラビーンズ … 1/2本
├ 全卵 … 1個
├ 卵黄 … 2個分
├ グラニュー糖 … 90g
├ クリームパウダー … 22g
├ 薄力粉 … 22g
└ バター … 60g
メレンゲ
├ 卵白 … 60g
└ グラニュー糖 … 36g

バラの泡（作りやすい分量）
牛乳 … 170g
バラのリキュール … 20g
生クリーム（乳脂肪分35%）… 20g
フランボワーズ … 5個
バラのジャム（市販品）… 50g

フランボワーズとバラのジャム　各適量
フランボワーズのジャム*
バラのジャム

*：鍋にフランボワーズとグラニュー糖、ペクチン、水飴を入れて弱火にかけ、とろみが出るまで炊いたもの

仕上げ
粉糖
ベルローズ（食用ミニバラ）

クレープ
1　ボウルに全卵を入れて泡立て、塩、溶かしバターを入れて混ぜ合わせる。
2　**1**に薄力粉、冷たい牛乳を加えてさらに混ぜ合わせる。
3　フライパンに澄ましバターを敷いて熱し、**2**を薄く流し、弱火で軽く色づく程度まで加熱する。粗熱をとり、直径14.5cmのセルクルで抜く。
4　直径15cmのセルクルに**3**のクレープ生地をはめて、花びらの形になるよう整形してから冷凍する。

スフレのアパレイユ
1　クレーム・パティシエールを作る。
① 鍋に牛乳を入れて、縦に切れ目を入れたヴァニラビーンズを加えて温める。
② ボウルに全卵、卵黄を入れてほぐし、グラニュー糖を加えて泡立て器で白っぽくもったりするまで撹拌する。
③ ②にクリームパウダーと薄力粉を加えて混ぜ合わせる。
④ ③に①を少量ずつ加えながら混ぜ合わせ、裏漉しする。
⑤ ④を①の鍋に戻し入れて火にかけ、ゆっくりとツヤが出るまで混ぜ合わせ、バターを加える。粗熱をとる。
2　卵白とグラニュー糖を合わせて泡立て、メレンゲを作る。
3　**2**のメレンゲに**1**のクレーム・パティシエールを加えて混ぜる。

バラの泡
1　ボウルにバラのジャム以外の材料を入れて、さっくりと混ぜ合わせる。裏漉しする。
2　**1**にバラのジャムを加えて混ぜ合わせる。サイフォンに入れてガスを充填しておく。

フランボワーズとバラのジャム
フランボワーズのジャムに、少量ずつバラのジャムを加えながら混ぜ合わせ、バラの香りをたたせる。

仕上げ
1　クレープの中に、八分目までスフレのアパレイユを詰める。
2　**1**をパイ皿の上に置き、湯煎にかけて、200℃のオーブンで約15分間焼く。
3　皿の奥にフランボワーズとバラのジャムをのせ、その上にセルクルから抜いた**2**をのせて粉糖をふりかける。
4　**3**の手前にバラの泡を絞り出し、ベルローズの花びらを飾る。

春の花

ギヨーム・ブラカヴァル、ミケーレ・アッバテマルコ ❖
キュイジーヌ[s] ミッシェル・トロワグロ

イタリア人パティシエのアッバテマルコ氏が、桜餅から着想を得て作った和洋折衷のデザート。シート状の求肥でサクラ、ラ・フランス、ユズの3種のクリームとライチのムース、サクラの花の塩漬けのピュレを包んでいる。桜餅からの連想で、米のクリームやタイ米を添え、サクラの花の塩漬けを散らす。

クレープスフレ
古賀純二・池田 舞 シェ・イノ

クレープにスフレのアパレイユを挟んで焼く素朴な菓子をエレガントなレストランスタイルに。バラをイメージの主軸とし、クレープは花びら型に成形。アパレイユを流し込んで焼く。フランボワーズやバラのジャムの甘酸っぱいエスプーマを添えて清涼感のある皿に。《レシピ→P.195》

桜のモンブラン
蕗の薹のアイスクリーム添え
松本一平 ラペ

風に散る桜の花を思わせる春のデザート。無糖のクレーム・シャンティイをこんもりと絞った上に、桜餅風味のペーストをベースにしたクリームをふんわりと積もった花びらのように重ね、レモン味のメレンゲを挿してアクセントとする。さらに、フキノトウ入りのほろ苦いアイスクリームを添え、全体を引き締める。イチゴのマリネや黒豆煮などを散らし、味、色合いともに華やかに。

野菜と花

春の花

ギヨーム・ブラカヴァル、ミケーレ・アッバテマルコ ❖
キュイジーヌ[s] ミッシェル・トロワグロ

桜のクリーム(6人分)
生クリーム(乳脂肪分35%)… 160g
生クリーム(乳脂肪分47%)… 100g
サクラの花 … 10g
グラニュー糖 … 20g
増粘安定剤(ウィドフィックス)… 1g

桜のピュレ(6人分)
水 … 100cc
グラニュー糖 … 100g
米酢 … 20g
サクラの花 … 100g

ライチのムース(6人分)
ライチのピュレ(解説省略)… 230g
ライチのリキュール … 80g
粉ゼラチン … 9g
イタリアンメレンゲ(解説省略)… 90g
生クリーム(乳脂肪分35%)… 160g

ラ・フランスのクリーム(6人分)
洋ナシの果汁 … 230g
水 … 100g
洋ナシのリキュール … 10g
グラニュー糖 … 20g
コルネール*1 … 14g
粉ゼラチン … 3g

ユズのクリーム(6人分)
全卵 … 1個
グラニュー糖 … 60g
ユズ果汁 … 12g
レモン果汁 … 30g
バター … 75g
粉ゼラチン … 0.5g

米のクリーム(6人分)
ライスミルク*2 … 200g
牛乳 … 130g
コルネール*1 … 11g
グラニュー糖 … 20g
粉ゼラチン … 2g

仕上げ
求肥シート(市販の冷凍品)
桜のマリネ*3
タイ米

*1:絞り出し用の寒天ゼリー製剤
*2:有機米から作られた穀物飲料。米の甘みが感じられ、そのまま飲用することもできる
*3:米酢などで炊いたサクラの花を瓶詰めにして、冷蔵庫で4日間ねかせたもの

桜のクリーム
1 2種の生クリームとサクラの花を鍋に入れて温め、グラニュー糖と増粘安定剤を加えて混ぜる。粗熱をとって、冷蔵庫に入れて1日おく。
2 1を漉し、泡立てる。

桜のピュレ
1 水、グラニュー糖、米酢と洗ってガクを取った桜の花を鍋に入れて、ジャム状になるまで煮詰める。
2 1をミキサーにかける。漉す。

ライチのムース
1 ライチのピュレ、ライチのリキュールを鍋に入れて温め、もどした粉ゼラチンを加えて溶かす。氷水にあてて、25℃まで冷やす。
2 1にイタリアンメレンゲ、泡立てた生クリームを加えて混ぜる。
3 2をフレキシパンに流して、冷凍庫に入れて冷やし固める。

ラ・フランスのクリーム
1 洋ナシの果汁、水、洋ナシのリキュール、グラニュー糖、コルネールを鍋に入れて温め、もどした粉ゼラチンを加えて混ぜる。
2 1をボウルに移し、氷水にあてて冷やし固める。ハンドミキサーで撹拌し、クリーム状にする。

ユズのクリーム
1 全卵とグラニュー糖をボウルに入れて混ぜ合わせ、温めたユズ果汁とレモン果汁を加えて、鍋に入れて加熱する。
2 1にもどした粉ゼラチンを加えて、漉す。
3 2にバターを加え、ハンドミキサーで撹拌し、冷蔵庫に入れて冷やす。

米のクリーム
1 ライスミルク、牛乳、コルネール、グラニュー糖を鍋に入れて温める。
2 1にもどした粉ゼラチンを加える。粗熱をとって、冷蔵庫に入れて冷やす。

仕上げ
1 求肥シートを解凍し、その上に桜のクリームと桜のピュレを絞り、ライチのムースをのせる。
2 1の横にラ・フランスのクリームとユズのクリームを絞る。
3 2の求肥シートを半分に折りたたんで、しずく形の型で抜く。
4 3を3つ皿に盛りつけ、米のクリームを点描する。桜のマリネをあしらい、かために炊いたタイ米を散らす。

桜のモンブラン 蕗の薹のアイスクリーム添え

松本一平 ☆ ラペ

桜クリーム(4人分)
桜ペースト(市販品)… 100g
生クリーム(乳脂肪分38%)… 50g

レモンメレンゲ(4人分)
卵白 … 100g
グラニュー糖 … 80g
レモン果汁 … 10g
レモンの皮(すりおろし)… 1個分

蕗の薹のアイスクリーム(4人分)
牛乳 … 500g
卵黄 … 6個分
グラニュー糖 … 170g
転化糖(トレモリン)… 15g
生クリーム(乳脂肪分38%)… 200g
蕗の薹ペースト*1 … 70g

仕上げ
イチゴのマリネ
├ イチゴ … 8個
├ グラニュー糖 … 適量
├ グラン・マルニエ … 適量
└ イチゴのソース(解説省略)… 適量
生クリーム(乳脂肪分38%)
イチゴ(フリーズドライ)
桜の花(塩漬けのフリーズドライ)
ホワイトチョコレートの粉末(解説省略)
黒豆のコンポート*2

*1:フキノトウを塩と少量のミョウバンを加えた湯でゆでて、ミキサーにかけたもの
*2:京都・丹波産の黒豆を水からゆでてやわらかくし、ヴァニラビーンズと塩を入れたシロップで炊いたもの

桜クリーム
桜ペーストと八分立てにした生クリームを混ぜ合わせる。

レモンメレンゲ
1 ボウルに卵白、グラニュー糖を入れ、しっかりと泡立てながら湯煎で50℃まで温める。
2 **1**をハンドミキサーで撹拌し、レモンの果汁と皮を加える。
3 バットにオーブンペーパーを敷いて**2**を薄くのばし、90℃のオーブンで30〜40分間焼く。

蕗の薹のアイスクリーム
1 鍋に牛乳を入れて火にかけ、沸騰直前まで温める。
2 ボウルに卵黄を入れて泡立て器でほぐし、グラニュー糖を加えて白っぽくなるまですり混ぜる。
3 **2**に**1**と転化糖を加えて鍋に移し、よく混ぜながらとろみが出るまで弱火で熱する。
4 **3**を漉し、生クリーム、蕗の薹ペーストを混ぜ合わせ、ソルベマシンにかける。

仕上げ
1 イチゴのマリネを作る。イチゴをグラニュー糖、グラン・マルニエ、イチゴのソースで和える。
2 皿に、八分立てにした生クリームを絞り、適当な大きさに割ったレモンメレンゲをランダムに挿す。
3 桜クリームを、平口金を付けた絞り袋に入れ、**2**の上からレモンメレンゲをよけながら絞る。
4 皿全体に砕いたフリーズドライのイチゴと桜の花、ホワイトチョコレートの粉末を散らし、**1**、黒豆のコンポートをあしらい、蕗の薹のアイスクリームをクネル形にとって添える。

蕗の薹のパンケーキ
楠本則幸 ❖ kamoshiya Kusumoto

きざんだフキノトウを混ぜて長時間低温発酵させた生地で小さなパンケーキを焼き、フキノトウと牛乳などで作ったアイスクリームをのせる。アイスクリームに挿したのはフキノトウのガク。衣をつけてパリッと揚げることで苦みを抑え、美しい若草色に仕上げる。春の苦みを存分に生かしたフキノトウ尽くしのひと皿。

ふきのとうのシューロス ロッソ・インペリアーレの ソースとシャルトリューズの ソルベ
森田一頼 ❖ リベルターブル

天ぷらの定番種でもあり、油脂分と相性のよいフキノトウを、スペインの揚げ菓子、チュロスに。フキノトウに似た青々しい香りの薬草酒、シャルトリューズのソルベと、甘口ワインのブドウの搾りカスに漬けて作る青カビチーズ「ロッソ・インペリアーレ」のソースを添える。

小さなトルタディマンドルレとホワイトアスパラガスの ザバイオーネグラタン、 ちょっと発酵の香りのジェラート添え

山根大助 ❖ ポンテベッキオ

ホワイトアスパラガスにザバイオーネをかけてサラマンドルで焼き、フランス菓子のガレット・デ・ロワにあたるトルタ・ディ・マンドルレとマスカルポーネのジェラートとを添える。アスパラガスは100℃のオリーブオイルに浸けてゆっくりと加熱してからハチミツを煮からめ、本来の味わいを逃さずに甘みを浸透させている。

蕗の薹のパンケーキ

楠本則幸 ❖ kamoshiya Kusumoto

蕗の薹のパンケーキ（20人分）
- 卵黄 … 3個分
- 全卵 … 6個
- グラニュー糖 … 230g
- バター … 200g
- ビール（ヴァイツェン）… 75g
- 薄力粉 … 250g
- フキノトウ … 150g

蕗の薹のアイスクリーム（20人分）
- フキノトウ … 120g
- 牛乳 … 600g
- 生クリーム（乳脂肪分35％）… 400g
- 水飴 … 60g
- グラニュー糖 … 80g

蕗の薹のチップス（1人分）
- フキノトウのガク … 1枚
- 衣（解説省略）… 適量
- 太白ゴマ油 … 適量
- ヒマワリ油 … 適量

蕗の薹のパンケーキ
1　ボウルに卵黄、全卵、グラニュー糖を入れて混ぜ合わせる。湯煎で溶かしたバターを少しずつ加え混ぜる。
2　1にビールを加え、薄力粉を加え混ぜ、さらにきざんだフキノトウを混ぜる。
3　2にラップフィルムで蓋をし、生地がボコボコとするくらいまで、冷蔵庫で1〜2日間発酵させる。
4　パンケーキパンを熱して3の生地を厚さ1cm程度に流す。香ばしく焼けたら面を返し、もう片面は軽く焼く。

蕗の薹のアイスクリーム
1　フキノトウをゆでて、氷水に落とし、ラップフィルムを密着させた状態で覆って冷やす。
2　鍋に牛乳、生クリーム、水飴、グラニュー糖を入れて加熱する。水気をきってきざんだ1を加えて軽く熱し、パコジェットの専用容器に入れて冷凍する。
3　提供直前に、2をパコジェットにかける。

蕗の薹のチップス
1　フキノトウのガクは衣を薄く付ける。
2　太白ゴマ油とヒマワリ油を合わせて170℃に熱し、1を揚げる。
3　2を野菜乾燥機で乾かす。

仕上げ
器に蕗の薹のパンケーキを置き、上にクネル形にとった蕗の薹のアイスクリームをのせる。蕗の薹のチップスを挿す。

ふきのとうのシューロース ロッソ・インペリアーレのソースとシャルトリューズのソルベ

森田一頼 ❖ リベルターブル

フキノトウのパータ・シューロース（作りやすい分量）
- A
  - 牛乳 … 30g
  - 水 … 70g
  - 塩 … 1g
  - グラニュー糖 … 3g
  - バター … 50g
- 薄力粉 … 60g
- 全卵 … 2個
- フキノトウのピュレ*1 … 75g

ロッソ・インペリアーレのソース　各適量
- チーズ（ロッソ・インペリアーレ*2）
- 生クリーム（乳脂肪分35％）

ソルベ・シャルトリューズ（作りやすい分量）
- 水 … 300g
- グラニュー糖 … 50g
- オレンジの皮（すりおろし）… 1/4個分
- レモンの皮（すりおろし）… 1/4個分
- シャルトリューズ（アルコール分54％）… 50g

ジュレ・シャルトリューズ（作りやすい分量）
- 水 … 75g
- グラニュー糖 … 25g
- 凝固剤（パールアガー）… 4g
- シャルトリューズ（アルコール分54％）… 20g

仕上げ
- フルール・ド・セル

*1：塩ゆでしたフキノトウをミキサーにかけてピュレにしたもの
*2：ピカンテタイプのゴルゴンゾーラをパッシート・ロッソ（高糖度の甘口赤ワイン）に漬け込んだもの。コクのある甘みが特徴

フキノトウのパータ・シューロース
1　Aを鍋に入れて沸かし、薄力粉を加えて水分をとばすように加熱する。
2　1をスタンドミキサーに移してまわす。全卵とフキノトウのピュレを加えて、なじむまでさらにまわす。
3　2を星口金を付けた絞り袋に詰める。180℃のサラダ油（分量外）に15cmほどの長さに絞り入れ、色づくまで揚げる。

ロッソ・インペリアーレのソース
きざんだチーズを湯煎で溶かし、軽く温めた生クリームを加え混ぜる。

ソルベ・シャルトリューズ
1　水、グラニュー糖、オレンジの皮とレモンの皮を合わせて沸かし、冷ます。
2　1にシャルトリューズを加えてパコジェットの専用容器に入れ、冷凍する。

3 2を提供直前にパコジェットにかける。

ジュレ・シャルトリューズ
1 水、グラニュー糖、凝固剤を合わせて温める。
2 1が80℃になったらシャルトリューズを加え、バットに流して冷やし固める。
3 2を1cm角にカットする。

仕上げ
1 皿にロッソ・インペリアーレのソースを流し、フキノトウのパータ・シューロースを盛りつける。フルール・ド・セルをふる。
2 スプーンにのせたソルベ・シャルトリューズを添え、ジュレ・シャルトリューズを散らす。

小さなトルタディマンドルレとホワイトアスパラガスのザバイオーネグラタン、ちょっと発酵の香りのジェラート添え
山根大助 ❖ ポンテベッキオ

ホワイトアスパラガスのハチミツシロップ漬け（2人分）
ホワイトアスパラガス … 4本
オリーブオイル … 適量
水 … 500g
ハチミツ … 25g
グラニュー糖 … 30g
塩 … 適量

ザバイオーネソース（2人分）
ザバイオーネのベース（作りやすい分量／40gを使用）
├ デザートワイン（レチョート*）… 100g
├ ハチミツ … 40g
├ 卵黄 … 60g
└ 全卵 … 90g
マスカルポーネクリーム（作りやすい分量／30gを使用）
├ イタリアンメレンゲ（解説省略）
│ ├ 卵白 … 40g
│ ├ グラニュー糖 … 55g
│ ├ 水 … 20g
│ └ 甘味料（パラチニット）… 25g
├ 板ゼラチン … 1.5g
├ ヘーゼルナッツリキュール（フランジェリコ）… 4g
└ マスカルポーネ … 225g

マスカルポーネジェラート（作りやすい分量）
ソース・アングレーズ
├ 卵黄 … 93g
├ グラニュー糖 … 63g
├ 濃縮乳 … 88g
└ 牛乳 … 250g
生クリーム（乳脂肪分47%）… 75g
マスカルポーネ … 500g
ハチミツ … 80g
サワークリーム … 100g
リコッタ … 140g

仕上げ
トルタ・ディ・マンドルレ《P.265》
キャラメルチップ《P.266》
＊：イタリア・ヴェローナで、遅摘みしたブドウを日陰干しにし、糖分を高めて作られるデザートワイン

ホワイトアスパラガスのハチミツシロップ漬け
1 ホワイトアスパラガスは皮をむき、100℃に熱したオリーブオイルに35分間浸して、ゆっくりと加熱する。皮は取りおく。
2 鍋に水と1の皮を入れて火にかけ、150gになるまで煮詰めて、風味を移す。皮を取り除く。
3 2にハチミツ、グラニュー糖、塩を加えて加熱する。ひと煮立ちしたら、1のホワイトアスパラガスを加え、水分がおよそ100gになるまで煮る。

ザバイオーネソース
1 ザバイオーネのベースを作る。
① 鍋にデザートワインを入れて火にかけて軽く温め、ハチミツを加える。
② 卵黄と全卵、①を合わせ、湯煎にかけながらかき混ぜる。
③ ②がもったりとしてきたら、ミキサーに移して泡立てる。
2 マスカルポーネクリームを作る。
① もどした板ゼラチンとヘーゼルナッツリキュールを湯煎にかけ、イタリアンメレンゲに加える。
② ①が冷めたら、マスカルポーネを加え混ぜる。
3 1のベースと2のマスカルポーネクリームを軽く混ぜ合わせる。

マスカルポーネジェラート
1 ソース・アングレーズを作る。
① 卵黄とグラニュー糖を合わせ、白っぽくなるまですり混ぜる。
② 濃縮乳と牛乳を鍋に合わせ、沸騰直前まで温める。
③ ②に①を少量ずつ加え混ぜる。弱火で加熱し、漉す。氷水をあてて急冷する。
2 1のソース・アングレーズに生クリーム、マスカルポーネ、ハチミツ、サワークリーム、リコッタを加え混ぜ、ソルベマシンにかける。

仕上げ
1 温めた皿にホワイトアスパラガスのハチミツシロップ漬けを2本盛りつけ、ザバイオーネソースをかけ、サラマンドルで軽く焼き色をつける。
2 1に温めたトルタディマンドルレとマスカルポーネジェラートを盛る。キャラメルチップをふりかける。

野菜と花

枝豆のエクラゼと柑橘の香る
ホワイトチョコレートムースのカネロニ、
バラのジェラートと花をちりばめて

小玉弘道 ❖ レストランヒロミチ

デザートにはあまり使われない"豆"という素材に敢えて取り組み、印象に残るデザートに。塩をきかせてゆでたエダマメとホワイトチョコレートのムースは、カラギーナンで作った透明のシートで包む。中には花びらが。バラの花のジェラートとマンダリンのソースを添え、軽やかな味わいにまとめる。

黒の創造
森田一頼 ❖ リベルターブル

黒米を題材とし、「黒」という色を発想の出発点とした一品。米を使ったデザートの定番「リ・オ・レ」に仕立て、黒いベリー類、コーヒーのパルフェを盛り合わせている。黒米の香りとベリー類の酸味や渋み、コーヒーの苦みは好相性。黒米は牛乳で煮る前に下ゆでし、日本の米らしいもっちりとした食感を引き出す。

リ・オ・レとブドウ
萬谷浩一 ❖ ラ・トォルトゥーガ

米を牛乳、砂糖で煮て作る「リ・オ・レ」。フランスではビストロの定番デザートであり、スペインでも「アロス・コン・レチェ」として親しまれている。萬谷氏は、バルセロナで働いていた頃にこのデザートに出会い、今も当時の素朴な印象を大切にしてリ・オ・レを作る。季節のフルーツと組み合わせるのが定番だ。

枝豆のエクラゼと柑橘の香るホワイトチョコレートムースのカネロニ、バラのジェラートと花をちりばめて

小玉弘道 ❖ レストランヒロミチ

ホワイトチョコレートのムース(5人分)
卵黄 … 2 1/2個分
水 … 少量
ホワイトチョコレート(ヴァローナ社イヴォワール カカオ分35％) … 125g
板ゼラチン … 5g
グラニュー糖 … 少量
卵白 … 2 1/2個分

アガーシート(5人分)
エルダーフラワーシロップ* … 140cc
水 … 40cc
カラギーナン … 25g
レモン果汁 … 30cc
ミント … 少量

枝豆のエクラゼ(5人分)
エダマメ … 20本
シロップ(ボーメ30°) … 少量
粉糖 … 少量
塩 … 少量

マンダリンソース(5人分)
マンダリンペースト(市販品) … 10g
シロップ … 少量
レモン果汁 … 少量

バラのジェラート(5人分)
牛乳 … 500cc
生クリーム(乳脂肪分42％) … 90cc
グラニュー糖 … 90g
スキムミルク … 40g
水飴 … 35g
ローズウォーター … 10滴(約5cc)

仕上げ
食用花
オレンジの皮(すりおろし)
粉糖
エダマメ

＊：ヨーロッパの薬用植物、エルダーフラワー(西洋ニワトコ)のシロップ。マスカットに似たさわやかな香りを持つ

ホワイトチョコレートのムース
1　卵黄に水を加え、湯煎にかけて泡立てる。
2　チョコレートを溶かし、1と温めた牛乳(分量外)でふやかした板ゼラチンを加えて混ぜる。
3　グラニュー糖を加えて泡立てた卵白を2に加え混ぜる。

アガーシート
1　すべての材料を鍋に入れ、混ぜ合わせて弱火にかける。
2　カラギーナンが溶けたら漉し、3mmの厚さのシート状になるように冷やし固める。
3　2を10cm角程度にカットする。

枝豆のエクラゼ
1　エダマメをさやごと塩ゆでし、さやと薄皮を取り除いて包丁の背でつぶす。
2　1に残りの材料をからめる。

マンダリンソース
材料を合わせる。

バラのジェラート
1　ローズウォーター以外の材料を鍋に入れ、80℃になるまで温める。
2　1を裏漉しして冷やし、ローズウォーターを加えてソルベマシンにかける。

仕上げ
1　アガーシートを広げ、食用花の花びらを散らして枝豆のエクラゼをのせる。さらにホワイトチョコレートのムースをのせて巻き、オレンジの皮をかける。
2　皿に1を盛りつけ、マンダリンソースを流してバラのジェラートを添える。
3　粉糖をふり、塩ゆでして80℃のオーブンで20分間乾燥させたエダマメを散らす。

黒の創造

森田一頼 ❖ リベルターブル

リ・ノワール・オ・レ　各適量
黒米*
水
グラニュー糖
牛乳
ブラックベリーのコンフィチュール（解説省略）

パルフェ・グラッセ・オ・キャフェ
牛乳 … 65g
コーヒー豆（挽いたもの）… 3g
卵黄 … 45g
グラニュー糖 … 45g
板ゼラチン … 1.5g
生クリーム（乳脂肪分35%）… 115g
グラサージュ（解説省略）… 適量

仕上げ
ブラックベリー（ホール）
ブルーベリー（ホール）
カシス（ホール）
金箔
金箔粉（赤）
ソース・ショコラ（解説省略）

＊：紫黒米、紫米とも。アジア原産で、日本でも古代に盛んに栽培されていた。白米よりも煮崩れしにくく、食感を残す仕立てに向く。栃木県・飯山ファーム産を使用

リ・ノワール・オ・レ
1 黒米を洗ってかぶるくらいの水に浸し、1時間以上おく。そのまま火にかけ、沸騰させずに8〜9割火を通す。水気をきる。
2 1にグラニュー糖と牛乳を合わせ、約30分間加熱する。バットにあけ、氷水にあてて冷やす。
3 2を9cm×2.5cmの型に入れ、上面をくぼませてブラックベリーのコンフィチュールを詰める。

パルフェ・グラッセ・オ・キャフェ
1 牛乳とコーヒー豆を鍋に入れて沸かす。
2 卵黄とグラニュー糖を合わせてかき混ぜたところに、1を漉して加える。火にかけ、混ぜながらとろみがつくまで加熱する。
3 2にもどした板ゼラチンを加え、氷水にあてて冷やす。八分立てにした生クリームを加える。
4 3を厚さ1cmになるようにバットに流し、冷凍する。提供直前に10cm×3cmにカットし、グラサージュをかける。

仕上げ
1 リ・ノワール・オ・レを型からはずして皿に盛る。ブラックベリー、ブルーベリー、カシスをのせる。金箔を飾る。
2 1と平行にパルフェ・グラッセ・オ・キャフェを盛りつけ、金箔粉をかける。
3 ソース・ショコラで皿の両端に線を描く。

リ・オ・レとブドウ

萬谷浩一 ❖ ラ・トォルトゥーガ

リ・オ・レ（以下、作りやすい分量／1人分約50gを使用）
米（ジャポニカ米）… 50g
牛乳 … 500cc
グラニュー糖 … 50g
ヴァニラビーンズ … 1/2本
卵黄 … 1個分
ブドウ（巨峰）… 16粒

リ・オ・レ
1 米を流水でよく洗う。
2 牛乳、グラニュー糖、ヴァニラビーンズのさやとしごき出した種を鍋に入れて熱する。沸騰しかけたら、米を入れる。
3 ヘラで混ぜながら、20分間とろ火で煮る。
4 とろみがつき、煮上がったらヴァニラのさやを取り出す。卵黄を加え混ぜてとろみをつける。

仕上げ
1 ブドウは半量から果汁をとり、残り半量（皮をむく）と合わせる。
2 皿にリ・オ・レを盛り、ブドウを果汁ごと添える。

板持産海老芋の
カンノーリ

星山英治 ● ヴィルゴラ

カンノーリのクリームには、リコッタなどを用いた軽やかなものを使っているが、冬はデンプン質が豊富なエビイモを入れたカスタードクリームを詰める。生地にはカカオマスのほのかな苦み、クローヴとシナモンの甘い香りを加えている。果物の自然な甘みと酸味を生かしたマチェドニアを合わせ、さわやかな酸味のリコッタのソースとフランボワーズのソースを添え、さっぱりとした印象に。

スパイシーな紅あずま
(薩摩芋)のパネフリット
ヴァローナ"カライブ"の
ソルベ添え

都志見セイジ ● ミラヴィル インパクト

サツマイモはサクッと香ばしいフリットにして甘みを引き出し、チョコレートのソルベとソースを添える。衣にはココナッツファインを加え、揚げあがりにスパイスをふり、サツマイモのデザートにありがちな重たさを回避する。

完熟トマト甲州煮 杏ソース ともゼリー
末友久史 ● 祇園末友

酸味が少なく、糖度が高いトマト「アメーラ」を果物ととらえて作った水菓子。軽やかな甘みの甲州産白ワインを加えてコンポートにし、煮汁はゆるいゼリーにしてトマトにかける。下に敷いたアンズのソースにも同じ白ワインを使い、皿の一体感を高める。

NINJIN PARADISE
都志見セイジ ● TSU・SHI・MI

甘みが強く、香りが穏やかな黄色いニンジン「金美ニンジン」のピュレでテュイルを作り、敬愛する陶芸家のオブジェを模した形に。下には金美ニンジンとココナッツのアイスクリームに加え、白ニンジンと紫ニンジン、ニンジンに似た風味のパースニップの根菜3種をカラメリゼして敷き、ミカン果汁の泡を添える。《レシピ→P.259》

板持産海老芋のカンノーリ

星山英治 :• ヴィルゴラ

カンノーリ（10人分）

生地
- 薄力粉 … 150g
- マルサラ（甘口）… 80cc
- 全卵 … 1個
- ラード … 30g
- ココアパウダー … 15g
- 塩 … ひとつまみ

海老芋クリーム
- カスタードクリーム
  - 卵黄 … 5個分
  - グラニュー糖 … 100g
  - コーンスターチ … 30g
  - 牛乳 … 500cc
  - トンカ豆 … 1粒
- エビイモ … 1個
- 塩 … 適量

サラダ油 … 適量
アーモンド（きざむ）… 適量

仕上げ

- マチュドニア*1
- ミント
- リコッタチーズのソース*2
- フランボワーズのソース*3
- ココアパウダー
- 粉糖

*1：ボウルにグラニュー糖、レモン果汁、白ワインを合わせる。皮をむいて適当な大きさに切った果物（グレープフルーツ、オレンジ、リンゴ、バナナ、キウイフルーツ）を入れて和える。
*2：リコッタにグラニュー糖とレモン果汁を加え混ぜる。
*3：フランボワーズのピュレ（市販品）を水でのばし、グラニュー糖とレモン果汁を加え混ぜる。

カンノーリ

1 生地を作る。
① ミキサーボウルにすべての材料を入れて混ぜ、スタンドミキサーに取りつけて低速で10～15分間こねる。
② ①の生地を丸くまとめてラップフィルムで覆い、常温で1時間やすませる。

2 カスタードクリームを作る。
① ボウルに卵黄とグラニュー糖を入れ、白っぽくなるまですり混ぜ、コーンスターチを加える。
② 鍋に牛乳とトンカ豆を入れて弱火にかけ、沸騰直前まで温める。
③ ①を2に加えて混ぜ、漉し器で漉す。鍋に移して火にかける。
④ ③を木ベラで混ぜながら、コーンスターチに火が入ってとろみが出るまでよく加熱する。

3 海老芋クリームを作る。
① エビイモの皮についた泥などを洗い落とし、皮の表面に化粧塩をするように塩をつける。
② ①を230℃のオーブンで1時間焼く。焼き上がったら、そのままおいて冷ます。完全に冷めたら皮をむき、裏漉しする。
③ ②のエビイモに**2**のカスタードクリームを同量加え、よく混ぜる。

4 **1**の生地を2mmの厚さにのばし、7cm角にカットする。円筒形に巻き、生地の端を溶いた卵白でとめる。

5 170℃に熱したサラダ油で**4**を3～4分間揚げる。

6 **5**に**3**の海老芋クリームを詰め、両端にアーモンドをまぶしつける。

仕上げ

1 器にカンノーリを盛る。マチェドニアを添えてミントをのせる。
2 リコッタチーズのソースとフランボワーズのソースを流す。ココアパウダーと粉糖をふる。

スパイシーな紅あずま（薩摩芋）のパネフリット ヴァローナ"カライブ"のソルベ添え

都志見セイジ :• ミラヴィル インパクト

紅あずまのパネフリット　各適量

- サツマイモ（紅あずま）
- 薄力粉
- 卵
- ココナッツファイン
- パン粉
- サラダ油
- スパイス
- 粉糖

ヴァローナ"カライブ"のソルベ（作りやすい分量）

- シロップ（ボーメ30°）* … 1.1kg
- 水 … 550cc
- ブラックチョコレート（ヴァローナ社カライブ カカオ分66％）… 100g
- 生クリーム（乳脂肪分38％）… 550g
- カカオパウダー … 280g

チョコレートソース

- ブラックチョコレート（ヴァローナ社カライブ カカオ分66％）… 適量

紅あずまのソース（作りやすい分量）

- 水 … 200cc
- 牛乳 … 300cc
- サツマイモ（紅あずま）… 150g
- グラニュー糖 … 150g

仕上げ

- セルフイユ
- カカオパウダー
- 粉糖

*：水1ℓと砂糖1.3kgを沸かし、冷まして作る

紅あずまのパネフリット

1 サツマイモは皮をむき、5cm×1cmの棒状に切る。
2 **1**を薄力粉、溶き卵、ココナッツファインとパン粉を2:1の割合で合わせたものに順にくぐらせ、160℃のサラダ油で二度揚げする。
3 スパイス、粉糖をふる。

ヴァローナ"カライブ"のソルベ

1 シロップと水を合わせて沸かす。
2 細かくきざんだチョコレートに**1**を加えて混ぜる。
3 生クリームとカカオパウダーを合わせて**2**に加え、漉してからアイスクリームマシンにかける。

チョコレートソース

チョコレートを溶かしてソースにする。

紅あずまのソース

1 水と牛乳を合わせた鍋にサツマイモを入れて煮てから、ミキサーでピュレにする。
2 グラニュー糖を加え混ぜ、漉す(サツマイモの味によって甘さを調整する)。

仕上げ

皿にソルベを盛り、チョコレートソースと紅あずまのソースを流す。その上に紅あずまのパネフリットを盛る。セルフイユを飾り、カカオパウダー、粉糖をふる。

完熟トマト甲州煮 杏ソース ともゼリー

末友久史 ◆ 祇園末友

完熟トマト甲州煮(10人分)
トマト(アメーラ*)…10個
シロップ…適量
├水…420cc
└氷砂糖…192g
白ワイン(甲州産)…630cc

ともゼリー(10人分)
完熟トマト甲州煮の煮汁…500cc
板ゼラチン…20g

杏ソース(10人分)
干しアンズ…500g
水…1.2ℓ
白ワイン(甲州産)…900cc
ザラメ糖…200g

仕上げ
セルフイユ
*:水を控えて育てた、高糖度のフルーツトマト

完熟トマトの甲州煮

1 トマトは湯むきする。
2 鍋にシロップを入れて火にかけ、沸騰したら**1**と煮きった白ワインを入れる。
3 **2**がひと煮立ちしたら、鍋底を氷水にあてて急冷し、トマトを取り出す。煮汁は、ともゼリー用に取りおく。

ともゼリー

1 完熟トマト甲州煮の煮汁を布漉しして鍋に入れて火にかけ、沸騰したらもどした板ゼラチンを加えて溶かす。
2 **1**をザルで漉して容器に入れ、粗熱がとれたら冷蔵庫で冷やし固める。

杏ソース

1 干しアンズを水に漬けて12時間ほどおく。
2 鍋に**1**のアンズを漬け汁ごと入れ、白ワイン、ザラメ糖を加えて火にかける。
3 **2**がひと煮立ちしたら、火からおろして鍋底を氷水にあてて急冷する。
4 **3**が冷えたらミキサーにかけてピュレにする。
5 **4**をさらに裏漉ししてソースとする。

仕上げ

器に杏ソースを流し、中央に完熟トマトの甲州煮を盛る。その上から粗く崩したともゼリーをかけ、セルフイユをのせる。

Cheese

第 **6** 章

チーズ

モッツァレッラ

川手寛康 ❖ フロリレージュ

一見すると単なるモッツァレラのようだが、正体は生クリームなどを加えたモッツァレラのムースに、ヨーグルトのムースを詰めて丸く成形したもの。異なる発酵乳製品をあわせることで、"乳"のおいしさを際立てる。牛の出産時期で乳の出やすくなる春のデザートとして、イチゴでさわやかな甘みを添え、オリーブオイルに見立てた乳清を流して提供する。

モッツァレッラ

川手寛康 ❖ フロリレージュ

モッツァレッラのムース（作りやすい分量／1人分30gを使用）
溶けるモッツァレッラ
├ モッツァレラ*1 … 150g
└ 生クリーム（乳脂肪分46%）… 150g
粉ゼラチン … 6g
水 … 30g
生クリーム（乳脂肪分46%）… 100g
イタリアンメレンゲ
├ 水 … 20g
├ グラニュー糖 … 90g
└ 卵白 … 60g
レモン果汁 … 少量

ヨーグルトのムース（作りやすい分量／1人分20gを使用）
生クリーム（乳脂肪分46%）… 90g
牛乳 … 200g
粉ゼラチン … 20g
水 … 100g
ヨーグルト*2 … 500g
レモン果汁 … 少量

苺ジュレ（作りやすい分量／1人分30gを使用）
イチゴジュース
├ イチゴ … 200g
├ グラニュー糖 … 40g
└ クエン酸 … 2g
粉ゼラチン … 2g
水 … 10g

苺のコンポート　各適量
イチゴジュース
イチゴ

仕上げ
乳清*3
イチゴ
ナスタチウムの葉

*1：宮城県・蔵王酪農センター製「蔵王フレッシュモッツァレラ」（牛乳製）を使用
*2：宮城県・蔵王酪農センター製「蔵王山麓ヨーグルト」を使用
*3：宮城県・蔵王酪農センター製「蔵王山麓ヨーグルト」の乳清を使用
*4：二分割できる、シリコン製の球形の製氷器を使用

モッツァレッラのムース

1 溶けるモッツァレッラを作る。モッツァレラと生クリームを鍋に入れて火にかけ、ヘラで混ぜながら加熱してモッツァレラを溶かす。バットに流して粗熱をとり、冷凍庫で保管する。
2 粉ゼラチンと水を合わせ、電子レンジで温めて溶かしておく。
3 1の溶けるモッツァレッラを解凍して温め、2を加え混ぜる。
4 3の鍋を氷水に当てて冷やす。固まりはじめたら七分立てにした生クリームを加え混ぜる。

5 イタリアンメレンゲを作る。
① 鍋に水とグラニュー糖80gを入れて117℃になるまで煮詰める。
② ボウルに卵白とグラニュー糖10gを入れてハンドミキサーで泡立てておく。
③ ①を②に少しずつ加えながら、冷めるまで高速で撹拌する。
6 5のイタリアンメレンゲに4を加え混ぜ、レモン果汁で味をととのえる。

ヨーグルトのムース

1 鍋に生クリームと牛乳を入れて火にかけ、沸騰させる。
2 粉ゼラチンと水を合わせ、電子レンジで温めて溶かしておく。
3 1の鍋に2を溶かし入れ、ヨーグルトを加え、火からおろす。レモン果汁で味をととのえ、冷ましておく。

モッツァレッラの成形

1 直径7.5cmの球形の型*4を二分割し、2つの半球形の型とする。双方にモッツァレッラのムースを厚さ1.5cmほどになるように流し込む。
2 1の双方の中心部にヨーグルトのムースを流し込む。
3 2つの半球を重ねて球形に戻し、冷蔵庫で冷やし固める。

苺ジュレ

1 イチゴジュースを作る。ヘタを取ったイチゴとグラニュー糖、クエン酸を真空パックにする。
2 1を80℃のスチコンで20分間加熱する。
3 2を袋から取り出し、紙漉ししてイチゴジュースとする。一部を取りおく（「苺のコンポート」に使用）。
4 粉ゼラチンと水を合わせ、電子レンジで温めて溶かしておく。
5 4を3に加えてよく混ぜる。冷蔵庫で冷やし固める。

苺のコンポート

1 「苺ジュレ」（上記）を作った時に取りおいたイチゴジュースを鍋に入れて沸かす。
2 1にヘタを取ったイチゴを入れ、そのまま冷ます。

仕上げ

1 器に乳清を少量流し、型からはずしたモッツァレッラとヨーグルトのムースを置く。
2 1の器のリム部分に、苺のジュレと苺のコンポート、適宜に切ったイチゴを添える。ナスタチウムの葉を飾る。

黒トリュフ ティラミス

《写真→P.216》

小笠原圭介 ❖ エクイリブリオ

ジェノワーズ（21cm×28cm×5cmのバット1枚分）
全卵 … 200g
グラニュー糖 … 125g
薄力粉 … 125g
発酵バター（溶かす）… 60g

マスカルポーネクリーム（24人分）
卵黄 … 3個分
グラニュー糖 … 50g
マスカルポーネ … 250g
生クリーム（乳脂肪分41％）… 100g
トンカ豆（粉末）… 1粒分
板ゼラチン … 4g

仕上げ
クレーム・フェッテ … 各適量
└ 生クリーム（乳脂肪分41％）
└ グラニュー糖
└ ブランデー
└ フランボワーズ・ブランデー
エスプレッソソース
└ エスプレッソ
└ アガペシロップ*
フルール・ド・セル
黒トリュフ … 1人分5g

＊：メキシコを中心に米国南西部や中南米の熱帯地に育つ植物「リュウゼツラン」の茎から採れる糖液を煮詰めた天然甘味料。甘みが強いがクセはなく、すっきりとした味わい

ジェノワーズ

1 ボウルに全卵とグラニュー糖を入れ、湯煎にかけながらすり混ぜる。
2 **1**にふるった薄力粉、溶かしバターを加えて混ぜる。天板に流し、180℃のオーブンで15分間焼く。
3 **2**が焼き上がったら網にのせて1分間ほど熱を逃がし、ラップフィルムで覆って、蒸気を閉じ込める。そのまま約2時間冷蔵庫におく。

マスカルポーネクリーム

1 ボウルに卵黄とグラニュー糖を入れ、すり混ぜる。
2 **1**に室温でやわらかくしたマスカルポーネ、生クリーム75gを加えてよく混ぜ合わせる。
3 生クリーム25gを鍋で温め、トンカ豆ともどした板ゼラチンを加える。板ゼラチンが溶けたら**2**と混ぜ合わせて裏漉しし、冷蔵庫で2時間ほど冷やし固める。

仕上げ

1 ジェノワーズを4枚にスライスし、間にマスカルポーネクリームをはさんで重ねなおす。最後に上面にマスカルポーネクリームをぬる。
2 **1**を乾かないようにラップフィルムで包んで、2～3日間冷蔵庫でねかせる。
3 クレームフェッテを作る。生クリームにグラニュー糖、ブランデー、フランボワーズ・ブランデーを合わせて泡立てる。
4 **2**の上に**3**のクレーム・フェッテをぬり、1時間ほど冷蔵庫で冷やす。
5 提供直前にエスプレッソソースを作る。熱いエスプレッソにアガペシロップを溶かす。
6 **4**を9cm×2.5cmに切り分け、上にフルール・ド・セルをふり、細かく削った黒トリュフをのせる。皿に盛り、**5**のエスプレッソソースを添える。

黒トリュフ ティラミス

小笠原圭介 ❖ エクイリブリオ

ティラミスの構成要素にトリュフを合わせた驚きあふれるガトー。スポンジ生地とトンカ豆入りマスカルポーネのクリームは薄く重ねて冷蔵庫で2〜3日ねかせ、しっとりとした一体感をだす。提供直前に少量のフルール・ド・セルとたっぷりのトリュフをのせ、苦みの強いエスプレッソのソースを添える。《レシピ→P.215》

ティラミス

藤田統三 ● ラトリエ モトゾー

マスカルポーネクリームとサヴォイアルディを盛り合わせ、サンブーカ（エルダーフラワーやアニスで香りづけしたリキュール）とグラニュー糖を加えた淹れたてのエスプレッソを客席でかける。パーツごとに仕上げておき、提供前に組み立てる。作りたてならではのおいしさを狙ったひと品だ。

ティラミス2011

藤田統三 ● ラトリエ モトゾー

ティラミスの要素を再構築した現代的なスタイルの品。カカオパウダーを加えて焼いたサヴォイアルディに、マルサラとコニャックを加えたソース・アングレーズで作ったジェラートをのせ、エスプレッソのゼリーで覆う。ソースは、マスカルポーネとクレーム・シャンティイを合わせて熱し、ヴァニラで香りづけしたもの。

ティラミス

藤田統三 ❖ ラトリエ モトゾー

マスカルポーネクリーム（10人分）

ザバイオーネ
- マルサラ … 100cc
- 卵黄 … 8個分
- グラニュー糖 … 120g

板ゼラチン … 8g
マスカルポーネ … 500g
生クリーム（乳脂肪分47%）… 120g

サヴォイアルディ（60cm×40cmの天板4枚分）

全卵 … 125g
卵黄 … 130g
グラニュー糖 … 350g
卵白 … 195g
中力粉 … 350g
片栗粉 … 200g
粉糖 … 適量

エスプレッソのソース

エスプレッソ … 20cc
グラニュー糖 … 小さじ1
サンブーカ* … 適量

仕上げ

ココアパウダー
エスプレッソの粉
飾り用チョコレート（コーヒー豆入り）
飾り用チョコレート（アーモンド入り）
飾り用チョコレート（削ったもの）
飾り用チョコレート（帯状のもの）

*：エルダーフラワーやアニスなどで香りづけしたリキュール

マスカルポーネクリーム

1 ザバイオーネを作る。マルサラ、卵黄、グラニュー糖をボウルに入れて湯煎でかき立てる。
2 粗熱をとった**1**に、もどした板ゼラチンを加えて溶かす。
3 **2**が完全に冷めたらマスカルポーネを加え、氷水にあてながら泡立てる。
4 八〜九分立てにした生クリームを混ぜ合わせる。

サヴォイアルディ

1 全卵、卵黄、グラニュー糖250gをボウルに入れて、しっかりと泡立てる。
2 卵白とグラニュー糖100gでしっかりしたメレンゲを作る。
3 中力粉と片栗粉は、合わせてふるう。
4 **1**に**2**の3/5量を加え、泡が消えないようにさっくりと混ぜ合わせる。
5 **4**に**3**の粉類を加えてざっくりと合わせ、粉が残っているうちに残りの**2**を加えて、泡が消えないように全体を合わせる。
6 絞り袋に9mmの丸口金をセットし、**5**を入れる。
7 天板にバター（分量外）をぬり、**6**を12〜13cmの長さに絞る。
8 **7**の上に粉糖をたっぷりとふり、230℃のオーブンで5〜6分間焼く。
9 焼き上がったら、常温において冷まし、乾燥させる。

エスプレッソのソース

エスプレッソにグラニュー糖とサンブーカを加える。

仕上げ

1 皿に模様を抜いた紙を敷いてココアパウダーをふる。
2 サヴォイアルディを2本盛り、その横にマスカルポーネクリームをスプーン2杯分盛る。
3 **2**にココアパウダーとエスプレッソの粉をふる。
4 4種の飾り用チョコレートを添える。
5 客前で、サヴォイアルディにエスプレッソのソースをかける。

ティラミス2011

藤田統三 ラトリエ モトゾー

ザバイオーネのジェラート（16人分）
ソース・アングレーズ
- 牛乳 … 500cc
- 生クリーム（乳脂肪分35％）… 90cc
- 転化糖（トレモリン）… 60g
- グラニュー糖 … 125g
- 脱脂粉乳 … 45g
- 卵黄 … 180g
- 安定剤 … 0.5g

コニャック … 30cc
マルサラ … 300cc

ブラックカカオのサヴォイアルディ（60cm×40cmの天板4枚分）
全卵 … 125g
卵黄 … 130g
グラニュー糖 … 350g
卵白 … 195g
中力粉 … 300g
ココアパウダー（ブラック）… 50g
片栗粉 … 200g
粉糖 … 適量

エスプレッソフィルム（10人分）
エスプレッソ … 400cc
カラギーナン … 20g
グラニュー糖 … 60g

マスカルポーネソース（1人分）
マスカルポーネ … 大さじ2
クレーム・シャンティイ … 大さじ2
ヴァニラビーンズ（タヒチ産）… 1/3本

仕上げ
銀箔
飾り用チョコレート

ザバイオーネのジェラート
1 ソース・アングレーズを作る。材料を鍋に入れて火にかけ、裏漉しして冷蔵庫で一昼夜ねかせる。
2 **1**にコニャック、マルサラを合わせてソルベマシンにかける。

ブラックカカオのサヴォイアルディ
1 全卵、卵黄、グラニュー糖250gをボウルに入れて、しっかりと泡立てる。
2 卵白とグラニュー糖100gでしっかりしたメレンゲを作る。
3 中力粉、ココアパウダー、片栗粉は合わせてふるっておく。
4 **1**に**2**の3/5量を加え、泡が消えないようにさっくりと混ぜ合わせる。
5 **4**に**3**の粉類を加えてざっくりと合わせ、粉が残っているうちに、残りの**2**を加えて、泡が消えないように全体を合わせる。
6 絞り袋に7mmの丸口金をセットし、**5**を詰める。
7 天板にバター（分量外）をぬり、**6**を12〜13cmの長さに絞る。
8 **7**の上に粉糖をたっぷりとふり、230℃のオーブンで5〜6分間焼く。
9 焼き上がったら、常温で冷まし、乾燥させる。

エスプレッソフィルム
1 エスプレッソを鍋で沸騰させる
2 **1**に、合わせておいたカラギーナンとグラニュー糖を加え、混ぜながらアクを引く。
3 火を止めてバットに3mm程度の厚さに流し、冷蔵庫で冷やし固める。

マスカルポーネソース
マスカルポーネ、クレーム・シャンティイ、さやごとのヴァニラビーンズを合わせてボウルに入れ、沸騰させたら粗熱をとり、漉す。

仕上げ
1 皿にブラックカカオのサヴォイアルディを5本敷き、ザバイオーネのジェラートを盛り、上からエスプレッソフィルムで覆う。
2 **1**の周囲にマスカルポーネソースを流す。
3 **1**の表面に銀箔をスプレーで吹きかけ、飾り用チョコレートを散らす。

柿のティラミス
北野智一 ❖ ル・ヴァンキャトル

カキを入れたマスカルポーネクリームと、エスプレッソをしみ込ませたジェノワーズを重ね、ココアパウダーをふってティラミス仕立てに。中にはクリのピュレをしのばせ、ムラサキイモのソルベを添える。秋の素材を美しく盛り込んだ一皿。

苺のティラミス
西口大輔 ❖ ヴォーロ・コズィ

ティラミスの苦みをベリー類の甘酸っぱさに置きかえてさわやかな品に。キイチゴのシロップに浸したサヴォイアルディ、マスカルポーネクリーム、角切りのイチゴを層にし、キイチゴのメレンゲで作った粉末をふる。濃厚なマスカルポーネとのバランスを考え、イチゴは酸味が穏やかで甘みの強い品種を選ぶ。

ラベンダー風味の
ハチミツのスフレグラスのクレープ包み

宇野勇蔵 ❖ ル・ビストロ

クレーム・シャンティイに、ラベンダーのハチミツを加えたイタリアンメレンゲとフロマージュ・ブランとを混ぜ合わせてスフレ・グラスを作り、薄く焼き上げたクレープで包む。ラズベリーソースとフロマージュ・ブランの酸味がハチミツの甘みをさわやかに引き締める。

柿のティラミス
北野智一 ❖ ル・ヴァンキャトル

マロンのピュレ（作りやすい分量）
クリ … 1kg
上白糖 … 300g

柿のマスカルポーネクリーム（作りやすい分量）
カキ … 4個
マスカルポーネ … 100g
板ゼラチン … 適量

ムラサキイモのソルベ（作りやすい分量）
ムラサキイモ … 4個
シロップ … 100g

キウイフルーツのムース（作りやすい分量）
キウイフルーツ … 6個
生クリーム（乳脂肪分38%） … 100cc
板ゼラチン … 7g

仕上げ
ジェノワーズ《P.266》
エスプレッソシロップ*1
カカオパウダー
柿のスライス*2
粉糖

*1：エスプレッソ、水、砂糖を同割で合わせたもの
*2：薄くスライスしたカキをシロップで煮て、ウォーマーで乾燥させてチョコレートをかけたもの

マロンのピュレ
1　クリを湯に浸けて、鬼皮を取り除く。上白糖、適量の水（分量外）とともに鍋に入れて、やわらかくなるまで煮る。
2　1の渋皮を洗い落とし、フード・プロセッサーにかけて、ペースト状にする。

柿のマスカルポーネクリーム
1　カキの皮をむき、種を取り除く。ミキサーにかけて、ピュレ状にする。
2　もどした板ゼラチンを少量の湯で溶かしてマスカルポーネと混ぜ、1を加えてなめらかになるまで混ぜる。

ムラサキイモのソルベ
1　ムラサキイモを皮ごと200℃のオーブンに入れて、中心まで火を通す。
2　1をフード・プロセッサーにかけてピュレ状にし、シロップを加えて混ぜる。
3　2をパコジェットの専用容器に入れて冷凍し、提供直前にパコジェットにかける。

キウイフルーツのムース
1　キウイフルーツは皮をむき、ミキサーにかけてピュレ状にする。鍋に入れて加熱し、もどした板ゼラチンを加え溶かす。
2　1を氷水にあてて冷やしながら生クリームと合わせ、なめらかになるまで泡立て器で混ぜる。

3　2をバットに流し、冷蔵庫に入れて冷やし固める。

仕上げ
1　ジェノワーズはエスプレッソシロップを打ち、直径5cmのセルクルで抜く（1人分に2枚使用）。常温において解凍する。
2　解凍したジェノワーズ2枚にマロンのピュレを挟む。
3　2に柿のマスカルポーネクリームをのせ、カカオパウダーをふりかける。柿のスライスを飾る。
4　3を皿に置き、まわりに粉糖をふる。
5　キウイフルーツのムースを添え、その上にムラサキイモのソルベをクネル形にとってのせる。

苺のティラミス
西口大輔 ❖ ヴォーロ・コズィ

苺のティラミス
サヴォイアルディ（作りやすい分量）
├全卵 … 3個
├グラニュー糖 … 100g
└薄力粉 … 100g
ティラミスクリーム（約11〜12人分）
├全卵 … 2個
├グラニュー糖 … 90g
└マスカルポーネ … 250g
キイチゴのシロップ（作りやすい分量／1人分約15gを使用）
├キイチゴのピュレ（市販品） … 100g
└グラニュー糖 … 40g
キイチゴのメレンゲとパウダー（作りやすい分量／1人分約10gを使用）
├卵白 … 100g
├粉糖 … 100g
└キイチゴのピュレ（市販品） … 大さじ3
イチゴ（奈良県産「古都華」） … 1人分3個
ミントの葉 … 適量

仕上げ
キイチゴのラングドシャ《P.266》
オレンジ風味のテゴラ《P.266》
粉糖

苺のティラミス
1　サヴォイアルディを作る。
① 全卵を卵黄と卵白に分け、卵白にグラニュー糖の半量弱を合わせて泡立て、メレンゲを作る。
② ①の卵黄に残りのグラニュー糖を加え、もったりするまですり混ぜる。
③ ②に①のメレンゲを加え、泡を消さないように軽く混ぜる。さらに、ふるった薄力粉を加えてさっくりと混ぜ合わせる。
④ ③を絞り袋に入れ、オーブンシートを敷いた天板に直径約5〜6cmの太い棒状に絞り出す。170℃のオーブンで7分間、さらに150℃のオーブンで7分間焼く。粗熱をとる。

2 ティラミスクリームを作る。
① 全卵を卵黄と卵白に分け、卵白にグラニュー糖の半量弱を合わせてメレンゲを立てる。
② ①の卵黄に残りのグラニュー糖を加えてすり混ぜ、マスカルポーネを加えてよく混ぜ合わせる。
③ ②に①のメレンゲを加え、泡を消さないように軽く混ぜる。
3 キイチゴのシロップを作る。キイチゴのピュレとグラニュー糖を合わせて鍋で熱し、冷ます。
4 キイチゴのメレンゲとパウダーを作る。
① 卵白に粉糖を合わせてメレンゲを立て、キイチゴのピュレを加えて混ぜ合わせる。星形の口金を付けた絞り袋に入れ、オーブンシートを敷いた天板に丸く絞り出す。一部はパウダー用にゴムベラで薄くのばす。
② ①を70℃のオーブンで4時間焼く。
③ パウダー用に焼いた②をフード・プロセッサーでまわしてパウダー状にする。
5 **1**のサヴォイアルディを適宜割って**3**のキイチゴのシロップに浸す。
6 ガラスの器の底に**5**を敷き、上に**2**のティラミスクリームをかけ、角切りにしたイチゴをのせる。これを計3回くり返す。
7 **6**の表面を**2**のティラミスクリームで覆い、半分に切ったイチゴ、キイチゴのメレンゲとパウダー、ミントの葉を飾る。

仕上げ
トレイに苺のティラミスを並べ、キイチゴのラングドシャとオレンジ風味のテゴラを添え、粉糖をふる。

ラベンダー風味のハチミツのスフレグラスのクレープ包み
宇野勇蔵 ❖ ル・ビストロ

ラベンダー風味のハチミツのスフレグラス（12人分）
イタリアンメレンゲ
├ 卵白 … 210g
├ グラニュー糖 … 50g
├ ハチミツ（ラベンダー）… 120g
└ 水 … 40cc
ヌガー
├ グラニュー糖 … 100g
├ 水 … 40cc
└ アーモンドスライス（スペイン産）… 80g
生クリーム … 300g
フロマージュ・ブラン … 100g

クレープ（7枚分）
全卵 … 1個
グラニュー糖 … 15g
塩 … ひとつまみ
薄力粉 … 38g
焦がしバター … 7g
牛乳 … 125cc

ソース（仕上がり1.5kg）
ラズベリー（冷凍）… 1kg
グラニュー糖 … 500g
レモン果汁 … 1/2個分
水 … 150cc

仕上げ
イチゴ
ミント
粉糖

ラベンダー風味のハチミツのスフレグラス
1 イタリアンメレンゲを作る。
① ボウルに卵白をほぐし、軽く泡立てる。
② 鍋にグラニュー糖、ハチミツ、水を入れて火にかけ、117℃に熱する。
③ ①に②を少しずつ加えながら泡立てる。
④ 粗熱がとれるまでよく泡立てる。
2 ヌガーを作る。
① 鍋にグラニュー糖と水を入れて加熱し、カラメルを作る。
② アーモンドスライスを180℃のオーブンで加熱し、温かいうちに①と混ぜる。
③ ②をサラダ油をぬったバットに広げて冷ます。
3 生クリームを八分立てにし、フロマージュ・ブランとイタリアンメレンゲを加え、しっかりと泡立てる。
4 ヌガーをきざみ、**3**に加え混ぜる。

クレープ
1 全卵をほぐし、グラニュー糖、塩、薄力粉、焦がしバターを加えてよく混ぜる。
2 **1**に牛乳を加えてさらに混ぜ、漉す。
3 クレープパンに無塩バター（分量外）を入れて温め、生地30ccを広げて焼き、クレープとする。

ソース
材料を合わせてミキサーにかける。

仕上げ
スフレグラス、きざんだイチゴ、ミントをクレープにのせてソースをかけ、皿に盛る。粉糖をふる。

リコッタチーズのタルト

藤田統三 ❖ ラトリエ モトゾー

"定番"と"モダン"、2種のスタイルを盛り合わせ、より多面的にリコッタのタルトの魅力を伝える。"定番"ではリコッタの水分をしっかりときり、なめらかで凝縮感のある味わいにし、"モダン"ではフォンダン・ショコラをイメージしてナイフを入れるととろりと流れ出るやわらかい食感に。オリーブオイル、オレンジなど、リコッタと相性のよい素材をセミフレッドやソースにして盛り込む。

リコッタチーズのタルト

タルト生地
（直径18cmのマンケ型約8台分）
- バター … 600g
- グラニュー糖 … 450g
- 塩 … 4g
- ヴァニラエッセンス … 適量
- レモンエッセンス … 適量
- 全卵 … 1個
- 卵黄 … 4個分
- 中力粉 … 1kg
- ベーキングパウダー … 10g

アパレイユ
（直径18cmのマンケ型3台分）
- バター … 280g
- グラニュー糖 … 280g
- 塩 … 2g
- 全卵 … 300g
- リコッタ（しっかりと水分をきったもの）… 750g
- 干しブドウ（湯でもどす）… 250g
- ハチミツ … 少量
- ヴァニラエッセンス … 少量

フォンダンショコラ風のリコッタチーズのタルト

- タルト生地（上記）… 適量

アパレイユ（直径4cmのセルクル18個分）
- 卵黄 … 40g
- 卵白 … 40g
- グラニュー糖 … 60g
- 塩 … ひとつまみ
- バター … 75g
- 米粉 … 45g
- リコッタ（水分をきらないもの）… 167g

オリーブオイルのセミフレッド
（8人分）

パータ・ボンブ
- 卵黄 … 3個分
- グラニュー糖 … 75g
- 水 … 30cc

- オレンジの皮（すりおろし）… 1個分
- E.V.オリーブオイル … 50cc
- 板ゼラチン … 3g
- 生クリーム（乳脂肪分35%）… 250g

ヴァニラのシロップがけ
- シロップ（ボーメ30°）… 適量
- ヴァニラビーンズのさや（乾燥させたもの）… 適量

仕上げ

- オレンジ
- ソース
  - オレンジ果汁
  - E.V.オリーブオイル
- アーモンドのテュイル《P.267》
- グリーンオリーブ
- ホワイトチョコレート（粒）
- ライムの皮（すりおろし）
- 黒コショウ（粗くきざむ）

リコッタチーズのタルト

1 タルト生地を作る。
① 常温でやわらかくしたバターをボウルに入れ、グラニュー糖、塩、ヴァニラエッセンス、レモンエッセンスを加えてすり混ぜる。
② ①に全卵と卵黄を加えて、さらによく混ぜ合わせる。
③ 中力粉とベーキングパウダーを合わせてふるい、②に加えて混ぜ合わせ、生地をひとまとめにして冷蔵庫で一晩ねかせる。
④ ③のうち、250gを打ち粉をした作業台で5mm程度の厚さにのばし、18cmのマンケ型に敷く。
2 アパレイユを作る。
① バター、グラニュー糖、塩をボウルで白っぽくなるまでしっかりと混ぜ、溶いた全卵を少しずつ加えて混ぜ合わせる。
② ①がしっかり混ざったら、リコッタ、干しブドウ、ハチミツ、ヴァニラエッセンスを加えて混ぜ合わせる。**1**の型に流して180℃のオーブンで40分間焼く。焼き上がったら18等分する。

フォンダンショコラ風のリコッタチーズのタルト

1 タルト生地を2mmの厚さにのばし、直径4cm×高さ2.7cmのセルクルで型抜きをする。
2 **1**を天板に並べ、200℃のオーブンで12～13分間焼く。
3 **2**が冷めたら内側にバターをぬったセルクルに入れる。
4 アパレイユを作る。
① ボウルに卵黄、卵白、グラニュー糖、塩を入れ、湯煎にかけながらすり混ぜ、40℃まで温める。
② 28℃にしたバターを加えて混ぜ合わせ、しっかりと乳化させる。
③ 米粉を加えて練り、リコッタを加えて混ぜ合わせる。
5 **3**のセルクルに**4**のアパレイユを詰めて冷凍する。提供直前に200℃のオーブンで6分間焼く。

オリーブオイルのセミフレッド

1 パータ・ボンブを作る。
① 卵黄はミキサーで白っぽくなるまで泡立てる。
② グラニュー糖と水を鍋に入れて火にかけ、120℃まで温める。
③ ①に②を少しずつ加えて泡立て、オレンジの皮とE.V.オリーブオイルを混ぜ合わせる。
2 水でもどした板ゼラチンに八分立てにした生クリームのうち少量を加え、湯煎で溶かす。
3 **2**を**1**のパータ・ボンブに加え、冷めたら残りの生クリームも加えて混ぜ合わせる。バットに流して冷凍庫で一晩固める。

ヴァニラのシロップがけ

鍋でシロップを温め、ヴァニラビーンズのさやを入れてからめる。シルパットに並べ、160℃のオーブンで7～8分間焼いて乾燥させる。

仕上げ

1 オレンジは、皮をむいて果肉を1mm程度の厚さにスライスし、数枚を重ねて縦3cm×横10cmにカットする。
2 オレンジ果汁を鍋で1/5量程度になるまで煮詰めたものに、E.V.オリーブオイルを加えて乳化させ、ソースとする。
3 皿に、**1**を置いて**2**を流す。
4 2種のタルトを盛り、オリーブオイルのセミフレッドをオレンジの上に盛る。
5 アーモンドのテュイルの中にヴァニラのシロップがけを挿し込み、フォンダンショコラ風のリコッタチーズのタルトとオリーブオイルのセミフレッドの上に渡すように添える。
6 グリーンオリーブ、ホワイトチョコレートを添え、ライムの皮、粗くきざんだ黒コショウをふる。

Nuts & Marron

第 7 章

ナッツと栗

モンブラン 〜和栗、シャテーヌ〜

髙嶋寿 **:** マダム・トキ

日本産とフランス産、それぞれの特徴を楽しませる2種のモンブランの盛り合わせ。手前はサイフォンで絞った軽い口あたりのクリームを使い、和グリの繊細な味と香りに寄り添ったやさしい味わい。奥はフランス産クリを蒸して使い、力強い味や香りを前面に出したグラスデザート。ヴァニラアイスクリームに熱いエスプレッソを注ぎ、サイフォンでクリのペーストを絞っている。

モンブラン　〜和栗、シャテーヌ〜

髙嶋 寿　マダム・トキ

和栗のクリーム（13〜15人分）

クリームのベース（下記より300g）
├ 和グリ … 1kg
├ クリの甘露煮（市販品）… 150g
├ クリの甘露煮のシロップ（市販品）… 70g
├ 牛乳 … 1kg
├ ヴァニラビーンズのさや* … 5本
├ グラニュー糖 … 210g
└ ラム … 35g
牛乳 … 40〜50g
植物性クリーム … 100g
生クリーム（乳脂肪分30％）… 40〜50g

ムラング（約60人分）

卵白 … 120g
グラニュー糖 … 100g
粉糖 … 10g
アーモンドパウダー … 70g

エスプーマクリーム（12〜15人分）

植物性クリーム … 170g
生クリーム（乳脂肪分30％）… 40g

グラス・ヴァニーユ（50〜55人分）

牛乳（乳脂肪分4％）… 1kg
生クリーム（乳脂肪分45％）… 200g
ヴァニラビーンズ … 6本
卵黄 … 12個分
グラニュー糖 … 310g

エスプーママロン（36〜42人分）

クリ（フランス産。冷凍のむき実）… 160g
牛乳 … 200g
生クリーム（乳脂肪分42％）… 200g
板ゼラチン … 4g
クリのペースト（フランス・サバトン社）… 200g
クレーム・アングレーズ（下記より200g）
├ 牛乳 … 250g
├ 卵黄 … 3個分
├ グラニュー糖 … 62g
└ ラム … 適量

仕上げ

クリの渋皮煮（市販品）
粉糖
エスプレッソ

＊：ほんのりとした香りに仕上げるため、グラス・ヴァニーユを作るのに使ったヴァニラビーンズのさやを水で洗って乾燥させたものを使用

和栗のクリーム

1 クリームのベースを作る。
① 鍋に鬼皮をむいた和グリ、クリの甘露煮、クリの甘露煮のシロップ、牛乳、ヴァニラビーンズのさやを入れ、弱火で約4時間ゆっくりと炊く。
② ①にグラニュー糖とラムを加えてさらに約2時間煮る。
③ ②からヴァニラビーンズのさやを取り除き、フード・プロセッサーにかける。漉して、冷蔵庫で冷やす。
2 **1**のクリームのベースと、牛乳、植物性クリーム、六〜七分立てにした生クリームをさっくりと合わせる。

ムラング

1 ボウルに卵白とグラニュー糖を入れ、泡立て器でよくかき立てる。
2 **1**に粉糖とアーモンドパウダーを加えてさっくりと混ぜ合わせる。
3 **2**を絞り袋に入れ、オーブンシートを敷いた天板の上に直径約2.5cmの円形に絞り出す。120℃のオーブンで約1時間、さらに100〜110℃で約1時間焼く。

エスプーマクリーム

植物性クリームと生クリームをサイフォンに入れてガスを充填し、冷蔵庫で冷やす。

グラス・ヴァニーユ

1 鍋に牛乳、生クリーム、切り目を入れて種をしごき出したヴァニラビーンズをさやごと入れて沸かす。
2 ボウルに卵黄とグラニュー糖を入れ、泡立て器で白っぽくなるまでよくすり混ぜる。
3 **1**の鍋に**2**を入れ、弱火でゆっくりとかき混ぜながら80〜82℃になるくらいまで加熱する。
4 **3**を漉し器で漉し、パコジェットの専用容器に入れて冷凍する。
5 提供直前に、**4**をパコジェットにかける。

エスプーママロン

1 クリをバットに並べ、100℃の蒸し器で約30分間ほっくりとやわらかくなるまで蒸す。フード・プロセッサーで粉砕する。
2 鍋に牛乳、生クリームを入れて沸かし、もどした板ゼラチンを加えて溶かす。
3 **2**に**1**とクリのペーストを加えてよく混ぜ合わせ、ミキサーで撹拌する。粗熱をとり、冷蔵庫でよく冷やす。
4 クレーム・アングレーズを作る。
① 鍋に牛乳を入れて沸かす。
② ボウルに卵黄とグラニュー糖を入れ、泡立て器で白っぽくなるまでよくすり混ぜる。
③ ①の鍋に②を入れ、弱火でゆっくりとかき混ぜながら80〜82℃になるくらいまで加熱する。
5 **3**に**4**のクレーム・アングレーズとラムを加え混ぜ、サイフォンに入れてガスを充填し、冷蔵庫で冷やす。

仕上げ

1 プレートの中央にエスプーマクリームを丸く絞り、さいの目に切ったクリの渋皮煮を散らす。ムラングを上にのせ、その上から和栗のクリームを絞り袋に入れて絞る。粉糖をふる。

2 グラスの底にグラス・ヴァニーユを入れ、熱いエスプレッソを注いでエスプーママロンを絞る。**1**とともに提供する。

パリ ブレスト
《写真→P.235》
大川 隆 ❖ コム シェ ミッシェル

パータ・シュー（30人分）
水 … 500g
バター … 160g
薄力粉 … 255g
塩 … 適量
全卵 … 8個

プラリネクリーム（30人分）
クレーム・パティシエール
├ グラニュー糖 … 30g
├ 卵黄 … 20g
├ 薄力粉 … 20g
└ 牛乳 … 150cc
バター（ポマード状）… 45g
プラリネ・アンシエンヌ*1 … 12g
プラリネ ヌーヴォ *1 … 34g

仕上げ
ヌガティーヌのグリエ*2
粉糖

*1：アンシエンヌはアーモンドとヘーゼルナッツの粒状のものが混じった昔風のプラリネ。ヌーヴォはペースト状のプラリネのこと
*2：鍋にシロップを入れてカラメル状になる直前まで加熱し、ダイスアーモンドを入れて混ぜ合わせて、砕いたもの

パータ・シュー
1 鍋に水とバターを入れ、沸騰するまで加熱する。
2 **1**を火からおろして薄力粉を加え、木ベラでなめらかになるまで混ぜ合わせる。再び火にかけ、弱火で10分間ほどかけて水気をとばす。
3 **2**を火からおろし、塩と溶いた全卵を加えてしっかりと混ぜ合わせる。13番の口金を付けた絞り袋に入れて冷蔵庫で冷やす。
4 天板に**3**を直径8cmの輪に絞り出す。200℃のオーブンで18分間焼く。
5 **4**のオーブンの火を落とし、扉を半分開けた状態で3〜4分間おく。オーブンから取り出して網にのせ、室温で冷ます。

プラリネクリーム
1 クレーム・パティシエールを作る。
① ボウルにグラニュー糖と卵黄を入れてすり混ぜる。薄力粉を加え混ぜ、温めた牛乳を少量ずつ加えながらさらに混ぜる。
② ①を鍋に移し、弱火で5〜6分間混ぜながら加熱する。冷蔵庫で冷やす。

2 ボウルにポマード状にやわらかくしたバターと2種類のプラリネを入れてよく練り合わせる。
3 **2**に**1**のクレーム・パティシエールを加えて泡立て器かハンドミキサーでしっかりと混ぜ、冷蔵庫で12時間以上やすませる。

仕上げ
1 よく冷えたプラリネクリームを13番の口金を付けた絞り袋に入れる。
2 パータ・シューを上下二つに切り分け、下の生地に**1**をらせん状にねじるように絞る。ヌガティーヌのグリエをふりかけ、上の生地をかぶせる。
3 **2**を皿に盛ってヌガティーヌのグリエを散らし、粉糖をふりかける。

笠間の熟成栗

小笠原圭介 ❖ **エクイリブリオ**

半年間ほどねかせたクリの、高まった甘みと凝縮した風味をシンプルに表現したデザート。蒸して裏漉ししたクリに、生クリームとバターと塩を加え混ぜ、鬼皮に詰めなおして高温のオーブンで温める。これを"落ちたクリの実"に見立てて、葉と一緒に盛りつける。その濃厚な風味をストレートに生かすべく、糖分や酒は加えず、ホワイトラムをきかせたクレーム・シャンティイを添える。

マロンとミルクの焼きズッパ サンブーカとコーヒー豆のアクセント

堀川 亮 ❖ フィオッキ

クリのペーストを牛乳でゆるめ、泡立てた生クリームとメレンゲを混ぜ、きざんだマロングラッセで食感に変化をつけた甘いスープ。オーブンで表面に焼き色をつけ、中はほの温かい状態に。香りづけにはエルダーフラワやアニスなどの薬草を使ったリキュール、サンブーカと、サンブーカと相性のよいコーヒーを。

栗のスープとトリュフ

中多健二 ❖ ポワン

トリュフに似せたチョコレートと黒ゴマのアイスクリームとを器に盛り、客前で冷たいクリのスープを注いで仕上げる。チョコレートやゴマなどのコクのある要素を、ひんやりとした口あたりで軽やかに楽しむデザート。モダンなビジュアルだが、ほっとできる味わいだ。

笠間の熟成栗

小笠原圭介 ❖ エクイリブリオ

栗のピュレ（1人分）
クリ（利平栗*）… 5個
生クリーム（乳脂肪分41％）… 適量
発酵バター … 適量
水 … 適量
フルール・ド・セル … 適量

クレーム・フェッテ　各適量
生クリーム（乳脂肪分41％）
ホワイトラム
グラニュー糖

*：大粒で通常の和栗より甘みが強い。ここでは10月下旬に収穫されたものを温度変化の少ない冷蔵庫で約半年間ねかせたものを使用

1 クリを45分〜1時間ほど蒸して鬼皮と渋皮をむき、実を裏漉しする。鬼皮は盛りつけ用に取りおく。
2 鍋に生クリーム、発酵バター、水を入れて沸騰させ、**1**のクリとフルール・ド・セルを加える。クリの水分量を見ながら、生クリームとバターの量を調整する。
3 **2**を絞り袋に入れ、**1**で取りおいたクリの鬼皮に絞り出し、280℃のオーブンで1〜3分間加熱する。
4 皿にクリの葉（分量外）を敷き、**3**と鬼皮の一部を盛りつける。
5 クレーム・フェッテの材料を合わせて泡立て、**4**に添える。

マロンとミルクの焼きズッパ
サンブーカとコーヒー豆のアクセント

堀川 亮 ❖ フィオッキ

マロンとミルクの焼きズッパ（8人分）
牛乳 … 70cc
板ゼラチン … 3g
マロンのペースト（市販品）… 100g
マロングラッセ（市販品。みじん切り）… 100g
生クリーム（乳脂肪分42％）… 230cc
グラニュー糖 … 10g
サンブーカ* … 15cc
メレンゲ
├ 卵白 … 60g
└ グラニュー糖 … 20g

仕上げ
粉糖
コーヒー豆（焙煎して砕いたもの）

*：エルダーフラワーやアニスなどで香りづけしたリキュール

マロンとミルクの焼きズッパ
1 鍋で牛乳を沸かし、もどした板ゼラチンを加えて溶かす。マロンのペーストを加えて練り合わせ、冷ます。マロングラッセを混ぜ込む。
2 生クリームにグラニュー糖を加え、七〜八分立てにする。
3 **1**に**2**とサンブーカを加えて混ぜる。
4 卵白とグラニュー糖を泡立ててメレンゲを作る。
5 **4**を泡を残すようにさっくりと**3**に合わせる。
6 **5**を器に流して小さなフライパンにのせ、上火だけをつけた180℃のオーブンで3分間加熱し、表面に焼き色をつけるとともに中をほの温かい状態とする。

仕上げ
1 マロンとミルクの焼きズッパの表面に粉糖をふり、コーヒー豆をのせる。

栗のスープとトリュフ

中多健二 ・ ポワン

トリュフ（作りやすい分量／1人分30gを使用）
ブラックチョコレート（ヴァローナ社エクストラビター カカオ分61％）
　…150g
生クリーム（乳脂肪分47％）… 適量
グラニュー糖 … 100g
ヘーゼルナッツ … 500g
カカオのクランブル（解説省略）… 適量

黒ゴマのアイスクリーム（作りやすい分量／1人分60gを使用）
クレーム・アングレーズ
├ 牛乳 … 1ℓ
├ 卵黄 … 8個分
└ グラニュー糖 … 150g
黒ゴマのペースト（市販品）… 50g

栗のスープ（作りやすい分量／1人分60g）
クレーム・アングレーズ
├ 牛乳 … 600cc
├ 卵黄 … 120g
└ グラニュー糖 … 150g
クリのペースト（フランス産）… 200g

仕上げ
オクサリス

トリュフ

1 チョコレートをきざんで湯煎で溶かし、生クリームを少しずつ加えながら混ぜ合わせる。湯煎からはずし、手で丸められるくらいの固さになるまで冷ます。
2 1を手に取って丸め、きざんでテンパリングしたチョコレート（分量外）をからめる。
3 鍋にグラニュー糖を入れて熱し、ヘーゼルナッツを加えてカラメリゼし、冷ます。
4 3をフード・プロセッサーで粗い粒状にし、カカオのクランブルと混ぜ合わせる。一部は仕上げ用に取りおき、残りは**2**の表面にまぶし付ける。

黒ゴマのアイスクリーム

1 クレーム・アングレーズを作る。
① 鍋に牛乳を入れ、沸騰直前まで温める。
② ボウルに卵黄とグラニュー糖を入れてすり混ぜ、白っぽくなったら①を加え混ぜる。
③ ②を鍋に移し、よく混ぜながら弱火にかけて沸騰させる。軽くとろみがついたら火からおろして、漉す。
2 1のクレーム・アングレーズに黒ゴマのペーストを加え混ぜ、パコジェットの専用容器に入れて、冷凍する。
3 提供直前に、**2**をパコジェットにかける。

栗のスープ

1 クレーム・アングレーズを作る（黒ゴマのアイスクリームを参照）。
2 1にクリのペーストを加え、温めてよく溶かし、冷やす。

仕上げ

1 取りおいたヘーゼルナッツのカラメリゼとカカオのクランブルを混ぜたものを器に敷き、上にトリュフをのせ、横にクネル形にとったアイスクリームを添える。オクサリスを散らす。
2 1と一緒に、栗のスープを別器で運び、客前で**1**の器に注ぐ。

小布施栗 ショーソン グラスラムレーズン

浜田統之 ❖
ブレストンコート ユカワタン

大粒のクリを入れたパイと、クリを模したラムレーズンのアイスクリームとを盛り合わせる。アイスクリームはパータ・グラッセでコーティングし、下部にケシの実をまぶしたもの。落ち葉を貼ったクロッシュをかぶせて提供し、落ち葉をかきわけてクリを探し出す情景を演出する。

渋皮グラッセ ギンナンチョコボール フロマージュブランとマロンペースト

清水 将 ❖ レストラン アニス

クリとギンナンの素朴な甘みを生かしたデザート。クリは茨城県産の大粒のものを使い、渋皮を生かしてグラッセに。ギンナンは素揚げし、アーモンドのカラメリゼ入りのガナッシュとココアパウダーで覆ってチョコボール仕立てに。クリのペーストにフロマージュブランを合わせたソースでやさしい酸味を添える。

パリ ブレスト

大川 隆 ❖ コム シェ ミッシェル

シェ ミッシェルのパリ ブレストのおいしさに衝撃を受け、再現を試みた品。プラリネクリームは、ペースト状と、ナッツの粒が混じった2種のプラリネを合わせて作り、独特の"ザラッ"とした食感を表現している。ヌガティーヌを細かく砕いて全体に散らし、香ばしさとサクサクとした歯切れのよさを加える。《レシピ→P.229》

小布施栗 ショーソン グラスラムレーズン

浜田統之 ❖ ブレストンコート ユカワタン

クレーム・マロン・ダマンド（10人分）
クレーム・ダマンド
├ バター（ポマード状）… 50g
├ 粉糖 … 50g
├ 全卵 … 1個
└ アーモンドパウダー … 50g
クレーム・パティシエール
├ 牛乳 … 60g
├ ヴァニラビーンズ … 1/2本
├ 卵黄 … 21g
├ グラニュー糖 … 17g
├ 薄力粉 … 3.5g
├ コーンスターチ … 3.5g
└ バター … 1.5g
クリのペースト … 200g
ラム … 10g

ショーソン（10人分）
クレーム・マロン・ダマンド … 上記
フイユタージュ（解説省略）… 下記より適量
├ クリの粉 … 25g
├ 薄力粉 … 225g
├ 強力粉 … 250g
├ バター … 70g
├ 冷水 … 250cc
├ 塩 … 10g
└ バター（折り込み用）… 380g
クリの渋皮煮 … 5個
ピスタチオ … 25粒
クルミ … 5個
シロップ … 適量

グラスラムレーズン（10人分）
ソース・アングレーズ
├ 牛乳 … 250g
├ 生クリーム（乳脂肪分47％）… 125g
├ 卵黄 … 75g
└ グラニュー糖 … 75g
ラム … 18g
ラムをしみ込ませた干しブドウ … 50g
パータグラッセ（市販品）… 20g
ケシの実 … 適量
金箔 … 適量

チョコレートソース（10人分）
カカオマス … 30g
ソース・アングレーズ
├ 牛乳 … 100g
├ 卵黄 … 15g
└ グラニュー糖 … 17g

仕上げ
クリの粉
鳥の巣形の飴細工（解説省略）

クレーム・マロン・ダマンド

1 クレーム・ダマンドを作る。
① バターと粉糖を混ぜ合わせる。
② 溶いた全卵を少しずつ加え混ぜ、最後にアーモンドパウダーを混ぜ合わせる。
2 クレーム・パティシエールを作る。
① 鍋に牛乳、ヴァニラビーンズのさやとこそげ出した種を入れ、沸騰直前まで温める。
② ボウルに卵黄とグラニュー糖を入れ、白っぽくなるまですり混ぜる。薄力粉とコーンスターチを加えて混ぜ合わせる。
③ ②に①を少しずつ加え混ぜ、漉しながら鍋に入れる。
④ ③を火にかけ、泡立て器で混ぜながら沸騰させる。バターを加え混ぜる。
3 **1**のクレーム・ダマンドと**2**のクレーム・パティシエール、クリのペーストを混ぜ合わせる。ラムで香りづけする。

ショーソン

1 直径18cmの円に切り出したフイユタージュに、クレーム・マロン・ダマンド（上記）、クリの渋皮煮、5mm角くらいに切ったピスタチオ、クルミをのせる。
2 **1**を半月形に包み、表面にクリの葉に似せた模様の切り込みを入れる。溶いた卵黄（分量外）をぬり、210℃のオーブンに15分間入れる。温度を190℃に下げ、さらに12分間焼く。
3 **2**の表面に温めたシロップをぬり、190℃のオーブンで3分間焼く。

グラスラムレーズン

1 ソース・アングレーズを作る。
① 牛乳と生クリームを鍋に入れ、沸騰直前まで温める。
② ボウルに卵黄とグラニュー糖を入れてすり混ぜ、白っぽくなったら①を加え混ぜる。
③ ②を漉しながら①の鍋に戻し、よく混ぜながら弱火にかけて沸騰させる。軽くとろみがついたら火からおろし、粗熱をとる。
2 **1**のソース・アングレーズにラムとラムをしみ込ませた干しブドウを加え、ソルベマシンにかける。
3 **2**を半球形のシリコン型に詰め、冷凍庫で凍らせる。凍ったら型からはずして2つの半球をくっ付けて球形とする。真上に**2**を少量のせてクリの形に整える。表面をパータグラッセでコーティングして下部にケシの実を付け、天に金箔をのせる。

チョコレートソース

1 カカオマスを湯煎で溶かす。
2 牛乳、卵黄、グラニュー糖でソース・アングレーズを作り、**1**と混ぜ合わせる。

仕上げ

1 皿の左半分に丸い型を置いてその周囲にクリの粉をふり、型をはずす。型を置いていたところ（クリの粉をふっていない

ところ)に鳥の巣形の飴細工を置き、その上にグラスラムレーズンをのせる。皿の右半分にショーソンを盛る。

2 1に、落ち葉を貼り付けたクロッシュをかぶせて提供する。客前でクロッシュを取り、ショーソンにチョコレートソースをかける。

渋皮グラッセ　ギンナンチョコボール フロマージュブランとマロンペースト

清水 将 ✣ レストラン アニス

渋皮グラッセ(4人分)
クリ … 10個
水 … 400g
砂糖 … 100g
ハチミツ(レンゲ) … 30g

ギンナンチョコボール(4人分)
ギンナン … 10個
サラダ油 … 適量
砂糖 … 50g
アーモンド(粗く砕く) … 50g
ブラックチョコレート(ヴァローナ社グアナラ カカオ分70%) … 80g
生クリーム(乳脂肪分38%) … 80g
ココアパウダー … 適量

ソース(作りやすい分量)
クリのペースト(フランス産) … 100g
フロマージュ・ブラン … 100g

栗のロースト
クリ … 適量

渋皮グラッセ
1 クリを一晩水(分量外)に浸けて鬼皮をやわらかくする。
2 1の鬼皮をむき、沸騰した湯(分量外)で約20分間軽くゆでる。
3 2を水(分量外)にさらし、クリの渋皮の表面を掃除する。
4 鍋に水、砂糖、ハチミツ、3を入れて弱火で約1時間半煮る。
5 4の煮汁を手早くクリにからめながらカラメリゼして、火からおろす。

ギンナンチョコボール
1 ギンナンの殻を割って実を取り出し、180℃のサラダ油で素揚げにする。キッチンペーパーで油をよくふき取り、冷ます。
2 鍋に砂糖を入れて火にかけ、茶色いカラメル状になったら、アーモンドを加えて手早くかき混ぜて火からおろす。
3 2をアーモンドの粒が重ならないようにクッキングシートの上に広げ、冷蔵庫で冷やす。
4 チョコレートを湯煎で溶かして冷まし、生クリーム、3と一緒に泡立て器でよく混ぜ、冷蔵庫で冷やす。
5 4に1のギンナンを入れて、ギンナンをチョコレートでコーティングする。バットに移し、ココアパウダーを全体にふる。

ソース
ボウルにクリのペーストとフロマージュ・ブランを入れて泡立て器でよく混ぜ合わせる。

栗のロースト
1 クリを一晩水に浸けて鬼皮をやわらかくし、鬼皮をむく。
2 1を30分間蒸して水気をふき取り、60℃のオーブンで20分間焼く。

仕上げ
1 プレートにうずを巻くようにソースを流し、渋皮グラッセ2個と半分に切ったもの1個、ギンナンチョコボール2個と半分に切ったもの1個を間隔をあけてバランスよく盛る。
2 栗のローストをおろし金で1のプレート全体に削りかける。

ビアンコ・マンジャーレ
藤田統三 ラトリエ モトゾー

伝統的な作り方ならではの力強い味わいを再現したビアンコ・マンジャーレ(手前左)。ビターアーモンドを原料とする地中海産のマジパンを使うのが、独特の風味を出すためのポイントだ。アマレット風味のジェラート、フルーツ、ハーブを混ぜた板状の飴、小菓子を添えて、見た目にも楽しい盛り合わせに。

アーモンド— Mandorle
ビアンコマンジャーレ、人参とオレンジ

中本敬介 ► ビーニ

アーモンドで作るシチリア菓子、ビアンコマンジャーレに、アーモンドを使ったタルト生地入りジェラート、アーモンドオイルのパウダー、生のスライスなどを盛り合わせ、アーモンドの魅力を多彩に表現。ソースには、シチリアではアーモンドと定番の組合せであるオレンジを。オレンジと相性のよいニンジンをソースに加え、マリネにもしてあしらう。さらに、ヴェルヴェーヌ風味の焼きメレンゲで軽い食感と香りを添える。

ビアンコ・マンジャーレ
藤田統三 ❖ ラトリエ モトゾー

ビアンコマンジャーレ（10人分）
A
- マジパン（地中海産）… 90g
- アーモンドペースト（生）… 45g
- 水 … 250g
- グラニュー糖 … 20g
- トンカ豆（すりおろす）… 1粒
- 製菓用デンプン … 10g

板ゼラチン … 3.5g
オレンジフラワーウォーター … 20cc

アマレットのジェラート（30～35人分）
ソース・アングレーズ《P.219》… 1ℓ
アマレット … 100cc

カラメルの飴
水 … 少量
グラニュー糖 … 適量
パラチニット*1 … グラニュー糖の1/10量
ローズマリー（きざむ）… 適量
タイム（きざむ）… 適量

フルーツ
ラズベリー
カキ
洋ナシ
イチゴ
イチジク
バナナ
グラニュー糖

仕上げ
小菓子*2
ローズマリー
タイム
もみじの葉

*1：砂糖を原料とする低カロリーの還元糖
*2：ビスコット ナポレターニ（ドライフルーツ入りのビスケット）、ブルッティ マ ボーニ（ナッツを加えて作るメレンゲ菓子）、ビスコット ストレーザ（ゆで卵を加えて作る軽い食感のクッキー）、ディアマンテ アル カッフェ（コーヒー風味のクッキー）、ディアマンテ チョコラート（チョコレート風味のクッキー）、サンペレグリノ（炭酸せんべい風の軽い口あたりのクッキー）、ビスコット カントゥッチ（シチリア産アーモンド入りのビスケット）を使用

ビアンコマンジャーレ
1 Aをスタンドミキサーでしっかり混ぜ合わせ、ひとまとめにして一晩冷蔵庫でねかせる。
2 1を裏漉しして耐熱ボウルに入れ、1800Wの電子レンジで5分間ほど、沸騰するまで加熱する。
3 2の粗熱をとって、もどした板ゼラチンを加えて溶かす。
4 3が完全に冷める直前にオレンジフラワーウォーターを加え、バットに流して冷蔵庫で一晩冷やし固める。

アマレットのジェラート
ソース・アングレーズにアマレットを加え、ソルベマシンにかける。

カラメルの飴
1 鍋に少量の水を入れ、グラニュー糖とパラチニットを加えて火にかける。
2 1がカラメル色になったら火からおろし、ローズマリーとタイムを加えて混ぜ、シルパットに3mm程度の厚さに流す。
3 2が固まる直前に、仕上がりが3cm×23cmのサイズになるように、表面に筋をつけておく。固まったら筋に沿ってカットする。
4 3の先端の部分をバーナーであぶってひねる。

フルーツ
すべてひと口大に切り、半分はグラニュー糖をふって表面をバーナーであぶる。

仕上げ
1 皿の縁近くにバーナーであぶったフルーツを一列に並べ、その上にカラメルの飴をのせ、飴の上にフレッシュのフルーツを並べる。
2 スプーン型の器にビアンコマンジャーレとアマレットのジェラートを盛り、1の皿にのせる。
3 木のまな板に盛りつけ用の小菓子を並べて2の皿を置き、ローズマリー、タイム、もみじの葉を添える。

アーモンド— Mandorle
ビアンコマンジャーレ、人参とオレンジ
中本敬介 ❖ ビーニ

ビアンコマンジャーレ（約8人分）
アーモンドのスライス（マルコナ種）… 120g
牛乳 … 420g
グラニュー糖 … 48g
板ゼラチン … 10g
生クリーム（乳脂肪分47%）… 90g

タルト風味のジェラート（約20人分）
タルト生地（作りやすい分量／50gを使用）
- バター（ポマード状）… 150g
- 粉糖 … 60g
- アーモンドパウダー … 70g
- 全卵 … 50g
- 塩 … 少量
- 薄力粉 … 250g

牛乳 … 500g
生クリーム（乳脂肪分47%）… 120g
グラニュー糖 … 80g
ヴァニラエッセンス … 少量
増粘安定剤（ヴィドフィックス）… 3g

ヴェルヴェーヌのメレンゲ（約10人分）
メレンゲ
- 卵白 … 60g
- グラニュー糖 … 30g

粉糖 … 20g

アーモンドパウダー … 20g
ヴェルヴェーヌの粉末*1 … 5g

アーモンドオイルのパウダー（作りやすい分量／1人分5gを使用）
アーモンドオイル … 25g
マルトセック … 25g
塩 … 少量

金時人参とオレンジのソース（約10人分）
金時ニンジンのジュース（解説省略）… 50g
オレンジ果汁 … 50g
アスコルビン酸 … 1.5g
グラニュー糖 … 適量
シナモンスティック … 1/2本
クローヴ … 1個
増粘安定剤（キサンタンガム）… 1.5g

金時人参のマリネ（約10人分）
金時ニンジン … 1本
シロップ*2 … 100g

仕上げ
金時ニンジンの葉
アーモンド（マルコナ種）

*1：フレッシュのヴェルヴェーヌを乾燥させてミキサーにかけたもの
*2：同割の砂糖と水を合わせ、シナモン、クローヴ、オレンジの皮で風味づけしたシロップ

ビアンコマンジャーレ
1 アーモンドのスライスをフライパンで色づくまで煎る。
2 1を鍋に入れて牛乳で煮出し、蓋をして火を止めて風味を移す。
3 2を漉して、グラニュー糖を加え混ぜる。
4 温かい状態の3から1/3量を取って、もどした板ゼラチンを加え混ぜる。
5 3の残りを急冷し、4を泡立てながら加え混ぜる。
6 5に八分立てにした生クリームを加えてさっくりと混ぜる。30cm×8cm×深さ3.5cmくらいの型に流し、冷蔵庫で冷やす。

タルト風味のジェラート
1 タルト生地を作る。バター、粉糖、アーモンドパウダー、全卵、塩を混ぜ合わせる。
2 1と薄力粉をさっくりと混ぜ合わせ、ひとまとめにする。ラップフィルムで包み、冷蔵庫で3時間以上ねかせる。
3 2を厚さ5mm、4cm四方くらいの四角形にのばし、165℃のコンベクションオーブンで15分間ほど、濃い焼き色がつくまで焼く。一部はフード・プロセッサーでまわして粗いパウダー状にし、仕上げ用に取りおく。
4 鍋に牛乳、生クリーム、グラニュー糖、ヴァニラエッセンスを入れて沸騰寸前まで加熱する。
5 3を砕いて4に混ぜ込み、増粘安定剤を加え、パコジェットの専用容器に入れて冷凍する。
6 提供直前に、5をパコジェットにかける。

ヴェルヴェーヌのメレンゲ
1 卵白とグラニュー糖をかき立ててメレンゲを作る。
2 1に粉糖、アーモンドパウダー、ヴェルヴェーヌの粉末をさっくりと混ぜ合わせる。
3 2を厚さ1cm弱の板状にのばし、75℃のオーブンで一晩焼く。

アーモンドオイルのパウダー
アーモンドオイルにマルトセックと塩を混ぜてパウダー状にする。

金時人参とオレンジのソース
1 鍋に金時ニンジンのジュース、オレンジ果汁、アスコルビン酸、グラニュー糖、シナモンスティック、クローヴを入れて軽く温め、アクを引く。グラニュー糖の量を調整して糖度を20°にする。
2 2を漉して、増粘安定剤を加えてとろみをつける。

金時人参のマリネ
金時ニンジンをスライスしてシロップとともに容器に入れて真空器にかけ、ニンジンにシロップを浸透させる。

仕上げ
1 皿に8等分したビアンコマンジャーレを盛りつけ、横に、取りおいたタルト生地のパウダーを敷き、上にクネル形にとったタルト風味のジェラートをのせる。
2 1に金時人参のマリネを添え、アーモンドオイルのパウダーを散らす。適宜に割ったヴェルヴェーヌのメレンゲと金時ニンジンの葉を添え、上からアーモンドをスライサーで削りかける。
3 2と一緒に別の器に入れた金時人参とオレンジのソースを客席に運び、客前で皿に注ぐ。

Alcohol & Spice

第 **8** 章

アルコールとスパイス

大吟醸酒とコーヒーのババ
コーヒーと酒粕のグラス 愛媛産タロッコオレンジ

森田一頼 :• リベルターブル

ババのラムを大吟醸酒に置きかえ、コーヒーで香りづけした生地を浸す。大吟醸酒の酒粕にコーヒーを合わせたアイスクリームを添え、さらにタロッコオレンジを合わせて酸味を補う。口に含むとまずコーヒーの香りがたち、次に日本酒と酒粕の香りが時間差で鼻に抜ける。

大吟醸酒とコーヒーのババ
コーヒーと酒粕のグラス
愛媛産タロッコオレンジ

森田一頼 ❖ リベルターブル

パータ・ババ・オ・キャフェ(作りやすい分量)

A
- 強力粉 … 65g
- 薄力粉 … 65g
- 全卵 … 2個
- ドライイースト … 2.5g
- 水 … 25g

B
- 粉糖 … 5g
- 塩 … 2.5g
- バター … 25g
- コーヒー豆(挽いたもの) … 5g

シロップ
- 水 … 500g
- コーヒー豆(挽いたもの) … 125g
- グラニュー糖 … 125g
- 日本酒(大吟醸) … 適量
- オレンジの皮(すりおろし) … 1/2個分
- レモンの皮(すりおろし) … 1/2個分

グラス・オ・キャフェ・酒粕(作りやすい分量)

牛乳 … 500g
コーヒー豆(挽いたもの) … 15g
卵黄 … 120g
グラニュー糖 … 100g
酒粕(大吟醸) … 100g

ジュレ・ドランジュ・サンギーヌ(作りやすい分量)

ブラッドオレンジ果汁(タロッコオレンジ*) … 200g
板ゼラチン … 3g

ソルベ・プードル・カカオ(作りやすい分量)

水 … 225g
グラニュー糖 … 20g
生クリーム(乳脂肪分35%) … 70g
ココアパウダー … 20g
ブラックチョコレート(カオカ社エクアトゥール カカオ分70%) … 65g

仕上げ

金箔
ブラッドオレンジ(タロッコオレンジ*)
ヴァニラビーンズ入りクレーム・シャンティイ
ソース
- ブラッドオレンジ果汁(タロッコオレンジ*)
- グラニュー糖

*：シチリア原産のブラッドオレンジの品種。やわらかな果肉とほどよい甘みが特徴。愛媛県産を使用

パータ・ババ・オ・キャフェ

1 スタンドミキサーに**A**を入れてまわす。もったりとしたら止め、20分間やすませる。
2 **1**に**B**を加え、再度まわしてこねる。
3 バター(分量外)をぬった3cm角の型に**2**を絞り入れ、30℃で20～30分間発酵させる。
4 **3**を170℃のオーブンで15～20分間焼き、熱いうちに型をはずして冷ます。
5 シロップを作る。水を沸かしてそれ以外の材料を加える。
6 **5**のシロップをバットに注いで**4**を浸す。

グラス・オ・キャフェ・酒粕

1 牛乳とコーヒー豆を合わせて沸かす。
2 卵黄とグラニュー糖を合わせてかき混ぜ、**1**を漉しながら加える。途中、数回に分けて酒粕を加える。
3 **2**を鍋に入れ、とろみがつくまで加熱する。パコジェットの専用容器に入れて冷まし、冷凍する。
4 提供直前に**3**をパコジェットにかける。

ジュレ・ドランジュ・サンギーヌ

1 ブラッドオレンジ果汁の一部を温め、もどした板ゼラチンを加える。
2 **1**に残りのブラッドオレンジ果汁を加え、冷やし固める。

ソルベ・プードル・カカオ

1 水、グラニュー糖、生クリームを合わせて沸かし、ココアパウダーを加えて混ぜながらさらに加熱する。
2 ツヤが出たら溶かしたチョコレートと合わせて練る。バットに入れて冷ます。
3 パコジェットの専用容器に入れて冷凍し、提供直前に**2**をパコジェットにかける。

仕上げ

1 皿にパータ・ババ・オ・キャフェと、直径約2cmの球状にくり抜いたグラス・オ・キャフェ・酒粕を盛りつける。金箔を飾る。
2 皮をむいて横にスライスしたブラッドオレンジとスプーンですくったジュレ・ドランジュ・サンギーヌを盛りつけ、ヴァニラビーンズ入りクレーム・シャンティイを添える。
3 ブラッドオレンジ果汁とグラニュー糖を合わせて煮詰めたソースを流し、ソルベ・プードル・カカオを全体にふる。

ラム酒のムース
フランボワーズソルベ
黒いショコラソース

《写真→P.247》

森 茂彰 ・mori

ラム酒のムース（作りやすい分量／1人分30gを使用）
牛乳 … 500cc
黒糖 … 75g
板ゼラチン … 10g
ラム（ダーク）… 125g
生クリーム（乳脂肪分41％）… 500cc

フランボワーズのソルベ（60人分）
水 … 250cc
グラニュー糖 … 250g
フランボワーズのピュレ（市販品）… 500g
レモン果汁 … 1個分

黒いショコラソース（60人分）
牛乳 … 500cc
ココアパウダー … 75g
グラニュー糖 … 75g
竹炭（粉末）… 10g

チョコレートのテュイル
チョコレート（カカオ分61％）… 適量

仕上げ
イチゴ
イチゴパウダー（フリーズドライ。解説省略）
ピスタチオ

ラム酒のムース
1 牛乳の半量を鍋で沸騰直前まで熱し、黒糖を加えてよく溶かす。残りの牛乳を加えて再び沸騰直前まで熱し、氷水（分量外）でもどした板ゼラチンを溶かし、火からおろしてラムを加え混ぜる。
2 1をボウルに移し、氷水を当ててよく冷やす。
3 生クリームを六分立てにする。2の少量を加えて泡立て器でよく混ぜ、残りの2を3回に分けて加えながらゴムベラでさっくりと混ぜ合わせる。冷蔵庫で冷やしておく。

フランボワーズのソルベ
1 鍋に水とグラニュー糖を入れて熱し、完全に溶かしてシロップにする。フランボワーズのピュレを加え、沸騰したらレモン果汁を加える。
2 パコジェットの専用容器に1を移し、冷凍庫で冷やし固め、使う直前にパコジェットにかける。

黒いショコラソース
鍋で牛乳を沸騰直前まで熱する。残りの材料を加えてよく混ぜ合わせ、再沸騰したら容器に移し、常温に冷ます。

チョコレートのテュイル
1 チョコレートをボウルに入れ、約60℃の湯煎にかけて約50℃に温めて溶かし、約30℃になるまでテンパリングする。
2 1を丸口金を付けた絞り袋に詰め、オーブンペーパーの上に長さ20cm×幅5cmの大きさに絞り、冷蔵庫で冷やし固める。

仕上げ
1 器に黒いショコラソースを刷毛で帯状にぬる。ソースの上に、ラム酒のムースをクネル形にとって2つ盛り、フランボワーズのソルベも同様に1つ盛る。
2 1にヘタを取ったイチゴを盛り合わせ、イチゴパウダー、粗くきざんだピスタチオを散らし、上にチョコレートのテュイルをのせる。

田中のBabas
田中督士 ❖ サンパ

コルク栓を模したババに、赤ワイン入りの小グラスを添えるという茶目っ気たっぷりの品。シナモン風味のアイスクリームを合わせる。ババ自体はクラシカルな味わいだが、そのままで、赤ワインに浸す、アイスクリームをソース代わりにして、と3種の味わいが楽しめる仕立てだ。ネーミングは田中氏の名前とババ、東京の地名"高田馬場"をかけた洒落。

サヴァラン、フルーツとともに
鈴木謙太郎・田中二朗 ❖ シェ・ケンタロウ

同店のデザートは、同じビルの1階にあるパティスリー「カルヴァ」に作ってもらったものを厨房で盛りつけて提供している。これは1日1000個売れるカルヴァの人気商品「ロンロン」という焼きドーナッツを使ったサヴァラン。ドーナッツは生地にサラダ油と生クリームを加えて、しっとりとした食感に。熱いうちにラム風味のシロップをたっぷりと含ませ、口どけのよさを際立たせる。

ラム酒のムース
フランボワーズソルベ
黒いショコラソース

森 茂彰 ❖ mori

皿に塗ったのは竹炭パウダー入りのチョコレートソース。上にはダークラムのムース、フランボワーズのソルベ、イチゴを並べ、チョコレートをのせる。ムースはラムと同じくサトウキビから作られる黒糖でしっかりと甘みをつけ、ベリーの甘酸っぱさを添えてキレを加えたもの。幾皿もの料理を経た舌にも強い甘みが響き、高いアルコール分が胃をすっきりとさせる。《レシピ→P.245》

田中のBabas
田中督士 ❖ サンパ

ババ（約16個分）
薄力粉 … 240g
生イースト … 10g
ぬるま湯 … 50cc
全卵 … 2個
グラニュー糖 … 20g
塩 … 5g
バター（無塩）… 50g

ラム酒風味のシロップ（作りやすい分量）
水 … 400cc
グラニュー糖 … 250g
ヴァニラビーンズ … 1/2本
ラム … 100cc

シナモンのアイスクリーム（25個分）
牛乳 … 1ℓ
シナモンスティック … 2本
卵黄 … 10個分
グラニュー糖 … 200g
生クリーム（乳脂肪分38%）… 200g

仕上げ
ジェノワーズ生地の粉末（解説省略）
赤ワイン

ババ
1 ボウルに薄力粉60g、生イースト、ぬるま湯を入れて混ぜ合わせ、室温で1時間発酵させる。
2 別のボウルに残りの薄力粉、全卵、グラニュー糖、塩を入れて混ぜ合わせる。**1**に加えて、なめらかになるまでこねる。
3 **2**に溶かしたバターを加えて混ぜ込み、直径22mm×高さ15mmの円筒形の型に詰め、20分間室温でやすませる。
4 **3**を160℃のオーブンに入れ、上下を返しながら20分間焼き、冷ます。店名のロゴが入った鉄の刻印を熱し、ババの表面に押し付ける。
5 ラム酒風味のシロップを作る。鍋に水、グラニュー糖、ヴァニラビーンズのさやとこそげ取った種を入れて火にかけ、グラニュー糖を煮溶かす。粗熱がとれたらラムを加える。
6 **5**に**4**を浸し、網に上げて余分なシロップをきる。

シナモンのアイスクリーム
1 鍋に牛乳、砕いたシナモンスティックを入れて、冷蔵庫に一晩おく。
2 **1**を沸騰直前まで温めて火を止め、蓋をして10分間蒸らす。
3 ボウルに卵黄とグラニュー糖を合わせ、白っぽくなるまですり混ぜる。
4 **3**に**2**を加えて混ぜ合わせて**2**の鍋にもどし、火にかけて濃度がつくまで煮詰める。
5 **4**を漉してから生クリームを合わせ、パコジェットの専用容器に入れて冷凍する。
6 **5**を提供直前にパコジェットにかけてなめらかなアイスクリームにする。

仕上げ
ババ5個を皿に盛り、ジェノワーズ生地の粉末を敷いて、その上にシナモン風味のアイスクリームをクネル形にとって盛りつける。赤ワインをリキュールグラスに入れて皿にのせる。

サヴァラン、フルーツとともに

鈴木謙太郎・田中二朗　シェ・ケンタロウ

ドーナツのサヴァラン

ドーナツ生地（作りやすい分量／1個75gを使用）
- 薄力粉 … 350g
- グラニュー糖 … 350g
- ベーキングパウダー … 5g
- 全卵 … 400g
- サラダ油 … 280g
- 生クリーム（乳脂肪分35％）… 180g

ラム風味のシロップ（作りやすい分量）
- 水 … 500cc
- グラニュー糖 … 300g
- ラム … 25g

仕上げ

クレーム・シャンティイ（作りやすい分量）
- 生クリーム（乳脂肪分35％）… 100cc
- グラニュー糖 … 8g

トッピング … 各適量
- 赤スグリ
- ブラックチェリー
- ブラックベリー
- ブドウ（レッドグローブ）
- キウイフルーツ
- オレンジ
- イチゴ

ナパージュ・ヌートル

ソース　各適量
フランボワーズのジャム
ナパージュ・ヌートル

ドーナツのサヴァラン

1 ドーナツ生地を作る。
① ふるった薄力粉、グラニュー糖、ベーキングパウダーをミキサーボウルに合わせ、全卵を少しずつ加えながら、なめらかになるまで撹拌する。
② ①にサラダ油と生クリームを加え、なめらかになるまで撹拌する。
③ ②をドーナツ型に流し入れて、200℃のオーブンで15分間焼く。冷ます。
2 ラム風味のシロップを作る。水にグラニュー糖を合わせて煮溶かしてボーメ30°のシロップとし、ラムを加える。
3 **2**が熱いうちに**1**を浸し、シロップが充分にしみ込んだら網に上げて冷ます。

仕上げ

1 クレーム・シャンティイを作る。生クリームとグラニュー糖をホイップマシンに入れて七分立てにし、グラスに盛る。
2 トッピングを用意する。赤スグリを小房に分け、ブラックチェリー、ブラックベリー、ブドウは半割りにする。キウイフルーツとオレンジは皮をむいて小角切りに、イチゴはヘタを取って小角切りにする。
3 ドーナツのサヴァランを皿に盛り、**2**をのせてナパージュ・ヌートルをぬる。
4 **3**のサヴァランの周囲にフランボワーズのジャムとナパージュ・ヌートルを混ぜ合わせたソースを流す。**1**を皿にのせる。

ズッパイングレーゼ　リゴレッティーノ風

今村裕一 ❖ リゴレッティーノ

イタリアの伝統菓子「ズッパイングレーゼ」をモダンにアレンジ。真っ赤な薬草酒「アルケルメス」を吸わせたスポンジ生地には、黒・白2種のチョコレートムースを重ね、ソース・アングレーズにはアルケルメスを加えて皿に流す。チョコレートのかごから転がり出たイメージで盛りつける。

パスティス風味の
マカロンアイス

石川資弘 ❖ クーリ・ルージュ

石川氏の修業先であるバスクの地酒「イザーラ」から着想を得た品。イザーラは風味が強すぎるので、同じくアニスの風味を持つリキュール「パスティス」を用いることとし、マカロン生地に加えている。マカロンに挟んだのはさっぱりとした牛乳のアイスクリーム。アイスクリームにはブランデーが香るグリオットを貼り、風味と食感のアクセントとする。

鶏蛋煎枸杞粽子
枸杞の実のちまき、
枸杞ソース

皆川幸次 ❖ 銀座アスター本店

湖北省武漢の料理店の「黄金豆皮」という料理をデザートにアレンジ。牛スネ肉のスパイス煮を混ぜたちまきをユバと卵で巻くところを、クコの実とハチミツ入りのちまきを薄焼き卵で巻いている。クコの実は体を温める効果や滋養があるとされ、冷房のきいた室内ですごす夏にも向く。なお、ハチミツにはのどを潤す効果があるとされている。

ズッパイングレーゼ　リゴレッティーノ風

今村裕一 ❖ リゴレッティーノ

ズッパイングレーゼ（作りやすい分量）

パン・ディ・エスパーニャ
- 全卵 … 6個
- グラニュー糖 … 188g
- 小麦粉（00粉）… 188g
- 溶かしバター … 32g

黒と白のチョコレートムース
- 全卵 … 6個
- グラニュー糖 … 250g
- 牛乳 … 500g
- 板ゼラチン … 14g
- ブラックチョコレート（ヴァローナ社カライブ カカオ分66％）… 250g
- ホワイトチョコレート（ヴァローナ社イボワール カカオ分35％）… 250g
- 生クリーム（乳脂肪分38％）… 700cc

アルケルメス*1 … 適量

アルケルメスのソース（作りやすい分量）

- 卵黄 … 180g
- グラニュー糖 … 150g
- 牛乳 … 525cc
- 生クリーム … 225cc
- ヴァニラビーンズ … 1/2本
- アルケルメス*1 … 40cc

仕上げ

- チョコレートソース（解説省略）
- ピラミッド型のチョコレート*2
- サブレとアーモンドのパウダ*3
- ピスタチオのジェラート（解説省略）

*1：イタリア産の薬草系リキュール。シナモン、ナッツメッグ、クローヴ、バラなども入る複雑な風味。虫から採るコルチーニ色素による鮮やかな赤色も特徴で、ズッパイングレーゼには欠かせない

*2：テンパリングしたブラックチョコレート（ヴァローナ社カライブ カカオ分66％）を細口の絞り袋に入れ、ピラミッド型のフレキシパンに、細かい格子状に絞ってつくる

*3：焼いたサブレとアーモンドを3：1で合わせ、フード・プロセッサーで粗い粉末状にしたもの

ズッパイングレーゼ

1 パン・ディ・エスパーニャを作る。
① 全卵とグラニュー糖を混ぜ合わせ、小麦粉も加えて混ぜ合わせる。溶かしバターを混ぜ合わせる。
② ①を天板に流し、180℃に予熱したオーブンで20分間焼く。

2 黒と白のチョコレートムースを作る。
① 全卵とグラニュー糖を白っぽくなるまですり混ぜ、沸騰させた牛乳を少しずつ加え混ぜる。
② 鍋に移してソース・アングレーズを炊く要領で加熱する。適当なとろみがついたら、もどした板ゼラチンを加え、溶かす。
③ チョコレート2種をそれぞれきざみ、別々のボウルに入れて湯煎で溶かす。
④ ③のボウルそれぞれに②を半量ずつ加え、氷水にあてて冷やす。
⑤ 生クリームを八分立てにし、半量ずつ④のボウルに加える。ブラックチョコレートを使ったものを黒の、ホワイトチョコレートを使ったものを白のチョコレートムースとする。

3 1のパン・ディ・エスパーニャを、厚さ5mm、プリン型の底と同じ大きさの円形に切る。

4 3をアルケルメスに浸し、プリン型の底に1切れずつ入れる。

5 2の白のチョコレートムースを、4のプリン型の約半分の高さまで流し入れ、冷蔵庫で冷やし固める。固まったら、2の黒のチョコレートムースを型の高さいっぱいまで流し入れ、冷蔵庫で冷やし固める。

アルケルメスのソース

1 卵黄とグラニュー糖を白っぽくなるまですり混ぜる。
2 牛乳、生クリーム、ヴァニラビーンズを合わせて鍋で沸かし、1に少しずつ加えて混ぜ合わせる。鍋に移してソース・アングレーズを炊く要領で加熱する。適当なとろみがついたら漉し、氷水にあてて冷やす。
3 2にアルケルメスを加え、混ぜ合わせる。

仕上げ

1 皿にアルケルメスのソースとチョコレートソースを流す。
2 ズッパイングレーゼ、ピラミッド型のチョコレートを置き、サブレとアーモンドのパウダーを散らす。ピスタチオのジェラートを置く。

パスティス風味のマカロンアイス

石川資弘 ❖ クーリ・ルージュ

マカロン（作りやすい分量）
卵白 … 100g
粉糖 … 200g
アーモンドプードル … 120g
パスティス … 適量
着色料（赤色）… 適量

牛乳のアイスクリーム（作りやすい分量）
牛乳 … 400cc
生クリーム（乳脂肪分38％）… 100cc
コンデンスミルク … 85cc
水飴 … 62g
グラニュー糖 … 32g

グリオットのコンポートのピュレ（作りやすい分量）
ブランデー風味のグリオット（解説省略）… 100g
パスティス … 20cc

仕上げ
ブランデー風味のグリオット（解説省略）

マカロン
1　卵白を泡立て、ふるいにかけた粉糖とアーモンドプードルを3回に分けて加える。その後、パスティスと着色料を加えて混ぜる。
2　1を二重にした鉄板の上に直径約6cmに絞り出し、表面が乾くまで常温においておく。
3　2を鉄板ごと220℃のオーブンに入れる。すぐにオーブンの温度を170℃まで下げ、20～30分間加熱する。

牛乳のアイスクリーム
すべての材料を合わせて沸騰させる。冷ました後、ソルベマシンにかける。

グリオットのコンポートのピュレ
ブランデー風味のグリオットとパスティスを合わせ、ミキサーで撹拌する。

仕上げ
1　マカロンに牛乳のアイスクリームを挟む。
2　ブランデー風味のグリオットを1のアイスクリームの側面にあしらい、グリオットのコンポートのピュレを周囲に流す。

鶏蛋煎枸杞粽子
枸杞の実のちまき、枸杞ソース

皆川幸次 ❖ 銀座アスター本店

ちまき（7人分）
クコの実 … 200g
シロップ … 適量
モチ米 … 500g
豚の背脂 … 30g
氷砂糖 … 120g
ハチミツ（リンゴ）… 40g
溶き卵 … 1 1/2個

ソース（7人分）
モチ米（蒸したもの）… 適量
クコの実 … 適量
シロップ … 適量

ちまき
1　クコの実を水でもどし、ゆでてシロップに漬け込む。
2　一晩浸水したモチ米を蒸し上げて火を通し、細かく切った豚の背脂と氷砂糖を加えてさらに2時間蒸す。
3　1と2を合わせてハチミツで甘さを調整し、1人分約120gずつに分けて四角く形を整える。
4　鍋を熱して溶き卵を流し、半熟になったら温かい状態の3を入れて包み、焼き上げる。

ソース
材料を合わせてミキサーにかける。

仕上げ
皿に適宜に切ったちまきを盛りつけ、ソースを流す。

柚子のデクリネゾン

森田一頼 ❖ リベルターブル

柚子胡椒を加えたユズのソルベを主役とし、ソルベを挟むメレンゲ、柚子胡椒のソース、泡のソース、つるりとしたジュレ、というすべての構成要素にユズを用いた品。多彩な食感を重層的に組み合わせ、ユズの風味をさっぱりと楽しんでもらう。色彩は白から黄色で統一し、洗練された印象の美しい一皿とする。

山椒のクレープシュゼット
鹿児島産桜島小蜜柑とトカラバナナのキャラメリゼ
トンカ豆のグラス

森田一頼 ● リベルターブル

オレンジ風味のカラメルをまとわせて仕上げるのが定番のクレープ・シュゼット。ここでは、クレープ生地にオレンジと同じくミカン科であるサンショウを混ぜてスパイシーな味わいに。ソースには鹿児島県産の甘みの強い小ミカンのコンフィを加える。また、産地の近い素材は甘みや酸味の性質が近く、相性がよいと考え、ミカンと同県産のバナナをカラメリゼして付け合わせにしている。

アルコールとスパイス

柚子のデクリネゾン
森田一頼 ❖ リベルターブル

柚子胡椒のソルベ（作りやすい分量）
水 … 450g
グラニュー糖 … 150g
ユズ果汁 … 150g
柚子胡椒 … 6g

ユズのムラング（作りやすい分量）
ユズ果汁 … 100g
乾燥卵白（アルブミナ*1）… 18g
グラニュー糖 … 80g

ユズのエスプーマ（作りやすい分量）
水 … 75g
グラニュー糖 … 25g
板ゼラチン … 3g
ユズ果汁 … 100g
卵白 … 50g

ユズのジュレ（作りやすい分量）
水 … 75g
グラニュー糖 … 25g
凝固剤（パールアガー）… 4g
ユズ果汁 … 100g

ユズの泡　各適量
水
グラニュー糖
ユズ果汁
乳化剤（大豆レシチン）

仕上げ
ユズのコンフィ *2
金箔
ソース
├ ユズのコンフィ *2
└ 柚子胡椒
食用花

*1：スペイン・ソーサ社製の製菓材料。卵白に多く含まれるタンパク質「アルブミン」を抽出精製したもの
*2：ユズの皮を砂糖とともに煮たもの

柚子胡椒のソルベ
1　水とグラニュー糖を合わせて沸かし、冷ます。
2　1にユズ果汁と柚子胡椒を合わせ、パコジェットの専用容器に入れて冷凍する。
3　2をパコジェットにかけ、シルパットの上に厚さ1cmになるようにのばす。直径4cmのセルクルで抜き、冷凍庫で保管する。

ユズのムラング
1　ユズ果汁と乾燥卵白を合わせ、ハンドミキサーで泡立てる。途中、グラニュー糖を数度に分けて加え混ぜる。
2　1を絞り袋に入れ、シルパットに直径5cmに絞る。
3　2を90℃のコンベクションオーブンで約1時間加熱する。

ユズのエスプーマ
1　水とグラニュー糖を合わせて沸かし、火を止める。温かいうちにもどした板ゼラチンを加えて冷ます。
2　1にユズ果汁を加え、泡立てた卵白を合わせてサイフォンに入れ、ガスを充填する。一晩冷蔵庫で冷やす。

ユズのジュレ
1　水とグラニュー糖を合わせて沸かし、凝固剤を加えて冷ます。
2　1にユズ果汁を加えてバットに流し、固まったら1cm角にカットする。

ユズの泡
1　水とグラニュー糖を合わせて沸かし、冷ます。
2　1にユズ果汁と乳化剤を加え、ハンドミキサーで泡立てる。

仕上げ
1　ユズのムラング2枚の片面にユズのコンフィをぬり、柚子胡椒のソルベを挟んで皿に盛りつける。金箔をのせる。
2　ソースを作る。ユズのコンフィと柚子胡椒を混ぜ合わせる。
3　1の皿にユズのエスプーマを絞り、2のソースをのせる。
4　ユズのジュレと食用花を散らし、ユズの泡を添える。

山椒のクレープシュゼット
鹿児島産桜島小蜜柑とトカラバナナのキャラメリゼ
トンカ豆のグラス

森田一頼 ❖ リベルターブル

山椒のクレープシュゼット（作りやすい分量）

山椒のパータ・クレープ
- 強力粉 … 90g
- グラニュー糖 … 45g
- 全卵 … 100g
- 牛乳 … 300g
- バター … 30g
- サンショウ（粉末）… 1g
- サラダ油 … 適量

ソース・キャラメル … 各適量
- グラニュー糖
- 柑橘の果汁*1

クレーム・アグリューム
- 柑橘の果汁*1 … 125g
- 卵黄 … 70g
- 全卵 … 75g
- グラニュー糖 … 75g
- 板ゼラチン … 8g
- バター … 75g

桜島小蜜柑のコンフィ *2 … 適量

バナーヌ・ソテー　各適量
- バター
- グラニュー糖
- バナナ（トカラバナナ*3）

トンカ豆のグラス（作りやすい分量）
- 牛乳 … 500g
- トンカ豆 … 1粒
- グラニュー糖 … 125g
- 卵黄 … 120g

仕上げ
- ヘーゼルナッツ（ホール、粉末）

*1：オレンジ、グレープフルーツなどの混合果汁
*2：鹿児島県産の桜島小蜜柑を砂糖漬けにしたもの
*3：鹿児島県・トカラ列島の中之島で栽培されている小型のバナナ

山椒のクレープシュゼット

1 山椒のパータ・クレープを作る。
① ボウルに強力粉とグラニュー糖を入れ、全卵を加えて中心から混ぜる。
② ①に軽く温めた牛乳を合わせ、同様に中心から混ぜる。
③ 焦がしバターを作り、冷まして②に加える。サンショウを加えて一晩冷蔵庫でやすませる。
④ サラダ油を敷いたフライパンに③を流し、両面を焼いて取り出す。

2 ソース・キャラメルを作る。グラニュー糖をフライパンに入れて熱し、カラメリゼする。柑橘の果汁を加えてのばす。

3 2のソースに1のクレープを入れ、火を通しつつなじませる。

4 クレーム・アグリュームを作る。
① 柑橘の果汁を温め、卵黄、全卵、グラニュー糖を合わせたものを加える。かき混ぜながら火を通す。
② ①を火からおろし、もどした板ゼラチンを加える。40℃になったらバターを加え、ハンドミキサーで撹拌する。

5 3からクレープを取り出し、4のクレーム・アグリュームを片面にぬる。ぬった面を内側にして細長く折りたたむ。

6 5をバットに入れ、3のフライパンに残ったソースをかける。このソースに浸るように桜島小蜜柑のコンフィを入れてなじませ、提供直前に180℃のオーブンで温める。

バナーヌ・ソテー

1 バターとグラニュー糖をフライパンに入れ、溶けて色づくまで加熱する。

2 1に皮をむいて適宜に切ったバナナを入れ、カラメリゼする。

トンカ豆のグラス

1 牛乳、削ったトンカ豆、グラニュー糖の一部を鍋に入れて沸かし、なじんだら卵黄と残りのグラニュー糖を加える。

2 1をかき混ぜながら加熱し、とろみがついたらパコジェットの専用容器に入れる。粗熱をとって冷凍する。

3 提供直前に2をパコジェットにかける。

仕上げ

1 皿に山椒のクレープシュゼット、バナーヌ・ソテー、トンカ豆のグラスを盛りつけ、ソース・キャラメルに浸した桜島小蜜柑のコンフィを散らす。

2 1にソース・キャラメルをかけ、ヘーゼルナッツを散らす。

巻末レシピ

オペラオランジュ
《写真→P.107》

田中督士 ❖ サンパ

ビスキュイ・ジョコンド（35cm×30cmの天板2枚分）
卵白 … 240g
グラニュー糖 … 50g
タン・プール・タン* … 500g
薄力粉 … 60g
全卵 … 340g
溶かしバター … 50g
グラン・マルニエ … 70cc
シロップ（下記より70cc使用）
├ 水 … 100g
└ グラニュー糖 … 130g
オレンジジュース … 70cc

ガナッシュ（25人分）
生クリーム（乳脂肪分38%）… 400g
ブラックチョコレート（カカオバリー社エキストラビター カカオ分64%）… 400g

バタークリーム（25人分）
イタリアン・メレンゲ
├ グラニュー糖 … 180g
└ 卵白 … 150g
バター（ポマード状）… 450g
オレンジピールのコンフィ（みじん切り）… 250g

グラサージュ・ショコラ（約25人分）
グラニュー糖 … 200g
水 … 50cc
生クリーム（乳脂肪分38%）… 100g
ココアパウダー … 100g
板ゼラチン … 15g

ラム酒風味の生チョコ（下記より適量）
ブラックチョコレート（カカオバリー社エキストラビター カカオ分64%）… 200g
生クリーム（乳脂肪分38%）… 400g
グラニュー糖 … 50g
ラム … 60cc

仕上げ
ブラックチョコレート（カカオバリー社エキストラビター カカオ分64%）
金箔

＊：アーモンドとグラニュー糖を同割で合わせて挽き、粉末にしたもの

ビスキュイ・ジョコンド
1 卵白を泡立てる。途中、グラニュー糖を3回に分けてふり入れ、しっかりとしたメレンゲを作る。
2 ボウルに、タン・プール・タン、薄力粉、全卵を合わせ、泡立て器でかき混ぜる。
3 **2**に**1**のメレンゲを加えてさっくりと混ぜ合わせ、溶かしバターを混ぜ込む。
4 35cm×30cmの天板2枚にシルパットを敷き、**3**の生地を半量ずつ流す。160℃のオーブンで10分間焼く。
5 グラン・マルニエ、シロップ、オレンジジュースを霧吹きに入れ、**4**の表面にたっぷりと吹きかける。
6 **5**をラップフィルムで覆って重しをし、冷凍する。

ガナッシュ
1 鍋に生クリームを入れて沸騰寸前まで温める。
2 **1**を火からおろし、溶かしたチョコレートの中に少しずつ加えながら混ぜ合わせる。常温で冷ます。

バタークリーム
1 鍋にグラニュー糖、少量の水（分量外）を入れ、117℃になるまで加熱する。
2 卵白を泡立て、**1**を少量ずつ加えながらイタリアン・メレンゲを作る。
3 **2**が温かいうちにバターを加えて混ぜ合わせる。
4 **3**にオレンジピールのコンフィを加え、さっくりと混ぜ合わせる。

グラサージュ・ショコラ
1 鍋にグラニュー糖と水を入れ、136℃になるまで熱する。
2 **1**に生クリーム、ココアパウダー、もどした板ゼラチンを加えて混ぜ合わる。漉して粗熱をとる。

ラム酒風味の生チョコ
1 チョコレートを湯煎にかけて溶かす。
2 鍋に生クリームとグラニュー糖を入れて温める。
3 **1**に**2**を加え、ミキサーで約1分間撹拌する。
4 **3**の粗熱がとれたら、ラムを加えて混ぜ合わせる。

仕上げ
1 ビスキュイ・ジョコンドは凍ったまま、1枚は表面全体に、もう1枚は半分にだけガナッシュをぬる。
2 **1**のガナッシュが固まったら、それぞれ、ガナッシュの上にバタークリームをぬる。
3 **2**のガナッシュとバタークリームを半分しかぬっていないビスキュイ・ジョコンドを、もう1枚のビスキュイ・ジョコンドの上にのせ、半分にカットする。
4 **3**の表面にクリームをぬっていない方を、もう一方の上にのせる。
5 **4**にラップフィルムをかぶせ、重しをして冷蔵庫で一晩ねかせる。
6 **5**の表面にグラサージュ・ショコラを流し、パレットナイフで余分なグラサージュ・ショコラを落として平らにする。固まったら幅1cmに切る。
7 皿に**6**を盛り、湯煎で溶かしたチョコレートで皿に模様を描く。
8 ラム酒風味の生チョコをスプーンでクネル形にとって添

える。テンパリングしたチョコレートを棒状に冷やし固めたものを生チョコの上に飾り、その先端に金箔を添える。

NINJIN PARADISE
《写真→P.209》

都志見セイジ ❖ TSU・SHI・MI

人参のクリスピー（作りやすい分量）
金美ニンジン* … 150g
水 … 適量
米粉 … 80g
粉糖 … 40g

人参類3種のカラメリゼ（2人分）
パースニップ … 30g
紫ニンジン … 30g
白ニンジン … 30g
バター … 20g
砂糖 … 25g
ミカンの果汁 … 80cc
オレガノ（フレッシュ）… 少量
ヴァニラビーンズ（日本産）… 1本

人参とココナッツのアイスクリーム
（作りやすい分量／1人分40gを使用）
金美ニンジン* … 150g
牛乳 … 300cc
ココナッツミルク … 200cc
卵黄 … 5個分
グラニュー糖 … 100g
生クリーム（乳脂肪分38％）… 80cc

紫人参のチップス　各適量
紫ニンジン
粉糖

人参パウダー（作りやすい分量）
金美ニンジン … 50g
レモンのメレンゲ（解説省略）… 10g

仕上げ
ミカンの果汁
ハチミツ
ニンジンの間引き菜の葉

＊：甘みが強く香りが穏やかな黄色いニンジン

人参のクリスピー
1 金美ニンジンを厚さ2〜3mmにスライスし、ひたひたの水でやわらかくなるまでゆでる。ゆで汁の一部と一緒にミキサーにかけてピュレにし、裏漉しする。
2 1の粗熱をとり、米粉、粉糖を合わせて練り、オーブンシートを敷いた天板の上にのせて厚さ1mmにのばす。70℃のオーブンで1時間〜1時間半、色づけずに乾燥させる。オーブンシートをはずす。
3 提供直前に2をオーブンで温め、帯状に切って大小2つの四角い型に巻き付ける。
4 3の型をはずし、大きい四角の中に小さい四角をはめ込む。

人参類3種のカラメリゼ
1 パースニップ、紫・白ニンジンを、それぞれ洗って皮付きのまま輪切りにする。
2 鍋にバターと砂糖を合わせて火にかけ、カラメリゼする。ミカンの果汁を加えて溶かし、オレガノと切り目を入れて種をしごき出したヴァニラビーンズをさやごと入れる。
3 2を2：1の割合で2つの鍋に分ける。多いほうに1のパースニップと紫ニンジンを入れ、やわらかくなるまで煮る。両者を取り出し、とろりとするまで煮汁を煮詰めてから戻し入れ、煮汁をからめる。
4 3で分けたもう一方の鍋に1の白ニンジンを入れ、3と同様に煮てから煮汁をからめる。

人参とココナッツのアイスクリーム
1 金美ニンジンの皮をむき、スライスする。牛乳とココナッツミルクを合わせたものでやわらかくなるまで煮て、煮汁ごとミキサーにかける。漉す。
2 卵黄とグラニュー糖を合わせてもったりするまでかき立て、1を少しずつ注ぎながら混ぜ合わせる。鍋に移し、かき混ぜながら火にかけ、ソース・アングレーズを作る要領で炊く。漉す。
3 2を冷やし、生クリームを加え混ぜ、ソルベマシンにかける。

紫人参のチップス
紫ニンジンの皮をむき、つま切り器でごく細い糸状に切る。天板に広げて粉糖をふり、70℃のオーブンで30〜40分間、カリッとするまで乾燥させる。

人参パウダー
1 金美ニンジンをおろし金ですりおろし、70℃のオーブンで30〜40分間乾燥させる。
2 1にレモンのメレンゲをすりおろしたものを合わせる。

仕上げ
1 人参のクリスピーに、人参パウダーをふりかける。
2 皿に人参類3種のカラメリゼを並べ、上に、人参とココナッツのアイスクリーム、1を順にのせる。
3 ミカンの果汁にハチミツを加えてもったりするまで泡立てて、2の脇に置く。紫人参のチップスとニンジンの間引き菜の葉を飾る。パースニップと紫ニンジンの煮汁を流す。

補足レシピ

オレンジのテュイル

**洋梨の香るフォンダンプラリネショコラ
クレーム・ブリュレのアイスクリーム**
《レシピ→P.56》

高井 実 ❖ レストラン ヴァリエ

材料（作りやすい分量）
粉糖 … 400g
卵白 … 110g
オレンジ果汁 … 100cc
薄力粉 … 130g
オレンジの皮 … 1個分
バター（ポマード状にする）… 210g

1 ボウルに粉糖と卵白、オレンジ果汁を入れ、よく混ぜる。
2 1に薄力粉と細かくすりおろしたオレンジの皮を加えてよく混ぜ、全体が均一になったらポマード状にしたバターを加え混ぜて、冷蔵庫で1日やすませる。
3 天板に流し広げ、154℃のコンベクションオーブンで8分間焼く。
4 焼き上がったら温かいうちに10cm×4.5cmのカード状に切る。

クレーム・ブリュレのアイスクリーム

**洋梨の香るフォンダンプラリネショコラ
クレーム・ブリュレのアイスクリーム**
《レシピ→P.56》

高井 実 ❖ レストラン ヴァリエ

材料（作りやすい分量）
卵黄 … 24個分
グラニュー糖 … 220g
生クリーム … 1ℓ
牛乳 … 1ℓ
ヴァニラビーンズ … 8本

1 卵黄とグラニュー糖を合わせ、白っぽくなるまですり混ぜる。
2 鍋に生クリーム、牛乳、ヴァニラビーンズを入れて弱火にかけて、ヴァニラの香りを抽出しながら温める。
3 1に2を加え混ぜ、裏漉しする。
4 バットに流して185℃、スチームモードに設定したスチコンで40分間蒸す。
5 常温に冷めたら、上面にグラニュー糖（分量外）をふり、バーナーでカラメリゼする。パコジェットの専用容器に入れて冷凍し、パコジェットにかける。

ゆずのクレーム・アングレーズ

**ヘーゼルナッツ入りサブレ・クルスティヤン、
チョコレートとゆずのクレムー、ヘーゼルナッツの
キャラメリゼ入りチョコレートのアイスクリーム**
《レシピ→P.76》

ブルーノ・ルデルフ ❖ ル・コルドン・ブルー・ジャパン

材料（作りやすい分量）
牛乳 … 600g
ユズの皮（すりおろし）… 6個分
卵黄 … 6個分
グラニュー糖 … 120g

1 鍋に牛乳とユズの皮を入れ、冷蔵庫に一晩おき、香りを移す。
2 1の鍋を火にかけ、ひと煮立ちさせる。
3 ボウルに卵黄とグラニュー糖を入れてすり混ぜる。混ざったら、2を注ぎ入れて混ぜる。
4 3を漉して鍋に戻し、絶えず混ぜながら85℃まで加熱する。

アーモンドのキャラメリゼ

**ブラックチョコレートのベリーヌ、アーモンドのキャラメリゼ、
フランボワーズキャラメルとミルクチョコレートのジュレ**
《レシピ→P.96》

ブルーノ・ルデルフ ❖ ル・コルドン・ブルー・ジャパン

材料（内径3.2cm×高さ10cmのグラス約20個分）
グラニュー糖 … 45g
水 … 20g
アーモンドダイス … 150g
粉末カカオバター … 15g

1 グラニュー糖と水を鍋に入れて火にかけ110℃まで温度を上げる。
2 アーモンドダイスを入れて混ぜる（砂糖を再結晶化させる）。黒く焦げないように、ゆっくりと温度を上げながらキャラメリゼする。
3 全体がアメ色になったら粉末カカオバターを加えて混ぜ、シルパットにすばやく広げて冷ます。
4 粗熱がとれたら手でほぐしてから完全に冷ます。

ホワイトチョコとグラッパのジェラート

チョコレートのラビオリ、ホワイトチョコと
グラッパのジェラート、フルーツのズッパ
《レシピ→P.96》

今村裕一 ❥ リゴレッティーノ

材料（作りやすい分量）
牛乳 … 300cc
生クリーム（乳脂肪分38%）… 300cc
ホワイトチョコレート（ヴァローナ社イボワール カカオ分35%）… 105g
グラニュー糖 … 60g
増粘安定剤（ヴィドフィックス）… 3g
グラッパ … 30cc

1 鍋に牛乳と生クリームを入れて沸かし、火を止める。きざんだチョコレートを加え、溶かす。
2 グラニュー糖と増粘安定剤をすり混ぜ、**1**の鍋に加える。ボウルに移し、氷水をあてて冷ます。
3 **2**にグラッパを加え、ソルベマシンにかける。

ソルベ・ショコラ・ブラン

ショコラブラン《シエラ45%》、生姜、
フレーズ・デ・ボワのフォンダン
《レシピ→P.97》

森田一頼 ❥ リベルターブル

材料（作りやすい分量）
水 … 500g
水飴 … 60g
クーベルチュール（ルカカカオ社シエラ カカオ分45%）… 400g

1 水と水飴を合わせて沸かし、溶かしたチョコレートと合わせる。パコジェットの専用容器に入れて冷凍する。
2 提供直前に**1**をパコジェットにかけ、丸口金を付けた絞り袋に入れて棒状に絞りだす。

ショウガのグラニテ

ショコラブラン《シエラ45%》、生姜、
フレーズ・デ・ボワのフォンダン
《レシピ→P.97》

森田一頼 ❥ リベルターブル

材料（各適量を使用）
水
グラニュー糖
ショウガの搾り汁
シロップ（30°ボーメ）

1 水とグラニュー糖を合わせて熱し、ショウガの搾り汁を加える。
2 **1**にシロップを加えて糖度をボーメ16°にととのえる。
3 **2**を容器に薄く流して冷凍庫に入れ、冷やし固める。提供直前に削る。

クレーム・パティシエール

イチゴのミルフィーユ 《レシピ→P.122》
タルト・タタン 《レシピ→P.166》

鎧塚俊彦 ❥ トシ ヨロイヅカ ミッドタウン

材料（作りやすい分量）
牛乳 … 2ℓ
グラニュー糖 … 396g
ヴァニラペースト … 10g
卵黄 … 600g
薄力粉 … 88g
強力粉 … 108g
発酵バター … 100g

1 鍋に牛乳を入れて火にかけ、グラニュー糖148gとヴァニラペーストを加える。
2 ボウルに卵黄を入れてグラニュー糖248gを加え、しっかりと混ぜ合わせる。
3 **2**に薄力粉と強力粉をふるい入れ、ダマにならないように混ぜ合わせる。
4 **3**に**1**を少しずつ注ぎ入れ、全体をよく混ぜ合わせる。
5 **4**を鍋に移して火にかける。なめらかにコシが出て、もったりとした状態になったら発酵バターを加えて混ぜ合わせる。
6 **5**をバットに流して粗熱をとる。

タルトシトロン

タルトシトロン 《レシピ→P.147》

石井真介 ❖ シンシア

材料(作りやすい分量)
パート・シュクレ(1個分10gを使用)
├ バター … 300g
├ 粉糖 … 180g
├ 全卵 … 90g
├ 薄力粉 … 500g
├ アーモンドパウダー … 75g
└ ベーキングパウダー … 2.5g
レモンクリーム(1個分20gを使用)
├ レモン果汁 … 80cc
├ 全卵 … 112g
├ グラニュー糖 … 120g
├ バター … 150g
└ カソナード … 適量

1 パート・シュクレを作る。
① 常温にもどしたバターをミキサーに入れ、混ぜてポマード状にする。粉糖を少しずつ加えながら、白っぽくなるまでよく撹拌する。
② ①に溶きほぐした全卵を加えて混ぜる。
③ ②が混ざったら、薄力粉の1/3量、アーモンドパウダー、ベーキングパウダーを混ぜたものを加えてよく混ぜる。均一に混ざったら残りの薄力粉を入れてざっと混ぜる。
④ ③の生地をミキサーから取り出し、ラップフィルムで包む。冷蔵庫で1時間以上やすませる。
⑤ 打ち粉(分量外)をした台に4の生地を置き、3mmの厚さにのばす。ピケした後、直径5cmのセルクルで抜き、直径3cmのタルト型に敷き込む。型からはみ出た余計な生地を切り取る。
⑥ ⑤を天板に並べ、180℃のオーブンで15分間焼く。型からはずし、冷ます。

2 レモンクリームを作る。
① レモン果汁を鍋に入れ、温める。
② ボウルに全卵とグラニュー糖を入れ、白っぽくなるまでよく混ぜる。
③ ①のレモン果汁が沸騰したら、1/3～1/2量を②のボウルに入れてよく混ぜる。残りのレモン果汁の入った鍋に戻し入れる。
④ ③の鍋を火にかけ、よく混ぜながら火を入れる。軽くとろみが出てきたら火を止める。
⑤ ④を35℃まで冷まし、ポマード状にしたバターを加えて軽く混ぜる。その後、ハンドミキサーで撹拌する。

3 **1**のパート・シュクレに**2**のレモンクリームを詰め、パレットナイフで表面を平らにならす。レモンクリームは仕上げ用に一部取りおく。

4 **3**の表面にカソナードをふり、バーナーでカラメリゼする。

メレンゲ

タルトシトロン 《レシピ→P.147》

石井真介 ❖ シンシア

材料(作りやすい分量)
卵白 … 50g
粉糖 … 10g
シロップ
├ グラニュー糖 … 60g
└ 水 … 18cc

1 卵白をボウルに入れて撹拌する。全体が粗い泡状になったら粉糖を加え、さらに泡立てる。

2 鍋にシロップの材料を入れ、115℃になるまで火にかけて煮詰める。

3 **1**に**2**を少しずつ加えながら、しっかりと泡立てる。

4 スプーンで**3**をクネル形に取り、天板に並べ、100℃のオーブンで70分間焼く。

クランブル生地

スリーズ 《レシピ→P.154》

古賀純二・池田 舞 ❖ シェ・イノ

材料(作りやすい分量／1人約10g使用)
薄力粉 … 120g
カソナード … 120g
アーモンドパウダー … 120g
バター … 120g

1 薄力粉、カソナード、アーモンドパウダーを一緒にふるいにかけてボウルに入れる。1cm角に切ったバターを加え、手で混ぜ合わせてなじませる。

2 **1**を冷凍庫に十分に冷えるまで入れる。フード・プロセッサーに移して、適度なかたさになるまで撹拌する。

3 **2**をシルパットに広げて、160℃のオーブンで約20分間焼く。細かく砕く。

サクランボのシロップ漬け

スリーズ 《レシピ→P.154》

古賀純二・池田 舞 ❖ シェ・イノ

材料(作りやすい分量)
シロップ
├ 水 … 300g
└ グラニュー糖 … 405g
サクランボ(種は抜く) … 5個

1 鍋に水とグラニュー糖を入れて沸かし、シロップとする。
2 1のシロップとサクランボを真空にして、約1日間冷蔵庫でねかせる。

ホワイトチョコレートのアイスクリーム

スリーズ 《レシピ→P.154》

古賀純二・池田 舞 ❖ シェ・イノ

材料(約10人分)
牛乳 … 150g
水飴 … 12g
転化糖(トレモリン) … 2g
生クリーム(乳脂肪分35%) … 56g
卵黄 … 40g
グラニュー糖 … 10g
ホワイトチョコレート(ヴァローナ社フェーブ・イボワール カカオ分35%)
 … 50g
生クリーム(乳脂肪分35%) … 20g

1 鍋に牛乳、水飴、転化糖、生クリームを入れて温める。
2 ボウルに卵黄、グラニュー糖を入れ、泡立て器で白っぽくなるまでしっかりと撹拌する。
3 2に1を少量ずつ加えながら混ぜ合わせる。1の鍋に戻し、82℃になるまで炊く。裏漉しする。
4 ボウルに溶かしたチョコレートと3を合わせ、乳化するまでしっかりと混ぜ合わせる。
5 4に生クリームを加えてよく混ぜ、パコジェットの専用容器に入れて冷凍する。
6 提供直前に5をパコジェットにかけてアイスクリームとする。

チョコレートのソース

リンゴとアマレッティのピエモンテ風トルタ
チョコレートのスープと
ヘーゼルナッツのジェラートとともに
《レシピ→P.166》

堀川 亮 ❖ フィオッキ

材料(8人分)
生クリーム(乳脂肪分41%) … 70g
ブラックチョコレート(カカオバリー社ミアメール カカオ分56%) … 90g
グラッパ … 10cc

沸かした生クリームにきざんだチョコレートを溶かし、グラッパを加える。

ソース・カラメル

タルト・タタン 《レシピ→P.166》

鎧塚俊彦 ❖ トシ ヨロイヅカ ミッドタウン

材料(60人分)
グラニュー糖 … 100g
生クリーム(乳脂肪分32%) … 100g
ソース・アングレーズ《P.166》 … 適量

1 鍋にグラニュー糖を入れて火にかけ、カラメリゼする。
2 1に温めた生クリームを加えてよく混ぜ、ハンドミキサーを使ってなめらかな状態にする。
3 2の粗熱をとり、ソース・アングレーズを加えて使いやすい濃度にする。

ソース・ラム

タルト・タタン 《レシピ→P.166》

鎧塚俊彦 ❖ トシ ヨロイヅカ ミッドタウン

材料(60人分)
ソース・アングレーズ《P.166》 … 300g
ラム … 10cc

ソース・アングレーズにラムを加え混ぜる。

ビスキュイ・ア・ラ・キュイエール

ショコラのチューブに詰めた
ポワール オ キャラメルとビスキュイ
柿のクーリと和梨をアクセントに
《レシピ→P.171》

飯塚隆太 ❖ レストラン リューズ

材料（20人分）
メレンゲ
├ 卵白 … 120g
└ 砂糖 … 80g
卵黄 … 40g
薄力粉 … 80g
粉糖 … 適量

1 卵白に砂糖を加え、八分立てくらいのしっかりしたメレンゲを作る。
2 溶きほぐした卵黄を**1**に加えてさっくりと混ぜる。薄力粉を加えて均一に混ぜ合わせ、シルパットを敷いた天板にのばす。
3 **2**の表面に粉糖をまんべんなくふり、生地に浸透したらもう一度ふる。
4 **3**を200℃のオーブンで10分間焼き、冷まして3cm×8cmにカットする。

クレーム・パティシエール

ショコラのチューブに詰めた
ポワール オ キャラメルとビスキュイ
柿のクーリと和梨をアクセントに
《レシピ→P.171》

飯塚隆太 ❖ レストラン リューズ

材料（20人分）
牛乳 … 250g
バター … 10g
卵黄 … 40g
砂糖 … 50g
カスタードパウダー … 45g
板ゼラチン … 3g
生クリーム（乳脂肪分38％）… 適量

1 鍋に牛乳とバターを入れて火にかけ、沸騰するまで温める。
2 卵黄、砂糖、カスタードパウダーを混ぜ合わせ、**1**に加えて絶えず混ぜながら焦げないように弱火で加熱する。
3 **2**に氷水（分量外）でふやかしておいた板ゼラチンを加えて溶かし、氷水にあてて冷やす。
4 **3**の重量を量り、その1/2量の生クリームを九分立てにして混ぜ合わせる。

洋梨のソルベ

ショコラのチューブに詰めた
ポワール オ キャラメルとビスキュイ
柿のクーリと和梨をアクセントに
《レシピ→P.171》

飯塚隆太 ❖ レストラン リューズ

材料（パコジェットの専用容器1個分）
水 … 125g
転化糖（トレモリン）… 50g
洋ナシのピュレ（フランス・ポワロン社）… 500g
レモン果汁 … 30g
洋ナシのブランデー（ポワール・ウィリアムス）… 20g

1 鍋に水と転化糖を入れて火にかけ、沸いたら洋ナシのピュレを加えて溶けのばす。
2 **1**にレモン果汁、洋ナシのブランデーを加え、パコジェットの専用容器に流して冷凍庫で凍らせる。
3 提供直前に、**2**をパコジェットにかける。

フィユタージュ

モカのパルフェ 赤いベリーのコンポート
《レシピ→P.190》

大川 隆 ❖ コム シェ ミッシェル

材料（3cm×6cmの生地1枚分）
薄力粉 … 50g
塩 … 適量
バター … 50g
水 … 25cc
粉糖 … 適量

1 ミキサーボウルに合わせてふるった薄力粉と塩、さいの目に切ったバターを入れ、スタンドミキサーの低速でまわす。水を加えてさらにまわし、ラップフィルムで包んで90分間やすませる。
2 **1**に打ち粉（分量外）をして麺棒で伸ばし、左右から折りたたみ、さらに奥から手前に折りたたんでのばす。冷蔵庫で2〜3時間やすませる。
3 **2**と同様の作業を2回くり返し、縦30cm×横25cm×厚さ0.5mmにのばす。
4 **3**を天板の上に置き、200℃のオーブンで20分間焼く。途中で生地がふくらんできたら同じサイズの天板を重し代わりにかぶせる。
5 **4**の重し代わりの鉄板をはずし、生地の表面に粉糖をまんべんなくふりかける。230℃のオーブンで2〜3分間加熱する。熱いうちに3cm×6cmにカットする。

ジュ・ド・ミエル

モカのパルフェ 赤いベリーのコンポート 《レシピ→P.190》
プロフィットロール 《レシピ→P.191》

大川 隆 ● コム シェ ミッシェル

材料(作りやすい分量／適量を使用)
ハチミツ … 500g
グラニュー糖 … 250g
水 … 500g
ヴァニラビーンズ … 3本
シナモンスティック … 50g
クローヴ … 30g
スターアニス … 20g
コリアンダー … 10g

1 鍋にハチミツとグラニュー糖を入れて火にかけ、カラメル状にする。
2 1に残りの材料をすべて加え、弱火で約30分間煮詰め、漉す。

クレーム・パティシエール

プロフィットロール 《レシピ→P.191》

大川 隆 ● コム シェ ミッシェル

材料(25人分)
牛乳 … 50g
ヴァニラビーンズ … 1本
グラニュー糖 … 10g
クリームパウダー … 5g
卵黄 … 5g

1 鍋に牛乳、縦に切れ目を入れたヴァニラビーンズを入れて火にかけ、沸騰直前まで熱する。
2 ボウルにグラニュー糖、クリームパウダー、卵黄を入れて、泡立て器でもったりするまで撹拌する。
3 2に1を少量ずつ加えながら撹拌して、鍋に戻す。弱火で5〜6分間加熱する。冷蔵庫で冷やす。

トルタディマンドルレ

小さなトルタディマンドルレと
ホワイトアスパラガスのザバイオーネグラタン、
ちょっと発酵の香りのジェラート添え
《レシピ→P.203》

山根大助 ● ポンテベッキオ

材料(作りやすい分量)
折り込みパイ生地
A ┌ バター … 400g
  └ 強力粉 … 175g
B ┌ 強力粉 … 175g
  │ 薄力粉 … 175g
  │ 水 … 163g
  │ バター … 100g
  └ 塩 … 10g
クレーム・ダマンド
├ バター … 250g
├ 粉糖 … 200g
├ ヴァニラビーンズ … 1/3本
├ 全卵 … 135g
├ 卵黄 … 25g
├ サワークリーム … 35g
├ アーモンドパウダー … 300g
├ ラム … 10g
└ 生クリーム(乳脂肪47%) … 18g

1 折り込みパイ生地を作る。
① Aの材料を混ぜ合わせる。
② Bの材料を混ぜ合わせる。
③ ①の生地で②の生地を包み、適宜やすませながら三つ折りを4回、四つ折りを1回行なう。
④ ③を1.5mmの厚さにのばす。適当な大きさにカットする。
2 クレーム・ダマンドを作る。
① バターに粉糖、ヴァニラビーンズを加え混ぜる。
② ①に全卵、卵黄、サワークリームを加え混ぜる。
③ ②にアーモンドパウダーを加え混ぜる。
④ ③にラムと生クリームを加え混ぜる。
3 1の生地に2のクレーム・ダマンドを25g絞り、さらに1の生地を重ねて、直径7cmの抜き型で抜く。
4 3を返し、表面に溶き卵(分量外)をぬって、ナイフで模様をつける。
5 4を180℃のオーブンで約30分間焼き、表面にシロップ(分量外)をぬって、220℃のオーブンで約10分間焼く。

キャラメルチップ

**小さなトルタディマンドルレと
ホワイトアスパラガスのザバイオーネグラタン、
ちょっと発酵の香りのジェラート添え**
《レシピ→P.203》

山根大助 ❥ ポンテベッキオ

材料(作りやすい分量)
グラニュー糖 … 100g
水飴 … 100g
バター … 50g
シナモンパウダー … 少量
塩 … 少量

1 グラニュー糖、水飴、バターを混ぜ合わせて加熱し、カラメル状にする。
2 熱々の**1**をオーブンペーパーに流して広げる。冷えて固まったらブレンダーで細かく粉砕する。
3 2を170℃のオーブンで約10分間焼く。
4 3を細かくきざみ、シナモンパウダーと塩をふる。

ジェノワーズ

柿のティラミス　《レシピ→P.222》

北野智一 ❥ ル・ヴァンキャトル

材料(20人分)
卵黄 … 100g
グラニュー糖 … 200g
全卵 … 100g
塩 … 少量
中力粉 … 280g
片栗粉 … 40g
メレンゲ
├ 卵白 … 150g
└ グラニュー糖 … 80g

1 ボウルに卵黄、グラニュー糖、全卵、塩を入れて泡立て器で混ぜ合わせる。全体が均一に混ざったら、中力粉、片栗粉を加えてさらに混ぜる。
2 メレンゲを作る。卵白にグラニュー糖を加えながら泡立てる。
3 2に**1**を加えて、さっくりと混ぜ合わせる。
4 オーブンシートを敷いた天板に、厚さ1.5cmになるように**3**を流し、210℃のオーブンに入れて12〜15分間焼成する。
5 4の粗熱がとれたら、冷凍庫に入れる。

キイチゴのラングドシャ

苺のティラミス　《レシピ→P.222》

西口大輔 ❥ ヴォーロ・コズィ

材料(作りやすい分量)
溶かしバター … 100g
粉糖 … 100g
卵白 … 100g
薄力粉 … 100g
キイチゴのピュレ(市販品) … 大さじ2

1 溶かしバターに粉糖とよく溶きほぐした卵白を加えて泡立て器で混ぜ、薄力粉、キイチゴのピュレを加えて混ぜ合わせる。
2 オーブンシートを敷いた天板に、**1**の生地を指で約5cm幅の帯状に薄くのばし、150℃のオーブンで約2分間焼く。温かいうちに麺棒に巻き付け、円筒状に成形する。冷めたら麺棒を抜く。

オレンジ風味のテゴラ

苺のティラミス　《レシピ→P.222》

西口大輔 ❥ ヴォーロ・コズィ

材料(作りやすい分量)
ブラッドオレンジジュース(市販品) … 200cc
溶かしバター … 200g
薄力粉 … 125g
アーモンドのスライス … 100g
グラニュー糖 … 500g

1 すべての材料を合わせてフード・プロセッサーでよく撹拌する。生地をひとまとめにしてラップフィルムで包み、冷蔵庫で2時間ねかせる。
2 1を湯煎で少し温めてやわららかくし、麺棒で薄くのばす。直径約5cmのセルクルで丸く抜く。
3 2をオーブンシートを敷いた天板に並べ、150℃のオーブンで6〜7分間焼く。

アーモンドのテュイル

リコッタチーズのタルト 《レシピ→P.225》
藤田統三 ❖ ラトリエ モリゾー

材料(12人分)
グラニュー糖 … 100g
生クリーム(乳脂肪分35%)… 30g
水飴 … 40g
発酵バター … 20g
塩 … 2つまみ
アーモンドダイス(皮付き)… 60g
オレンジ果汁 … 30cc

1　グラニュー糖、生クリーム、水飴、発酵バター、塩を鍋に入れて火にかけ、115℃まで加熱する。
2　1にアーモンドダイスとオレンジ果汁を加え、軽く煮詰める。
3　2をシルパットに薄く流し、180℃のオーブンで10分間焼き、細い帯状にカットする。
4　3は、やわらかいうちに細い棒などにらせん状に巻きつけ、冷ます。

掲載店リスト

浅井 努
トム クリオーザ
大阪府大阪市北区曽根崎新地1-2-7 櫻ビル3F
050-3188-6885

飯塚隆太
レストラン リューズ
東京都港区六本木4-2-35 VORT六本木Dual's B1F
03-5770-4236

石井真介
シンシア
東京都渋谷区千駄ヶ谷3-7-13 原宿東急アパートメントB1F
03-6804-2006
※取材時はバカール（すでに閉店）シェフ

石川資弘
クーリ・ルージュ
栃木県宇都宮市新里町丙33-2
028-678-8848

板橋恒久
アルチザン パティシェ イタバシ
茨城県結城市結城8782-5
0296-34-0070

伊藤延吉
リストランテ ラ・バリック トウキョウ
東京都文京区水道2-12-2
03-3943-4928
※伊藤氏はすでに退職。2022年に「イタリアンダイニング バニアンツリー」を独立開業（東京都調布市国領町3-6-44 リヴェール小泉1F/042-426-8828）

井上裕一
アンティカ ブラチェリア ベッリターリア
東京都港区芝5-20-22 WINEMAN FACTORY 1F
03-6412-8251

今村裕一
リゴレッティーノ
東京都世田谷区宮坂3-12-8 経堂鈴木マンションB1F
03-3439-1786

宇野勇蔵
ル・ビストロ
兵庫県神戸市中央区下山手通3-8-14-201
078-393-0758

大川 隆
コム シェ ミッシェル
京都府京都市中京区柳馬場通御池下ル柳八幡町80-1
075-212-7713

小笠原圭介
オガサワラ レストラン
東京都新宿区荒木町6-39 GARDEN TREE B1F
03-3353-5035
※取材時はエクイリブリオ（すでに閉店）シェフ

奥村充也
レストラン タテル ヨシノ 銀座
※すでに閉店

小原 敬
おはらス レストラン
※すでに閉店

金山康弘
ハイアット リージェンシー
箱根 リゾート＆スパ レストラン ベルス
※すでに閉店

川手寛康
フロリレージュ
東京都港区虎ノ門5-10-6 麻布台ヒルズ ガーデンプラザ D 2F
03-6435-8018

北野智一
ル・ヴァンキャトル
※すでに閉店

ギヨーム・ブラカヴァル（エグゼクティブシェフ）
ミケーレ・アッバテマルコ（シェフ パティシエ）
キュイジーヌ [s] ミッシェル・トロワグロ
※すでに閉店

楠本則幸
kamoshiya Kusumoto
大阪府大阪市福島区福島5-17-14
06-6455-8827

クリストフ・ポコ
ルグドゥノム ブション リヨネ
東京都新宿区神楽坂4-3-7 海老屋ビル1F
03-6426-1201

古賀純二・池田 舞
シェ・イノ
東京都中央区京橋2-4-16 明治京橋ビル1F
03-3274-2020

小阪歩武
ラッフィナート
兵庫県芦屋市船戸町5-24
0797-35-3444

小滝 晃
レストラン オーベルジーヌ
※店名を「オーベルジーヌ」と変更して下記で営業
東京都世田谷区北沢5-15-6 シャリマール北沢 1F
03-6416-8200

小玉 勉
料理屋こだま
東京都港区西麻布1-10-6 NISHIAZABU1106 2F
03-3408-8865

小玉弘道
レストラン ヒロミチ
東京都目黒区三田1-12-24 MT3ビル1F
03-5768-0722

三枝俊介
パレ ド オールTOKYO
東京都千代田区丸の内1-5-1 新丸の内ビルディング1F
03-5293-8877

酒井 涼
アルドアック
※2021年に移転し、店名を「アンチョア」に変更(神奈川県鎌倉市御成町2-14-3 御成ヴィレッジA棟1F/070-1314-0406)

佐藤真一・米良知余子
イル・デジデリオ
※すでに閉店。佐藤氏は「クリマ ディ トスカーナ」を開店(東京都文京区本郷1-28-32-101/03-5615-8258)

芝先康一
イル テアトリーノ ダ サローネ
東京都港区南青山7-11-5 HOUSE7115 B1F
03-3400-5077
※芝先氏は2016年に独立。2021年に「IZA」を開業(神奈川県鎌倉市御成町11-13 第一興産26号館2F/0467-81-3791)

渋谷圭紀
ラ・ベカス
大阪府大阪市中央区平野町3-3-9 湯木ビル1F
06-4707-0070

清水 将
レストラン アニス
※すでに閉店

下村浩司
エディション・コウジ シモムラ
東京都港区六本木3-1-1 六本木ティーキューブ1F
03-5549-4562

宿院幹久
サロン ド テ ジャマン
※移転し、洋菓子テイクアウト専門店「パティスリージャマン」としてリニューアルオープン(大阪府茨木市園田町10-7/072-657-9110)

末友久史
祇園 末友
京都府京都市東山区大和大路四条下ル4丁目小松町151-73
075-496-8799

鈴木謙太郎・田中二朗
シェ・ケンタロウ
神奈川県鎌倉市山ノ内407 北鎌倉門前1F
0467-33-5020
※シェ・ケンタロウのデザートは田中氏(「カルヴァ」神奈川県鎌倉市大船1-12-18 エミール1F/0467-45-6260)が担当

須藤亮祐
ビストロ コティディアン
※すでに閉店。その後、須藤氏は「sumi」を開業(静岡県御殿場市萩原1095/0550-71-9104)

高井 実
レストラン ヴァリエ
大阪府大阪市北区中之島3-3-23 中之島ダイビル2F
06-4803-0999

高嶋 寿
マダム・トキ
東京都渋谷区鉢山町14-7
03-3461-2263

高田裕介
ラ・シーム
大阪府大阪市中央区瓦町3-2-15 瓦町ウサミビル1F
06-6222-2010

武田健志
リベルテ・ア・ターブル・ド・タケダ
※台湾に移転し、店名を「リベルテ」と変更

田中督士
サンパ
東京都杉並区荻窪5-16-23 リリーベル荻窪B1F
03-3220-2888

田辺 猛
ラトラス
東京都新宿区神楽坂6-8-95 ボルゴ大〆2°
03-5228-5933

辻 大輔
コンヴィヴィオ
東京都渋谷区千駄ヶ谷3-17-12　カミムラビル1F
03-6434-7907
※取材時は「ビオディナミコ」シェフ

ビオディナミコ
東京都渋谷区神南1-19-14　クリスタルポイントビル3F
03-3462-6277

都志見セイジ
TSU・SHI・MI
※2022年に山梨県韮崎市に移転し、店名を「TSUSHIMI」に変更。住所・電話番号非公開。完全紹介制。なお、「ミラヴィル インパクト」はすでに閉店

筒井光彦
リストランテ　キメラ
京都府京都市東山区祇園町南側504
075-525-4466

中多健二
ポワン
大阪府豊中市上野東2-17-47
06-6152-8989
※取材時は「アキュイール」（すでに閉店）シェフ

中田雄介
シャントレル
東京都渋谷区元代々木町24-1　アブニール元代々木1F
03-5465-0919

永野良太
ラ・フォルム　ド　エテルニテ
奈良県奈良市花芝町7-2　松村ビル1F
0742-20-6933
※取材時の店名は「エテルニテ」

中本敬介
ビーニ
京都府京都市中京区東洞院通丸太町下ル445-1
075-203-6668

今帰仁 実
ロドラント　ミノルナキジン
東京都中央区銀座7-7-19　ニューセンタービルB1F
03-5537-7635

生井祐介
オード
東京都渋谷区広尾5-1-32　ST広尾2F
03-6447-7480
※取材時は「シック ブッテートル」シェフ

西口大輔
ヴォーロ・コズィ
東京都文京区白山4-37-22
03-5319-3351

長谷川幸太郎
サンス・エ・サヴール
東京都千代田区丸の内2-4-1　丸の内ビルディング35F
03-5220-2701
※長谷川氏はすでに退職し、「Kotaro Hasegawa Downtown Cuisine」を開業（東京都台東区台東4-2-11/03-5826-8663）

浜田統之
ブレストンコート　ユカワタン
長野県北佐久郡軽井沢町星野　ホテルブレストンコート内
050-5282-2267
※浜田氏はすでに異動

濱本直希
フェリチェリーナ
東京都目黒区青葉台1-15-2　AK-3building 2-A
03-6416-1731

藤田統三
ラトリエ　モトゾー
東京都目黒区東山3-1-4
03-6451-2389
※取材時は「ソルレヴァンテ」（すでに閉店）シェフ

藤原哲也
Fujiya 1935
大阪府大阪市中央区鎗屋町2-4-14
06-6941-2483

ブルーノ・ルデルフ
※取材時は「ル・コルドン・ブルー日本校」講師。2009年10月末に退職し、現在は「Bruno Le Derf」（フランス・ブルターニュ地方ヴィトレ）オーナーシェフ。ル・コルドン・ブルー日本校は現在閉鎖中

古屋壮一
ルカンケ
東京都港区白金台5-17-11
03-5422-8099

星山英治
ヴィルゴラ
大阪府大阪市中央区久太郎町4-2-3
06-6224-0357
※取材時は、「ラ・バッロッタ」（閉店）シェフ

堀川 亮
フィオッキ
東京都世田谷区祖師谷3-4-9
03-3789-3355

堀利弘・堀美佳
カフェカフェ
東京都世田谷区下馬2-20-5
03-5432-0456

本多誠一
スリオラ
東京都中央区銀座6-8-7　交詢ビル4F
03-3289-5331

松本一平
ラペ
東京都中央区日本橋室町1-9-4　B1F
050-3196-2390
※取材時は、「オー グー ドゥ ジュール メルヴェイユ」（すでに閉店）シェフ

松本浩之
レストラン　FEU
※すでに閉店。松本氏は現在、東京會舘「レストラン・プルニエ」シェフ

萬谷浩一
ラ・トォルトゥーガ
大阪府大阪市中央区高麗橋1-5-22
06-4706-7524

皆川幸次
銀座アスター本店
東京都中央区銀座1-8-16
03-3563-1011

森 茂彰
mori
東京都渋谷区恵比寿南1-14-2　タイムゾーンビル3F
090-9847-6299

森田一頼
リベルターブル　赤坂店
東京都港区赤坂2-6-24 1F
03-3583-1139

森 直史
トラスパレンテ　中目黒店
東京都目黒区上目黒2-12-11　1F
03-3719-1040

八木康介
リストランテ ヤギ
東京都渋谷区鉢山町15-2　プラザ1000代官山B1F
03-6809-0434

八木美紗穂・藤田健太
ラスルセス
東京都目黒区南3-11-19
03-5726-8531

山根大助
ポンテベッキオ
大阪府大阪市中央区北浜1-8-16　大阪証券取引所ビル1F
06-6229-7770

山本健一
アルシミスト
東京都港区白金台5-17-10
03-5422-7358

山本聖司
ラ・トゥーエル
東京都新宿区神楽坂6-8
03-3267-2120

横田秀夫
菓子工房オークウッド
埼玉県春日部市八丁目966-51
048-760-0357

鎧塚俊彦
トシ ヨロイヅカ ミッドタウン
東京都港区赤坂9-7-2　東京ミッドタウン・イースト1F B-0104
03-5413-3650

プロのデザートコレクション
76店のスペシャルな172品

初版発行	2016年11月30日
4版発行	2024年9月10日

編者 © 　柴田書店
発行者　　丸山兼一
発行所　　株式会社 柴田書店
　　　　　〒113-8477
　　　　　東京都文京区湯島3-26-9　イヤサカビル
　　　　　電話　営業部　03-5816-8282（注文・問合せ）
　　　　　　　　書籍編集部　03-5816-8260
　　　　　https://www.shibatashoten.co.jp
印刷・製本　　大日本印刷株式会社

本書収録内容の無断掲載・複写（コピー）・データ配信等の行為は固く禁じます。
乱丁・落丁本はお取替えいたします。

ISBN978-4-388-06256-0
Printed in Japan